KB132717

에일리언현
상학혹은사
물의경험은
어떠한것인
가

에일리언 현상학, 혹은 사물의 경험은 어떠한 것인가
Alien Phenomenology, or What It's Like to Be a Thing

지은이	이언 보고스트
옮긴이	김효진
펴낸이	조정환
책임운영	신은주
편집	김정연
디자인	조문영
홍보	김하은
프리뷰	권두현·김효영·이경혁
초판 1쇄	2022년 9월 22일
초판 2쇄	2023년 9월 9일
종이	타라유통
인쇄	예원프린팅
라미네이팅	금성산업
제본	바다제책
ISBN	978-89-6195-305-4 93100
도서분류	1. 인문학 2. 철학 3. 현대철학 4. 서양철학
	5. 문화이론 6. 존재론 7. 현상학 8. 형이상학
값	18,000원
펴낸곳	도서출판 갈무리
등록일	1994. 3. 3.
등록번호	제17-0161호
주소	서울 마포구 동교로18길 9-13 2층
전화	02-325-1485
팩스	070-4275-0674
웹사이트	www.galmuri.co.kr
이메일	galmuri94@gmail.com

Copyright © 2012 by Ian Bogost, authorized translation from the English edition published by the University of Minnesota Press.

일러두기

1. 이 책은 Ian Bogost, *Alien Phenomenology, or What It's Like to Be a Thing* (Minneapolis, MN : University of Minnesota Press, 2012)을 완역한 것이다.

2. 이 책의 일부는 "The Phenomenology of Videogames," in *Proceedings of the Philosophy of Computer Games Conference*, ed. Stephan Günzel, Michael Leibe, and Dieter Mersch (Potsdam : Universitätsverlag Potsdam, 2008), 22~43에 수록되었다.

3. 본문에 인용된 웹사이트 일부는 2022년 9월 현재 접속이 되지 않는다.

4. 외국 인명과 지명은 원어 발음에 가깝게 표기하려고 하였으며, 널리 쓰이는 인명과 지명은 그에 따라 표기하였다.

5. 인명, 지명, 책 제목, 논문 제목 등 고유명사의 원어는 맥락을 이해하는 데 원어가 꼭 필요하다고 생각되는 경우를 제외하고는 본문에서 원어를 병기하지 않았으며 찾아보기에 수록하였다.

6. 영어판에서 이탤릭체로 강조된 것은 고딕체로 표기하였다. 단, 영어판에서 영어가 아니라서 이탤릭으로 강조한 것은 한국어판에서 강조하지 않았다.

7. 단행본과 정기간행물에는 겹낫표(『 』)를, 논문에는 홑낫표(「 」)를, 텔레비전 프로그램 이름, 영화 제목, 사진 제목, 비디오게임 이름에는 가랑이표(< >)를 사용하였다.

8. 지은이 주석과 옮긴이 주석은 같은 일련번호를 가지며, 옮긴이 주석에는 *라고 표시했다.

9. 원서의 대괄호는 ( )를 사용하였고, 옮긴이가 덧붙인 내용은 [ ] 속에 넣었다.

10. 인용문 중 기존 번역이 있는 경우 가능한 한 기존 번역을 참고하였으나 전후 맥락에 따라 번역을 수정했다.

11. 한국어판 지은이 서문으로 옮긴이의 서문을 갈음한다는 옮긴이의 뜻에 따라 별도의 옮긴이 후기는 싣지 않는다.

12. 옮긴이 주석의 인용문에 표기된 '이경혁'은 해당 용어에 대한 설명을 제공한, 한국어판 번역 원고의 프리뷰어를 가리킨다.

13. '도판 1~도판 8'은 이 책 161~168쪽에 수록되었다.

차례

파티클 맨, 파티클 맨
입자가 할 수 있는 일을 하지
그는 어떤 사람인가? 중요하지 않아
파티클 맨

점일까, 아니면 얼룩일까?
물속에 들어가면 젖을까?
아니 물이 그를 한 방 먹일까?
아무도 몰라, 파티클 맨

데이 마이트 비 자이언츠, <파티클 맨>*

* "Particle Man," words and music by John Linnell and John
Flansburgh. Copyright 1991 TMBG Music. All rights on
behalf of TMBG Music administered by Warner-Tamerlane
Publishing Corporation. All rights reserved. Used by permis-
sion of Alfred Music Publishing Company, Inc. [<파티클
맨>은 '데이 마이트 비 자이언츠'라는 뉴욕의 얼터너티
브 록 밴드가 1990년에 발표한 세 번째 앨범 <플러드>
Flood 에 실린 명곡이다.]

한국의 수도권 전철은 서울이라는 도시를 사방팔방으로 속속들이 돌아다닌다. 지하철은 깨끗하고 조용하지만, 그 도시의 광활한 공간 때문에 느리다. 그다지 과하지 않은 이동도 한시간 이상 걸릴 수 있다. 승객들은 묵묵히 앉아서 책을 뒤적거리거나 휴대전화를 만지작거리거나, 혹은 젊음의 짙은 분위기를 통해서 시시덕거리거나, 혹은 공간이 넓은 객차의 바퀴들이 만들어내는 리듬을 배경으로 낮게 코를 곤다.

정거장에서 승강장을 철로에 직접 개방하기보다는 오히려 금속과 유리로 제작된 스크린도어가 바닥에서 천장까지 설치되어 철로를 차단한다. 열차가 이들 방벽에 정확히 맞추어 정지하고, 틈새 없는 문들이 열려서 출입구를 마련한다. 정부와 제조사는 이들 '승강장 스크린도어'가 승객의 안전을 더 향상함으로써 추락 사고와 자살 사건을 줄인다고 주장한다. 안전을 제공하는 것에 덧붙여 그 구조물은 승객의 편안함도 향상할 수 있는데, 이를테면 정거장의 온도 조절이 가능해지고 지나가는 열차에서 비롯되는 바람과 소음을 줄일 수 있게 된다.

관광객들, 지방 사람들 그리고 도시 거주자들이 공히 이런 주장을 믿는 것도 무리가 아닐 것이다. 그런데 결국 서울은 세계에서 가장 높은 자살률을 보유하고 있고, 따라서 서울의 모든 정거장에 승강장 스크린도어 설치가 완료된 이후에 자살하는 한국인들은 한강에 투신할 수밖에 없게 되었다. 죽음은 회피될 수 없고 오히려 이전될 수 있을 따름이다.

승강장 스크린도어들의 진정한 용도는 사실상 안전 및 편안함과 관련되어 있지만, 인간 승객을 위한 것도 아니고 짓밟힌 인간을 위한 것도 아니다. 그것들은 열차를 위해 존재한다.

대부분의 도시 교통 체계와 달리 서울의 전철 차량들은 타이완 혹은 제네바 혹은 세인트루이스의 로봇 조립라인에서 제조되지 않는다. 그것들은 결코 제조되는 것이 아니라 오히려 경상북도의 사과 과수원들과 인삼밭 사이에 있는, 영주 부근의 소규모 특화 농장에서 사육된다.

그곳에는 7세기에 의상 대사가 선묘라는 여인의 보호에 힘입어 건립한 부석사가 언덕 위에 자리하고 있다. 그 두 사람은 당나라에서 의상이 불교 평신도의 집에 머물렀을 때 만났었다. 선묘는 의상을 사모하게 되었지만, 그 승려의 독신 맹세가 그 사모의 진전을 가로막았다. 그런데도 그녀는 영원히 그의 제자가 되겠다고 맹세했다.

이윽고 의상은 자신의 고국에 당나라가 침공했다는 전언을 받았다. 의상은 즉시 출발했고, 선묘는 그에게 작별 인사를 할 수 없었다. 비탄으로 몹시 괴로워한 선묘는 바다에 투신하여 익사하였지만 한 마리 용으로 변신하였다. 선묘는 의상을 따라서 신라에 왔고, 한편으로 의상은 봉화산에서 자신의 절을 짓기 위한 이상적인 장소를 찾아내었다. 그런데 마을 하나가 그를 방해했다. 의상이 덜 신성한 터에 안주하지 않도록, 용이 된 선묘는 거대한 바위로 그 마을을 박살 내겠다고 위협함으로써 그 마을 사람들을 이주시켰다. 일단 건립된 뒤에 그 절 입구 너머 두 개의 문은 불교에서 영적 세계의 신성한 수를 가리키는 108개의 계단으로 연결되었다.

수 세기 동안 화엄종 승려들은 선묘를 기려 어린 용들을 길렀는데, 먼저 그것들의 형태를 이끼와 돌로 빚은 다음에 근처 봉화산의 능선에서 그리고 그 아래에서 채굴된 금속 광석으로 빚었다. 대부분은 소박한 토템상으로서의 삶을 살아가지만, 그 승려들은 선택된 한 집단에 선종의 교리를 전수함으로써 한국식 참선의 가르침을 철 도마뱀들에게 심어주려고, 즉 열차를 훈련시키려고 시도한다. 그것은 용과 승려에게 공히 상급의 공부인데, 대상도 없고 정신적 지주도 없고 내용도 없고 단지 징을 때리는 타구봉으로 형성된 임시변통의 굉음이 있을 뿐이다. 그것들은 선묘의 아이들, 사람들을 이동시키는 용들이다.

한국은 매우 전통적일 뿐만 아니라 대단히 현대적이기도 한 사회다. 수년간 그 화엄의 방법은 지방 노선들에 적용되었을 때, 그리고 나중에 성장하는 수도의 지하에 적용되었을 때 성공을 누렸다. 또한 그것은 정치적 이권도 제공했는데, 점점 더 실용적이지 않게 되는 부석사의 정통을 정당화하기 위한 실용적인 수단이자 서울메트로의 코레일 전신前身이 최초로 개통되었던 수출지향적인 1970년대 동안 서구화의 울화를 삼키는 방법으로서 말이다.

그런데 수십 년이 지나고 교통 체계가 그 도시 중심에서 습지가 많은 준교외로 확대됨에 따라 소문이 철로에서 늪지로, 그리고 수로를 따라 떠돌았다. 많은 변양태가 현존하고, 우리는 때때로 그것들이 한국 농촌의 집단 농장들에서 펼쳐지는 전통적인 민속 음악과 춤 공연인 풍물에서 자세히 이야기되는 것을 들을 수 있다.

600제곱미터의 밀집한 익명의 도시 아래 감금되어, 철로에 매인 채로, 어둠 속에서, 철 발가락은 유일한 음식물인 견고한 전도체를 따라 스치듯이 나아간다. 그녀는 정거장들 사이 ─ 이촌역과 서빙고역 사이 혹은 청구역과 약수역 사이 ─ 에서 켜는 많은 긴 기지개 중 하나 동안 전속력으로 가속한다. 그 춤은 많은 정거장 사이에서 거듭해서 반복된다. 어두운 통로가 햇빛에 잠깐 노출되면서 인조 태양의 거짓말을, 또 하나의 정거장, 또 하나의 승강장을 드러낸다. 어느 보이지 않는 포획자가 고삐를 당기면 그 용은 갑작스러운 좌절의 금속성 비명을 지른다. 급격한 동요, 그다음에 한숨. 오래된 알들이 좁은 통로를 통해서 쏟아져 나가고 새로운 알들이 들어올 수 있도록 그녀의 계기들이 휴식을 취한다. 피부가 다시 오므라들고 고삐가 풀린다. 당산역 혹은 대림역 혹은 성수역을 향해 출발한다. 그 의례는 반복된다.

기억하는 사람이 더는 거의 없지만, 차량을 위해 춤을 출 때 풍물 춤꾼은 화려한 고깔을 머리에 쓰고 손질이 된 모래 위에서 발을 구르고 모래를 긁고, 한편으로 꽹과리와 장구들은 철로의 리듬을 울린다. 때때로 지하철 정거장에서 이들 전직 풍물 연기자의 쭈글쭈글한 얼굴들은 승객들이 철 용을 감염시키지 못하게 막으려고 노력하지만, 몹시 곤란을 겪는 샐러리맨들과 멋진 소녀들과 케이팝 포스터들에 대하여 무력한 사자들이다.

서울교통공사는 차량의 복지에 대한 단지 소수의 승객 불만을 받을 뿐이다. 접수된 그 소수의 불평은 한국의 불교적 전통주의의 이미 불안정한 면모의 상실 가능성을 공공연히 비난하는 또 다른 소수에 의해 상쇄된다. 그래서 서울교통공사 특별위원회는 유럽 제조사로부터 새로운 전기 차량을 수입하기보다는 오히려 정거장 승강장이 열차에 부과하는 기회 ― 세계의 유혹, 지각의 혼란 ― 의 느낌도 편리하게 축소할 의례에 대한 승낙의 표시로서 승강장 스크린도어를 설치하기로 선택했다. 그 실험은 스크린도어를 유치하는 문화의 나이에 비하면 여전히 어리지만, 보도는 차량의 탈선과 다른 장애의 감소를 시사한다. 그런데 또다시 자신의 승객들과는 달리 열차는 대안으로서의 한강이 전혀 없다. 그리하여 선묘는 여전히 의상의 유산을 보호하는데, 그녀의 용 자손이 그녀 자신의 고뇌를 물려받더라도 말이다.

한편으로, 철도를 이용하여 세 시간 삼십 분 동안 동남쪽으로 가면 낙엽이 부석사의 오솔길 주변에 쌓여 있다. 초심자 차량이 습지에서 목초지로 진출하는 계절이다. 올해 승려들은 새롭게 변형한 염불, 승강장 스크린이 시체 대신에 유리로 만들어지듯이 말보다 화선지로 만들어진, 마음을 비우기 위한 주문을 검토한다. 찰나 사이에 응시할 수 있다면 안양루 앞에서 참선하는 입문자들은, 계단 아래로 그 절의 출구에 이르기까지, 고통과 사악한 정념으로부터의 구원을 나타내는 108개의 정거장을 관조할 것이다.

저의 생각을 한국어로 옮겨준 것에 대해 감사드립니다.
여러분의 초대를 받게 된 것을 영광으로 생각합니다.

2022년 2월
이언 보고스트

1장 에일리언 현상학

사물의 상태 / 프롬프트
로서의 컴퓨터 / 평평한
존재론 / 압축적 존재론
/ 단위조작 / 사변 / 에일
리언 현상학

미합중국 뉴멕시코주에서 자란 덕분에 어린 시절에 나는 기이한 객체들을 경험했다.

날씨가 맑은 날이면, 앨버커키의 동쪽에 자리하고 있는 산디아산맥은 저녁에 마치 동명의 과일처럼 한바탕 즙을 뚝뚝 떨어뜨리면서 황혼이 그 산맥을 집어삼킬 때까지 재빨리 무르익는다.[1] 그 지역의 남쪽 구릉에는 사과나무들이 수박 대신에 자리하고 있다. 구멍이 뚫린 만자노산에는 한때 미합중국 육군 특수화기사령부가 국내에서 최대 규모의 핵무기 저장소를 숨겨놓았는데, 새천년으로 전환될 무렵에는 대략 2,450개의 탄두가 저장되어 있었다.[2]

산디아산맥에서 정남방으로 160킬로미터 떨어진 지점에는 트리니티 사이트가 자리하고 있다. 그곳에서, 1944년 여름에 에드워드 텔러, 엔리코 페르미 그리고 로버트 오펜하이머는 내파 방식의 플루토늄 장치 시험이 핵폭탄을 공중에서 폭발시킬 확률을 놓고서 일 달러를 걸고 내기를 벌인다. 오늘날 그 현장은 사월과 시월의 첫 번째 토요일에 대중에게 개방된다. 구운 쇠고기와 뢴트겐선으로 소풍을 즐기려고 소코로와 앨라모고도라는 근처 도시들에서 가족들이 이동식 주택을 몰고 온다.

그 아래로 해 질 무렵에 과즙 대신에 피가 흐르는 상그레

---

1. * '산디아'(Sandia)라는 명칭은 스페인어로 과일인 '수박'을 뜻한다.
2. http://cryptome.org/eyeball/kumsc-eyeball/kumsc-eyeball.htm을 보라.

데 크리스토스 산맥[3]의 남쪽 변두리에는 다양한 군수품이 샤프슈터스 리지 아래에 묻혀 있으며, 1862년 글로리에타 패스 전투에서 북군이 사용한 산탄 머스킷 총의 납산탄도 묻혀 있다.

그것은 내 아래에, 위에, 주변에, 뒤에 그리고 앞에 무시당한 채 놓여 있던 세계의 작은 표본으로, 산맥, 과일, 대기 효과, 핵탄두, 샌드위치, 자동차, 역사적 사건, 유물이 있다. 우주의 어느 작은 구석의 기록부에 기입된 몇 개의 사항.

그런데 뉴멕시코주의 어떤 카탈로그도 에일리언이 없다면 완성되지 않을 것이다. 오펜하이머가 교외를 태울 폭탄에 바가바드 기타의 주문을 읊조린 지 겨우 이 년이 지난 후에 로즈웰 육군 비행장의 장교가 추락한 비행접시와 더불어 사람 모습을 닮은 승무원들의 유해도 발굴했다고 주장했다. 이어진 보도와 음모론들에서 우주선과 유해, 잔해는 "이 지구에서 전혀 만들어지지 않은 것"이라고 일컬어지곤 했는데, 사실상 각각의 요소는 여전히 항공기, 장비 혹은 침입자로 쉽게 알아볼 수 있었다.[4]

로즈웰의 에일리언들은 우리를 찾아 나선 에일리언들이다. 소코로의 남쪽에서는 우리가 그들을 찾고 있다. 산아구스틴 분지의 황량한 평원의 한복판에는 장기선 간섭계(이하 VLA)[5]

---

3. * '상그레 데 크리스토스'(Sangre de Cristos)는 스페인 말로 '그리스도의 피'를 뜻한다.

4. Charles Berlitz and William L. Moore, *The Roswell Incident*.

5. * VLA는 'Very Large Array'의 약어로서 1981년에 완공된 전파망원경 군집을 가리킨다.

의 스물일곱 개 안테나가 한가로이 자리하고 있다. 이들 안테나는 25미터를 가로질러 **뻗어** 있고 매우 많은 강철 칼데라처럼 크고 푸른 하늘을 향하고 있다. VLA 안테나들은 열대어 떼처럼 연결됨으로써 블랙홀, 초신성 그리고 근처 은하들에 관한 연구를 비롯하여 천체물리학의 다양한 실험에 사용된다. 그런데 많은 사람이 VLA의 주요 목적은 '외계 지적 생명체 탐사'(이하 SETI)[6] 계획 같은 조직들이 그 시설을 간헐적으로 사용하는 것으로 생각하기를 좋아한다. 전파망원경들은 하늘에 귀를 기울인다. SETI는 외계 생명체를 시사하는 전자기파의 전송을 기대하면서 탐지한 데이터를 수집하여 분석한다.[7] 그것은 우주생물학이라고 일컬어지는 분야로, 단 하나의 확인된 연구 대상도 없다는 점에서 연구 공동체의 독특한 분야다.

한편, 글로리에타 패스에 묻힌 납산탄의 북동쪽으로, 그 정상들이 그리스도의 피를 끌어올리는 산맥을 지나, 스키 휴양지와 히피족 거주지와 유명한 목장들을 넘어, 레이턴–클레이턴 평원이 자리하고 있다. 그곳에서는 화산암 찌꺼기로 이루어진 수백 개 봉우리의 유해가 마지막으로 화산이 분출했었던 이후 오만 년 동안 그랬던 대로 머스킷 총 및 플루토늄이 유행한 어리

---

6. * SETI는 'Search for Extraterrestrial Intelligence'의 약어다.

7. 현재 SETI는, 후원자이자 마이크로소프트 공동설립자인 폴 앨런의 이름을 따서 명명된 앨런 망원경 집합체(Allen Telescope Array), 즉 ATA라는 독자적인 시설을 갖추고 있다. 나는 그것을 '에일리언(Alien) 망원경 집합체'로 잘못 읽지 않는 것이 거의 불가능하다고 깨닫는다.

석은 사태를 조용히 비웃고 있다.[8]

그 남쪽으로, 카리조조 말파이스에 있는 그 평원의 사촌 용암류를 가로질러, 트리니티 사이트 너머, 화이트 샌즈에서는 석고 모래 언덕들이 바람을 타고서 이동한다. 슬라보예 지젝의 백일몽처럼 그것들은 결코 바다에 도달하지 않은 채로 712제곱킬로미터에 걸쳐 펼쳐져 있는 해변을 형성한다. 그곳은 한때 우주를 연구하는 또 하나의 도구, 즉 우주왕복선의 대안적 착륙 장소였으며, 그 비행선은 1982년 3월 30일에 단 한 번 이곳에 착륙했다.[9] 청소하기가 너무나 부담스러운 것으로 판명되었는데, 마치 보모가 해변에서 요란스러운 날을 보낸 뚱뚱한 소년에게 그럴 것처럼 미합중국 항공우주국(이하 NASA)[10]은 컬럼비아호 선체의 모든 갈라진 틈에서 석고를 끄집어낼 수밖에 없었다. 이십일 년이 지난 후에 그 우주왕복선이 텍사스주 상공에서 조용히 산산조각이 났을 때에도 그 화이트 샌즈 석고는 사라지지 않은 채로 여전히 이동했다.

정확히 서쪽으로, 도냐아나 카운티에서는 뜨겁고 건조한 태양으로 인해 해치라는 매우 작은 마을 주변에서 자라는 풋고추의 캡사이신 농도가 높아진다. 강철 배출 실린더에서 떨어지는

---

8. 마지막으로 화산이 분출한 시기는 52,000~68,000년 전으로 추정된다. 관련 정보에 대해서는 http://www.nps.gov/cavo/geology.htm을 보라.

9. http://www.nasa.gov/mission_pages/shuttle/shuttlemissions/archives/sts-3.html을 보라.

10. * NASA는 'National Aeronautics and Space Administration'의 약어다.

고추는 개방형 볶음 불꽃 위에서 탁탁 소리를 낸다. 마침내 고추의 껍질에 기포가 생기고 갈색으로 변한 후에 검게 된다. 마치 산악-그리스도의 상처처럼 벌어지게 되듯이 고추의 껍질을 벗기면 아래의 밝은 녹색 살이 드러난다. 관목이 수백 제곱미터의 고지대 사막 서식지를 덮는 것처럼 고추는 엔칠라다 요리를 덮는다.

사물의 상태

화산암 찌꺼기로 이루어진 봉우리, 흑요석 조각, 석고 결정, 고추 그리고 프로판 불꽃보다 남북전쟁 때 죽은 병사, 죄책감을 느끼는 맨해튼 계획의 물리학자, 머리가 타원형인 인간 형상의 에일리언 그리고 지적인 천상의 종족에 우리가 훨씬 더 큰 신빙성을 두어야 할 까닭이 있는가? 우리가 이들 사물을 학문과 시, 과학, 사업에 기꺼이 맞아들이는 경우는 단지 그것들이 인간의 생산성과 문화, 정치와 어떻게 관련되는지 물을 때뿐이다. 지금까지 우리는 스스로 고안한 작은 감옥 속에서 줄곧 살았다. 그곳에서 우리의 관심을 끄는 것은 오로지 우리와 비슷한 종류의 살이 풍부한 존재자들과 우리가 먹는 재료뿐이다. 문화, 요리, 경험, 표현, 정치, 논쟁에서 그렇듯이 현존하는 모든 것은 인류라는 체를 통해서 걸러지고, 그리하여 풍성한 사물 세계는 쓰레기처럼 매우 철저하게, 매우 즉각적으로, 매우 효율적으로 폐기되어 우리는 인식조차 하지 못한다. 어떻게 해서 상황이 이렇게 되었는가? '사물'이 아주 흔히 관념을 뜻하고 아주 드물게 물질을 뜻하는 시대가 되었는가? 철학의 최근 과거를 잠깐 뒤돌아보면 우리의 자만을 낳은 원천이 드러난다.

임마누엘 칸트의 초험적 관념론이라는 유산을 살펴보자. 우리가 칸트에게서 물려받은 견해들은 일반화됨으로써 산巾과 석고와 수박처럼 의문시되지 않으면서 드러나지 않은 채로 있다.

이런 입장에 따르면 존재는 주체에 대해서만 현존할 따름이다. 조지 버클리의 주관적 관념론에서 객체는 그것을 지각하는 사람 마음속 감각 자료의 다발일 뿐이다. G. W. F. 헤겔의 절대적 관념론에서 세계는 그것이 자기의식적인 마음에 나타나는 방식에 의해 가장 잘 특징지어진다. 마르틴 하이데거의 경우에 객체는 인간 의식의 외부에 있지만 그 존재는 인간의 오성 속에서만 현존할 따름이다. 자크 데리다의 경우에 사물은 우리에게 결코 완전히 현시되지는 않고 오히려 특정한 맥락에 처해 있는 개인에의 접근을 달리하고 무기한으로 유예할 뿐이다. 앞서 언급된 카탈로그가 뉴멕시코주의 뜨거운 태양 아래 구워지고 있는 사물들의 매우 작은 부분을 예시하는 것과 마찬가지로 이것은 근대 철학의 훨씬 더 긴 역사의 모서리를 접는 작은 표본일 따름이다.

그런 조치들은 모두 존재를 접근의 문제로, 그것도 존재에 대한 인간 접근의 문제로 여긴다. 이런 견해를 서술하기 위해 퀑탱 메이야수는 상관주의라는 용어를 고안했는데, 그것은 존재가 마음과 세계 사이의 상관물로서만 현존한다고 주장한다.[11] 어떤 사물이 현존한다면, 그것은 오직 우리에 대해서 그럴 따름이다. 메이야수는 전형적인 일례를 제시한다. 상관주의자는 "사건 Y가 인간이 출현하기 x년 전에 일어났다"라는 것과 같은 진술을 수용할 수 없다.

> 상관주의자는 그러한 진술을 수용할 수 없다. 그는 간단히 유언 보충서처럼 무언가를, 문장의 끄트머리에 조심스럽게 덧붙이게 될 언제나 동일한 것을, 아마도 속으로만 생각할 테지만, 그냥 추가할 것이다. 사건 Y는 인간이 출현하기 x년 전에 일어났는데, 단 인간에 대해서(혹은 심지어, 인간 과학자에 대해서) 그렇다고 말이다.[12]

상관주의적 관점에서 바라보면 인간과 세계는 떼어 놓을 수 없게 함께 묶여 있으며, 그리하여 한쪽은 나머지 한쪽이 없다면 결코 현존하지 못한다. 메이야수는 브뤼노 라투르의 근대성 비판 ― 지금까지 이론은 세계를 두 부분, 즉 인간과 자연으로 분할하려고 시도했다는 비판 ― 과 유사한 비난을 표명한다.[13] 인간 문화는

---

11. Quentin Meillassoux, *After Finitude*, 5. [퀑탱 메이야수, 『유한성 이후』.]

12. 같은 책, 13. [같은 책.]

13. Bruno Latour, *We Have Never Been Modern*, 1~12, 104~7. [브뤼노 라투르,

다면적이고 복잡할 수 있지만, 자연 세계 혹은 물질적 세계는 언제나 단일할 수밖에 없다.

2007년에 골드스미스 칼리지에서 개최된 학술회의의 명칭 덕분에 메이야수는 레이 브라시에, 이에인 해밀턴 그랜트 그리고 그레이엄 하먼과 함께 '사변적 실재론'이라는 철학적 지붕 아래 잠정적으로 거주하게 된다. 하지만 이 명칭은 신유물론에서 네오니힐리즘에까지 이르는 이들 네 사상가의 상이한 입장들을 통일하는 데 거의 아무 역할도 수행하지 못한다.[14] 사변적 실재론자들은 공동의 입장보다 공동의 적 - 칸트의 부패물에서 새어 나오는 인간 접근의 전통 - 을 공유한다. 칸트의 악명 높은 내향성에 관한 이야기들은 과장되었지만, 그것들은 이런 아이러니 - 접근-으로서-철학의 시야가 좁은 상태가 쾨니히스베르크라는 프로이센 도시에서 결코 벗어난 적이 없는 한 인간의 후광을 입고 도래하는 사태 - 를 낳았을 정도로 충분히 진실하다. 두 세기 이상 동안 철학은 여전히 내성적이고 과묵하며 은둔적이다.

마음의 감옥의 축축한 방에서 물질적 세계의 초원으로 탈출하는 사변적 실재론은 그 통칭의 첫 번째 용어, 즉 사변 역시 실행해야 한다. 형이상학은 경험으로부터든 수학으로부터든 형식논리학으로부터든 혹은 심지어 이성으로부터든 간에 검증을

『우리는 결코 근대인이었던 적이 없다』.]

14. 사실상 브라시에와 메이야수는 그 이후에 사변적 실재론이라는 용어를 버렸다.

구할 필요가 없다. 실재론적 사변이 성공적으로 침입하면 초월적 통찰과 주관적 유폐 둘 다의 지배가 끝나게 된다.

이것—오늘날 철학자로서 작업을 계속하려면 상관주의를 거부해야 한다는 점—은 출발점, 첫 판돈일 뿐이다. 사변적 실재론자가 되려면 인간 접근이 존재의 중심에 자리하고서 존재론적 시계공처럼 세계를 조직하고 통제한다는 믿음을 버려야 한다. 비유적 의미에서도 직서적 의미에서도 사변적 실재론은 철학적 입장이라기보다는 오히려 하나의 사건이다. 그것은 인식론적 조수가 밀려 나감으로써 매우 오랫동안 차단당했던 실재론의 무지갯빛 조개들이 드러나는 순간을 지칭한다.[15] 사변적 실재론으로 알려진 철학적 사건은 우주론의 빅뱅 사건처럼 접근의 철학들이 갖춘 기이함을 예증하는 새로운 기회의 조건을 설정한다.

더 많은 사변적 실재론이 도래할 것임은 확실하지만, 네 명의 반상관주의 기수가 제시한 입장 중에서 가장 내 마음에 드는 것은 하먼의 입장이다. 여타의 인물과는 달리 하먼은 모든 사물 사이에서 존재하는 사태의 다면적인 복잡성을 가장 명시적으로 옹호한다. 실재가 재확인되고, 인간은 그 속에서 성계,

---

15. 이런 종류의 사건은 사건이라는 용어에 대한 알랭 바디우의 독특한 이해, 즉 누구나 여전히 충실한 사물의 상태가 파열되는 사태와 얼마간 유사하다. 그런데 또한 사변적 실재론은 일상적 의미에서의 사건, 즉 개최되었고 사람들이 참석하였으며 일정표와 게시판, 받은 편지함에 나타난 모임 행사이기도 하다.

칡, 엔칠라다, 퀘이사 그리고 테슬라 코일과 더불어 살 수 있게 된다.

하먼은 하이데거의 도구 분석을 자신의 원료로 삼음으로써 스스로 객체지향 철학이라고 일컫는 것을 구축한다.[16] 요컨대 하이데거는 사물은 그 자체로 이해할 수 없다고 넌지시 주장한다. 오히려 사물은 목적, 즉 하모니카 혹은 타코를 문제적인 것으로서 언급하게 만드는 환경과 관련되어 있다. 물건은 맥락화될 때는 손-안에-있는-것zuhanden이 되고 그런 맥락에서 분리될 때는 눈-앞에-있는-것vorhanden이 된다. 하이데거가 선호한 일례는 못박기 활동을 할 수 있게 하는 망치로, 망치가 부러져서 분리되지 않는다면 망치는 우리가 더 큰 프로젝트 ─ 이를테면 집짓기 ─ 를 추구할 때는 간과하는 것이다.[17]

하먼은 이런 '도구-존재'가 현존재의 진리에 불과한 것이 아니라 모든 객체의 진리라고 주장한다. 망치, 인간, 하이쿠 그리고 핫도그는 모두 우리에 대해서 그런 만큼이나 서로에 대해서도 손-안에-있는-것이고 눈-앞에-있는-것이다. 물러서 있는 것 ─ 언제나 은폐되어 있고 내부에 있으며 접근할 수 없는 것 ─ 이 존재한다.[18] 객체들은 인간의 용도뿐만 아니라 한 객체와 여타 객체 사이의 모든 관계를 비롯하여 어떤 용도를 통해서도 관련

---

16. Graham Harman, *Tool-Being*, 49.

17. Martin Heidegger, *Being and Time*, 344. [마르틴 하이데거, 『존재와 시간』.]

18. Graham Harman, *Guerrilla Metaphysics*, 26, 49.

된다고 하면은 넌지시 주장한다. 하면의 입장은 과학적 자연주의에 대한 암묵적인 반론도 제시한다. 사물thing은 그저 자신을 구성하는 기본적인 요소들 – 쿼크든 중성자든 간에 – 에 불과한 것이 아니다. 오히려 그 크기, 규모 혹은 종류가 무엇이든 간에 물건stuff들은 동등한 존재성을 향유한다.

존재론이 존재에 관한 철학적 연구라면, 하면에게서 우리는 객체지향 존재론(또는 줄여서 OOO[19]라고 적고, 멋을 내기 위해 '트리플 오'라고 일컫는다)을 도출할 수 있다.[20] OOO는 사물을 존재의 중심에 둔다. 우리 인간은 철학적으로 흥미로운 요소이지만 유일한 요소는 아니다. OOO는, 아무것도 특별한 지위를 갖고 있지 않으며 모든 것 – 예를 들면 배관공, 솜, 보노보, DVD 플레이어 그리고 사암 – 이 존재한다는 점에서 동등하다고 주장한다. 현대 사상에서 일반적으로 사물은 훨씬 더 작은 조각들의 집합체(과학적 자연주의)이거나 혹은 인간 행동과 사회의 구성물(사회적 상대주의)로 여겨진다. OOO는 그 둘 사이에 난 길을 따라 나아가면서 모든 규모의 사물(원자에서 알파카까지, 비트에서 블리니[21]까지)에 주의를 기울이고, 이들 사물의 특질들과 더불어 그것들이 우리 자신과 맺는 관계들만큼이나 서로 간에

---

19. * OOO는 'object-oriented ontology'의 약어다.
20. 어딘가 꼬투리를 잡는 듯한 '오.오.오~'(oooh)보다 낭랑한 이런 발음법에 대해서 티머시 모턴에게 감사한다.
21. * '블리니'(blini)는 메밀가루나 밀가루로 만든 러시아식 팬케이크를 지칭한다.

맺는 관계들도 곰곰이 생각한다.[22]

알프레드 노스 화이트헤드의 과정철학에서 제시된 계기 혹은 라투르의 행위자-네트워크 이론에서 제시된 행위자 같은 다른 철학적 개념들과 OOO의 객체 개념 사이의 유사점들을 여러분은 어쩌면 인식할 수 있을 것이다. 그런 비교는 가치가 있으며, 사실상 그 입장을 요약하는 한 가지 간단한 방식은 하먼이 리 브레이버의 실재론 유형들에 비공식적으로 덧붙인 진술을 인용하는 것이다. 그 진술은 "인간/세계 관계는 무엇이든 두 존재자 사이에 이루어지는 관계의 특수한 사례일 따름이다"라는 것인데, 이것은 화이트헤드와 라투르 둘 다 쉽게 통과할 시험이다.[23]

그런데 OOO는 과정철학과도, 행위자-네트워크 이론과도 같지 않다. 화이트헤드의 경우에 존재자는 지속하지 않고 오히려 끊임없이 다른 것으로 교체되며, 그리하여 화이트헤드의 형이상학은 변화와 역동성, 흐름 ─ 앙리 베르그손 혹은 질 들뢰즈를 통해서 어쩌면 대륙철학에서 더 잘 알려져 있을 특성들 ─ 에 해당

---

22. 이 서술은 내가 첫 번째 객체지향 존재론 심포지엄을 위해 작성한 글에서 비롯되는데, 그 심포지엄은 2010년 4월 23일에 조지아 공과대학에서 개최되었다. 설명서와 음성 회보에 대해서는 http://ooo.gatech.edu를 보라.

23. Graham Harman, "Realism without Materialism," http://materialism. mi2.hr에서 음성 파일을 입수할 수 있음. 또한 레비 브라이언트의 블로그 글, http://larvalsubjects.wordpress.com/2009/05/16/realism-through-the-eyes-of-anti-realism/에 대한 하먼의 논평을 보라. 브레이버의 설명은 Lee Braver, *A Thing of This World*, xix, 14~23에서 찾아볼 수 있다.

한다. 경험의 연속적인 현실적 계기들은 객체를 즉시 소멸하는 더 기본적인 구성요소들로 아래로 환원하는 것이나 다름없는데, 이것은 내가 회피하고 싶은 접근법이다.[24] 화이트헤드와는 달리 라투르는 모든 규모에서 사물의 명확한 현존을 고려한다. 그런데 행위자-네트워크 이론의 네트워크에서 사물은 정지 상태에 머무르기보다는 오히려 운동 상태에 있다. 그리하여 존재자들의 결합과 분리가 우선시되기에 존재자들은 경시된다. 동맹이 무대 중심을 차지하고, 따라서 사물은 주변으로 밀려난다. 라투르가 말하는 대로 "행위자들은 단체 사진을 찍을 만큼 충분히 오랫동안 가만히 서 있지 않는다."[25] 그런데도 행위자들은 가만히 서 있는데, 그것들이 네트워크를 회집하고 네트워크에서 이탈할 때에도 그러하다. 화산암 찌꺼기로 이루어진 봉우리와 풋고추는 판구조 운동, 엔칠라다, 여행 혹은 소화 체계들에 참여할 때에도 여전히 잔존한다.

철학 대신에 문화 이론의 시각에서 바라보면 사변적 실재론의 OOO 계통은 인간중심주의에 반대하는 (포스트휴머니즘 같은) 더 친숙한 논변들과 약간 유사할 것이다. 예를 들어 환경철학은 생태에 대한 인류의 관계가 페미니즘에 대한 남자의 관

---

24. 현실적 계기가 아원자 입자와 유사하다고 생각하는 화이트헤드주의적 양자물리학자들이 있다는 사실은 OOO의 경우에 이것이 문제가 되는 이유에 대한 일례를 제공한다. 예를 들면 Timothy E. Eastman and Hank Keeton, *Physics and Whitehead*, 47~54를 보라.

25. Bruno Latour, *The Pasteurization of France*, 206.

계나 인종에 대한 앵글로색슨주의의 관계와 마찬가지라고 주장한다. 그리고 데이브 포먼 같은 활동가들은 숲과 야생 생명이 그 지위에 있어서 인간과 동등하다는 주장의 타당성을 옹호하는 논변을 펼쳤다.[26]

그런데 포스트휴먼 접근법은 여전히 인류를 주요한 행위자로서 유지한다. 이 접근법은 인류의 미래 생존에 대한 우려로부터 환경적 관심을 촉발하거나, 혹은 이끼와 회색곰 같은 자연 생명체들을 인류와 같은 지위로 격상시키고자 한다. 존 뮤어로부터 제임스 러브록에 이르기까지 환경 전체론에 관한 모든 구상에서는 모든 존재자에게 동등한 절대적 가치와 행성에 대한 도덕적 권리가 부여되는데, 그것들이 사실상 살아 있는 생명체인 한에서 그러하다. 한 가지 존재 유형 ─ 생명 ─ 이 여전히 사유와 행위에 대한 준거점이 된다. 라투르의 표현에 따르면 정치 생태학은 "자연을 위해 자연을 옹호한다고 주장하지만, 모든 경우에 그것이 스스로 떠맡은 과업은 인간에 의해 수행되며 신중하게 선택된 소수 인간의 복지, 쾌락 혹은 양심에 의해 정당화된다."[27] 라투르는 하나의 자연이 아니라 다수의 자연을 포착하며, 각각의 자연은 하나의 집단적 전체 속에서 독자적인 정체성을 갖는다. 그런데 라투르의 경우에도 그의 분석은 여전히 인간

26. Dave Foreman, *Confessions of an Eco-Warrior*, 2~3.
27. Bruno Latour, *Politics of Nature*, 20.

정치의 이해관계에 봉사한다(즉, 위의 인용문이 실린 그 책의 부제는 「과학을 민주화하는 방법」이다).

생태적 담론에서 하나의 대안적 시각은 저널리스트 앨런 와이즈먼이 『인간 없는 세상』이라는 책에서 제시한 시각과 더 비슷할 것이다.[28] 와이즈먼은 지구에서 인간이 갑자기 사라진다면 일어날 사태를 서술한다. 지하철은 물에 잠기고, 도관은 얼어서 깨지고, 곤충과 폭풍우는 집의 목조를 서서히 집어삼키며, 다리와 마천루의 강철 기둥은 녹이 슬어 뒤틀린다. 객체지향 입장은 플라스틱과 목재와 강철에 주의를 기울이기 위해 인류의 황홀한 소멸을 기다릴 필요가 없다고 주장한다.

환경철학과 마찬가지로 동물 연구도 우리의 탐구 영역을 확대하지만 그것 역시 '친숙한' 행위소들 – 개, 돼지, 새 등 – 의 단일한 영역, 즉 자신들의 형상과 행동이 인간과 유사한 덕분에 일상화된 존재자들의 영역에 집중하는 데 그친다. 리처드 내시와 론 브로글리오가 서술한 대로 "동물 연구 학자들은…특정한 사람들과 특정한 동물들 사이에 맺어진 관계들을 서술하는 데 점점 더 몰두해왔으며, 그와 더불어 해당하는 모든 인간과 동물이 묻어 들어가 있는 문화도 고려했다."[29] 다시 한번 우리는, 정말로 실재적인 것들의 기묘하고 어두컴컴한 안개로부터

---

28. Alan Weisman, *The World without Us*. [앨런 와이즈먼, 『인간 없는 세상』.]
29. Richard Nash and Ron Broglio. "Introduction to the Special Issue," 3.

생명체들에 집중하기보다는 오히려 인간의 상호주관성 관점에서 생명체들에 집중하는 것을 보게 된다.

또한 우리는 동물 연구의 자의적인 특정성에 의문을 제기할 수도 있다. 왜 광물 혹은 줄기와 잎 다즙 식물 대신에 나무와 바다거북인가? 스티븐 샤비로가 동물 연구가 나타내는 동물 중심주의를 문득 떠오른 듯 비판하면서 말한 대로 "식물, 곰팡이, 원생생물, 박테리아 등은 어떻게 되는가?"[30] 하나의 대안으로서 마이클 폴란은 식물의 눈으로 바라본 세계의 풍경에 대한 묘사를 시도했는데, 그 관점은 감자와 대마초에 개나 까마귀에 못지않게 주체성을 부여한다. 하지만 폴란 역시 원예학과 영양 섭취, 산업주의라는 인간 활동을 비판하는 데 사과나 감자를 동원하기 위해 그것들에 가치를 부여하고자 한다.[31] 그런 비판은 생물다양성과 관련된 협동 활동에 이바지하고 이들 활동을 권고한다. 생물다양성은 인간 생명을 연장하고 인간 복지를 확대하는 것을 명시적인 목적으로 삼는 가치다. 우리는 어쩌면 포스트휴머니즘이 충분히 포스트휴먼적이지 않다는 결론을 내릴 수 있을 것이다.

분명히 말해서 우리는 객체지향 입장을 채택하기 위해 인간을 무시할 필요는 없다. 그 이유는 결국 우리 자신도 머스킷 총

---

30. http://twitter.com/shaviro/status/4038354360.

31. Michael Pollan, *The Botany of Desire*. [마이클 폴란, 『욕망하는 식물』.]

납산탄과 석고와 우주왕복선만큼이나 세계를 구성하기 때문이다. 하지만 우리는 우리 자신의 현존이 현존으로서 특별하다고 더는 주장할 수 없다. 인간이 세계를, 혹은 적어도 우리가 거주하는 구석을 교란할 수 있는 외관상 독특한 능력 또한 보유하고 있을지라도(인간이 단지 우주의 작은 조각과 상호작용할 뿐이라는 점을 참작하면 이것 역시 특별히 거창한 가정이지만), 사정은 마찬가지다. 우리가 모든 객체는 자신으로부터 물러서 있다는 관념을 진지하게 여긴다면 인간 지각은 객체들이 관계를 맺을 수 있는 여러 방식 중 하나에 불과한 것이 된다. 사물을 새로운 형이상학의 중심에 두려면 우리는 사물이 단지 우리 자신에 대해서만 현존하지는 않는다는 사실을 인정해야 한다.

프롬프트로서의 컴퓨터

지금까지 나는 운이 좋았다. 나는 생물보다 무생물을 통해서 ─ 일반적으로 전산 매체, 특정적으로 비디오게임의 비평가이자 고안자의 관점에서 ─ 사물의 형이상학에 이르렀다. 종종 나를 둘러싸는 객체들의 은밀한 차원은 큰 눈으로 깜박이지 않거나 거대 영양소로 충족시키지 않기에 지금까지 나의 이런 시각은 생산적이었다. 이들 객체는 작업과 놀이를 촉진할 수 있지만, 컴퓨터는 누군가의 콧구멍을 아침의 상쾌한 향기로 채울 수 없고 저녁에 가르랑거림으로써 누군가의 걸음걸이를 흐트러뜨리지도 않는다. 삼나무와 이끼와 도롱뇽과는 달리 컴퓨터는 활기를 띠지 않는다. 컴퓨터는 주술적인 힘을 지닌 플라스틱 및 금속 물체다.

그런데 여태까지 전산 장치를 구축하거나 수리하거나 프로그램하거나 조작해야 했던 사람이라면 누구나 그런 장치의 내부에서 기묘하고 독특한 세계가 움직이고 있음을 안다. 유리와 알루미늄으로 구성된 외골격의 배후에는 매우 작고 은밀한 우주가 덜걱거리며 움직이고 있다. 컴퓨터는 성형 플라스틱 키와 컨트롤러들, 모터 구동 디스크 드라이브들, 실리콘 웨이퍼들, 플라스틱 리본 케이블들 그리고 데이터로 구성되어 있다. 게다가 컴퓨터는, 바이트 코드로 번역되거나 실리콘 위에 식각된 미들웨어 라이브러리와 서브루틴들, 절연된 전도성 케이블과 결합한 음극선관이나 LCD 디스플레이, 그리고 어드레스 버스에서 입출력되는 기계 명령을 실행하는 마이크로프로세서들로 구성되어 있다. 지금까지 나는 아프리카코끼리나 아크로포라 산호가 사라지는 세계에 대해 궁금해하는 것과 마찬가지로 그런 비밀스러운 우주에서 일어나는 일에 대해서도 궁금해했다. 컴퓨터의 경험 혹은 마이크로프로세서의 경험 혹은 리본 케이블의 경험은 어떠한 것인가?

컴퓨터는 종종 인간 경험과 지각을 수반함이 확실하다. 인간 조작자는 디스플레이에 나타난 낱말과 이미지들을 바라보고, 마우스에 물리적 힘을 가하며, 메모리칩을 마더보드 소켓에 꽂는다. 하지만 언제나 그렇지는 않다. 사실상 컴퓨터가 하여간 우리를 위해서 작동하려면 먼저 풍부한 상호작용이 독자적으로 이루어져야 한다. 조작자 혹은 공학자로서 우리는 그런 객체와 회집체가 작동하는 방식을 서술할 수 있을 것이다. 그런데 그것들은 무엇을 경험하는가? 그것들의 고유한 현상학은 무엇인가? 요컨대 사물의 경험은 어떠한 것인가? 우리가 마이크로프로세서 혹은 산맥 혹은 우주전파관측소 혹은 수소폭탄 혹은 캡사이시노이드를 그 자체의 견지에서 이해하기를 바란다면 어떤 접근법이 도움이 될 것인가?

어쩌면 과학학이 하나의 대응책일 것이지만 그 분야는 여전히 어떤 인간 행위주체 ─ 일반적으로 과학자나 공학자 ─ 를 분석의 중심에 둔다. 그에 대한 책임은 라투르에게 있더라도, 『비환원』에서 행위소에 대한 라투르 자신의 철학적 접근법은 필요한 경우에 인간 행위자를 흔쾌히 괄호에 넣는다. 어쩌면 더 중요한 점은 행위자-네트워크 이론이 감시와 비판이 필요한 인간의 자만으로서의 과학에 관한 연구를 고무하는 영감으로 주로 채택되었다는 것이다. 그 이론이 아무리 가치 있는 추구일지라도 그것은 삼각 플라스크 혹은 고무 타이어를 장착한 지하철 차량의 내부 세계에 관해서 전혀 말해주지 않는다.

생기론적 접근법과 범심론적 접근법도 유사한 문제에 시달린다. 물질의 다양한 행동이 인간 사유 및 느낌과 '유사성'을 나타낸다는 사실은 전망을 밝게 하지만, 그것 역시 인간과 객체 사이의 차이점보다 유사점에 너무나 많이 주목하게 만든다. 화이트헤드는 신중하게도 파악과 의식을 구분한 한편으로, 여전히 어쨌든 존재자는 "경험의 맥박"이라고 생각했다.[32] 데이비드 레이 그리핀은 이런 입장을 가리키는 유익한 약어를 제시하면서 그것을 범심론 대신에 범경험주의라고 일컬었는데, 범경험주의라는 용어가 범심론이라는 용어보다 내 목적에 더 적합할 것이다.[33]

티머시 모턴은 올바르게도 생기론을 타협책이라고 일컫는데, 말하자면 생기론은 생명의 본성을 만물에 부정확하게 투사하는 타협책이다.[34] 이 점을 염두에 두고 있던 모턴은 "모든 생물과 무생물의 상호연결성"을 서술하기 위해 자연 대신에 그물망이라는 용어를 제시한다.[35] 그런 상호연결성을 진지하게 여기려면 우리는 진심으로 작정해야 한다. 철학적 주제는 인간과 인간에게 영향을 미치는 사물들에 더는 한정되지 말아야 한다. 오히려 철학적 주제는 모든 것이 되어야 한다. 그뿐이다. 실리콘 마이크로프로세서와 데이터 전송 리본 케이블은 야생 멧돼지 및 검정 송로버섯과 같지 않다. 그것들은 기이하지만 일상적이고,

---

32. Alfred North Whitehead, *Adventures of Ideas*, 220, 234. [알프레드 노스 화이트헤드, 『관념의 모험』.]

33. David Ray Griffin, *Unsnarling the World Knot*, 78.

34. Timothy Morton, *The Ecological Thought*, 28.

35. 같은 곳.

낯설지만 인공적이고, 생동적이지만 살아있지 않고, 석회암 광상과 유사한 만큼이나 새끼 고양이와 유사하다. 범경험적 그물망의 세계에서 사물들은 어떻게 경험하는가?

하먼의 대답은 "대리적 인과관계"다.[36] 사물들은 사실상 결코 서로 직접 상호작용하지 않고 오히려 의식과 관련되지 않은 어떤 개념적 방식으로 융합하거나 연계된다. 이들 상호작용 수단은 여전히 미지의 것이다. 우리는 단지 어떤 종류의 대리자가 그 간극을 메우고 객체들을 사실상 융합하지 않은 채로 융합한다는 결론을 내릴 수밖에 없다. 하먼은 조각 그림 맞추기라는 비유를 사용한다. "원래 이미지를 모방하는 대신에〔그것은〕모든 것을 새롭게 비추는 균열과 전략적 중첩으로 가득 차 있다."[37] 우리는 이들 균열을 추적함으로써 관계를 이해한다.

그런데 무엇 사이의 균열인가? 대리적 인과관계를 실제로 사용하기 전에 우리는 멈추고서 우선 존재란 무엇인지 물어야 한다. 가능한 경험의 그물망에서 우리는 무엇을 찾아내는가? 사물이란 무엇이고, 어떤 사물들이 존재하는가?

평평한 존재론

---

36. Harman, *Guerrilla Metaphysics*, 91~3.

37. Graham Harman, "On Vicarious Causation," 202.

요컨대 모든 사물은 존재한다는 점에서 동등하지만 동등하게 존재하지는 않는다. 화장용 장작더미는 땅돼지와 같지 않고, 조가비는 럭비공과 같지 않다. 어느 쌍도 인간의 마주침으로 환원될 수 없을 뿐만 아니라, 둘 중 어느 것도 서로 환원될 수 없다.

이 금언은 동어반복인 것처럼, 혹은 개그에 불과한 것처럼 보일 것이다. 그것은 철학에서 관행적인 그런 종류의 적합하고 사리에 맞게 이끌어낸 존재론적 입장이 아님은 확실하다. 하지만 사물들의 흥미로운 정원이 개화하는 데에는 그런 극단적인 견해가 필요하다. 모든 사변이 그러해야 하듯이 그것을 하나의 사고실험으로 간주하자. 우리가 무엇이든 모든 규준을 포기하고 그저 만물이 현존한다고, 존재하지 않는 것들조차도 현존한다고 생각하면 어떻게 될까? 더욱이 현존하는 것들 사이에서 달리 현존하는 것은 아무것도 없다고 생각하면 어떻게 될까? 일각수와 복식 수확기, 빨간색과 메탄올, 쿼크와 양철판, 어밀리아 에어하트[38]와 소화불량, 모든 것은 정당하고, 어느 것도 근본적으로 달리 현존하지 않으며, 어느 것도 더 기본적이지 않을뿐더러 더 본래적이지도 않다.

이보다 더도 덜도 말할 필요가 없을 것인데, 그렇다 하더라도 애초에 어떤 해명이 이루어지는 것이 적절하다. 이 존재론은

---

38. * 어밀리아 에어하트(Amelia Earhart)는 여성으로서는 최초로 대서양 횡단 비행에 성공한 미합중국의 파일럿이자 작가다.

파르메니데스적 일원론이 아니다. 존재는 단일하고 불변적인 것이 아니다. 그런데 그것은 데모크리토스적 원자론도 아니다. 존재는 똑같은 크기와 본성을 지닌 근본적인 요소들로 이루어져 있지 않다. 그런데 또다시 존재는 울퉁불퉁한 레비나스적 일리야ilya 혹은 분간이 안 되는 아낙시만드로스적 아페이론apeiron처럼 심오하고 규정되지 않은 불확정적인 것도 아니다. 오히려 사물들은 그 존재가 여전히 동일한 채로 있으면서 다양할 수 있고 특정적이며 구체적일 수 있다.

레비 브라이언트는 그 존재론을 평평한 존재론이라고 일컫는다. 브라이언트는 그 용어를 마누엘 데란다에게서 차용하며, 데란다는 그것을 사용하여 존재는 (예를 들면, 종과 속보다) 개체들로 온전히 이루어져 있다고 주장한다.[39] 브라이언트는 그 어구를 약간 다르게 사용한다. 그의 평평한 존재론은 모든 객체에 동일한 존재론적 지위를 부여한다. 브라이언트의 경우에 (라투르의 경우와 마찬가지로) 객체라는 용어는 물질적 존재자들과 비물질적 존재자들을 포함함으로써 광범위한 여지를 향유하는데, 그것들이 물질적 객체든 추상관념이든 지향의 대상이든 혹은 여타의 것이든 간에 모두 객체다. 이를테면 쿼크, 해리 포터, 기조연설, 싱글몰트 스카치위스키, 랜드로버, 여지 열매,

---

39. Manuel DeLanda, *Intensive Science and Virtual Philosophy*, 152~3, 216. [마누엘 데란다, 『강도의 과학과 잠재성의 철학』.]

연애, 역참조된 포인터, 마이크 '더 시츄에이션' 소렌티노,[40] 보손, 원예사, 모잠비크, 〈슈퍼 마리오 브라더스〉 중 어느 것도 여타의 것보다 '더 실재적'이지 않다.

브라이언트는 평평한 존재론의 바닥에 도달하도록 한 가지 흥미롭고 반직관적인 어구를 제시한다. "유일한 세계는 존재하지 않는다"라고 그는 말한다.[41] 물론, 내가 방금 주장한 대로 만물이 존재한다면 비존재에 관한 진술은 특별한 주의를 요구한다. 브라이언트는 무엇을 뜻하는가? 존재의 모든 양태를 전체론적으로 그리고 논란의 여지가 없게도 포함할 수 있도록 존재 위에 자리하고 있는 원原-사물, 용기, 그릇, 개념은 전혀 존재하지 않음을 뜻한다. "모든 객체를 하나의 조화로운 통일체로 함께 묶을 '초객체' … 는 없다."[42]

그렇다면 '유일한 세계' 혹은 '유일한 우주'는 언제 구상될 수 있는가? 그것들은 인간 행위주체들이 깔끔하고 정돈된 방식으로 사물들을 포함하고 설명하려고 시도하는 경우에 동원되는 개념들이다. 철학 혹은 과학 혹은 소설에 도움이 되는 관념으로서의 유일한 세계는 아스팔트 실코트 혹은 애플 마티니보다

---

40. * 마이크 '더 시츄에이션' 소렌티노는 미합중국의 리얼리티 드라마 〈저지 쇼어〉(Jersey Shore)에 시즌 2부터 헬스 트레이너로 투입된 마이클 소렌티노(Michael Sorentino)를 가리킨다.

41. Levi R. Bryant, *Democracy of Objects*, 32. [레비 R. 브라이언트, 『객체들의 민주주의』.]

42. 같은 곳.

더도 덜도 존재하지 않는다. 그런데 예컨대 물리학의 법칙이나 신의 의지 아래 자신의 내부에서 만물을 통일하여 포함하는 조정력으로서의 '유일한 우주'는 여타의 것보다 사물들에 대한 더 충실하고 일의적인 규정을 제공하지 않는다. 그것은 단지 머스크멜론과 입술용 크림 사이에 있는 또 하나의 존재자일 따름이다.

이전 저작에서 나는, 브라이언트가 품은 의미에서의 '유일한 세계' 같은 관념들에 의해 상징되는 하향식 조직 원리들에 체계조작system operation이라는 명칭을 부여했다. 체계조작은 "어떤 현상, 행동, 혹은 상태를 통째로 해명하고자 하는 총괄적인 구조"다.[43] 이들 조작은 어떤 최종적이고 전체론적이며 결정적인 설명이 존재를 해설하는 동시에 해명한다고 가정하는 경향이 있다.

우리 시대에는 두 가지의 체계조작, 즉 과학적 자연주의와 사회적 상대주의가 지배적이다. 첫 번째 것은 간접적일지라도 데모크리토스와 에피쿠로스에게서 유래한다. 과학적 자연주의자는 어떤 근본적인 물질적 천상이 지속함으로써 존재하는 모든 것을 설명한다고 생각한다. 입자물리학이든 유전학이든 뇌화학이든 그 밖에 무엇이든 간에 이 지상의 특수자들은 특별히 중요하지는 않다. 재료의 종류는 괘념치 않아도 되는데, 과학

---

43. Ian Bogost, *Unit Operations*, 6.

적 자연주의자의 경우에는 여타의 것이 설명될 수 있는 어떤 재료가 언제나 존재한다. 더욱이 이들 근본적인 객체와 그것들이 세계를 정초하는 역할의 본성은 과학적 과정을 통해서 언제나 발견되고 기록되며 공고히 될 수 있다.[토머스] 쿤이 제시한 패러다임 전환에도 불구하고 과학적 자연주의는 과학적 끈기를 통해서 실재에 대한 점진적이지만 언제나 진전하는 발견을 가정한다.

우리 시대의 두 번째 체계조작인 사회적 상대주의는 인문학적 전통과 사회과학적 전통에서 유래한다. 사회적 상대주의자의 경우에 인간 사회의 권모술수 — 특히 복잡하고 진화적인 형태들의 언어와 문화 — 를 통해서 설명될 수 없는 것은 전혀 존재하지 않는다. 사회적 상대주의자는 만물이 개념화를 통해서 존재한다고 주장한다. 사실상 만물은 인간의 문화적 생산의 사원 내부에 있는 구조물일 따름이다. 사회적 상대주의자의 경우에는 과학적 자연주의자의 확신이 과학 자체가 문화 안에 처해 있다는 사실, 그것도 단지 문화 전체가 아니라 오히려 특정한 시점과 특정한 장소에 존재하면서 특정한 가정을 상정하는 특정한 문화적 국면에 처해 있다는 사실에 의해 언제나 손상된다.

과학적 자연주의와 사회적 상대주의가 빚은 지적 갈등의 역사는 오래되었다. C. P. 스노우가 '두 문화 문제'라고 일컬은 것으로 유명한 분과학문 사이의 거리는 이들 두 입장 사이의 갈등이 화해할 수 없는 것임을 시사한다. 과학적 자연주의는 역사 혹은 맥락과 독립적인 참된 지식이라는 계몽주의적 이상을 고수하고, 사회적 상대주의는 그런 역사와 맥락의 우연성을 무시하는 단일한 설명의 위험을 가리킨다.[44]

그 두 입장이 사실상 같은 천에서 잘린 것임을 아는 데에는 많은 곁눈질이 필요하지 않다. 과학적 자연주의자의 경우에 세계는 인간이 발견하고 활용하기 위한 대상으로서 존재한다. 그리고 문화적 상대주의자의 경우에는 인간이 세계를 창조하고 개편한다. 그 두 진영이 세상 지식에 접근할 방법 ― 실험 아니면 비평 ― 에 관해 매우 오랫동안 논쟁을 벌인 사태는 지금까지 실제 문제를 가렸을 따름이다.

요컨대 그 두 시각은 상관주의적 자만심을 구현한다. 과학자는 인간의 삶과 별도로 존재하는 실재를 믿지만, 그것은 인간이 활용하기 위해 발굴되는 실재다. 과학적 과정은 실재 자체보다 인간의 창의성을 통한 실재의 발견 가능성과 관련되어 있다. 마찬가지로 인문학자는 오로지 인간 문화를 도모하기 위해 세워진 구조로서의 세계를 믿을 따름이다. 인문학자는 과학자의 거울상처럼 대체로 특정한 형태들의 문화를 발굴하려고 시도하며, 흔히 저항이나 혁명이라는 추상관념들을 통해서 극복되어야 하는 문화의 양태들을 제시한다. 과학자와 인문학자는 모두 "나를 보시오!"라고 소리친다. "내가 밝혀낸 것을 보시오!"

----

44. C. P. Snow, *The Two Cultures*, 180~1. [C. P. 스노우, 『두 문화』.]

또다시 적절한 사례로서 컴퓨터를 고려하자. '튜링 테스트'라는 유명한 예시를 선택할 것인데, 그것은 20세기의 가장 중요한 논리학자이자 암호학자이자 컴퓨터 설계자인 앨런 튜링이 1950년에 제기한 도전 과제다.[45] 「계산 기계와 지능」이라는 튜링의 유명한 논문은 그 후 육십 년 동안 인공지능 분야를 활성화한 한 가지 질문, 즉 "기계가 생각할 수 있을까?"라는 질문으로 시작한다. 우리는 이 첫 번째 문장에서 멈출 수 있을 것이다. 그 이유는 이미 그 문장이 특이한 인간-세계 상관물을 포함하고 있기 때문이다. 그 도전 과제의 세부가 어떠할지 생판 모르고 있더라도 그 목적은 짐작되는데, 그것은 바로 기계 행동이 인간 행동의 견지에서 성공적인 것으로 판정될 수 있도록 기계 행동을 인간 행동과 관련시키는 것이다.

그런데 튜링은 이 질문이 만족스럽지 못하다고 재빨리 설명하고서 그것을 다른 질문으로 대체하고자 한다. 튜링의 동명 테스트(나중에 다른 사람들에 의해 그렇게 명명된 테스트)는 집안에서 흔히 하는 게임 — 이를테면 한 질문자가 "X께서는 제게 머리카락 길이를 말씀해 주시겠습니까?" 같은 간단한 질문을 제기함으로써 어떤 파티에 참석한 두 명의 숨은 손님의 성별을 추측하려고 시도하는 게임 — 의 한 변양태인 것으로 판명된다.[46] 그 게임의 참

---

45. Alan Turing, "Computing Machinery and Intelligence," 433~60. [앨런 튜링, 「계산 기계와 지능」.]
46. 같은 글, 433. [같은 글.]

가자들은 인간이기에 기만을 통해서 그 질문자를 속이기 위해 서로 한 수 앞서려고 시도할 수 있다. 튜링은 그 두 명의 숨은 인간 참가자 중 한 사람을 컴퓨터로 대체할 것을 제안한다. 컴퓨터가 인간처럼 인간 참가자를 종종 속일 수 있다면, 그 결과는 "기계가 생각할 수 있을까?"라는 애초의 질문을 만족스럽게 대체한다.

이 수법이 아무리 어리석게 보일지라도 그 테스트는 컴퓨터 과학 및 컴퓨터공학의 성배로서의 역할을 수행한 지 오래되었다. 결국 기계는 멍청하고 무감각한 객체이며, 인간 조작자나 프로그래머에 의해 과제 ─ 물론 인간 사회에 유익하도록 되어 있는 과제 ─ 를 해결하도록 활성화될 때에만 유용하다. 튜링이 그 테스트를 제안하고 요절한 지 몇 년이 지나지 않아서 출현한 인공지능(이하 AI)이라는 분야는 바로 그 이름 속의 인간 상관물에 충성을 맹세하는데, 말하자면 컴퓨터는 그것이 지적인 일 ─ 즉, 인간에게 유익한 일 혹은 인간이 지적 활동으로 인정할 수 있는 일 ─ 을 더 많이 행할수록 유용한 것으로 여겨진다. 튜링 테스트 자체는, 이해할 수 있고 추리할 수 있으며 언어를 통해서 인간과 관계를 맺을 수 있는 〈스타 트렉〉의 LCARS[47]라는 컴퓨터 조작 시스템의 형태로든 혹은 튜링의 도전 과제의 내용을 재

---

47. * LCARS는 'Library Computer Access and Retrieval System'의 약어로서 〈스타 트렉〉에서 사용되는 범용 제어 프로그램을 가리킨다.

연하고 최고의 성과를 거둔 참가자에게 상을 수여하는 경연으로서 1991년 이후로 매년 개최된 뢰브너상을 제정하게 함으로써든 간에 과학소설적 목적뿐만 아니라 과학적 목적에도 이바지한다. 과학은 컴퓨터의 본성이 인간 경험의 본성과 관련되어 있다고 가정한다. 계산의 참된 본성을 밝히는 것은 인간 이성의 참된 본성을 밝히는 것이기도 하다.

튜링 테스트에 대하여 제기된 이의 중 대부분은 인간 이해와 경험의 근본적인 원리들에 관해 성찰한다. 그런 이의 중 가장 유명한 것은 존 설의 '중국어 방' 사고실험이다.[48] 설은 어떤 문 밑으로 넣어진 중국어 문자들을 조작하는 기계 흉내를 내는 한 사람을 상상한다. 그 사람은 중국어를 전혀 모르지만 프로그램의 명령에 따름으로써 정합적인 답변을 고안할 수 있다. 그렇게 얻은 결과적인 답변들이 중국어 원어민에게 이해될 수 있더라도 설은 그런 작업을 실행할 기계가 '생각한다'라고 하거나 '마음'을 지니고 있다고 하거나 '지능'을 갖추고 있다고는 할 수 없다고 주장한다.

약간 다른 비판에서 튜링의 전기를 저술한 앤드루 호지스는 튜링이 자신의 개성으로 인해 세계를 풀어야 할 수수께끼로 간주하는 경향이 있었지만 비극적이게도 "말과 행동을 구분하지 못하"였다고 넌지시 주장한다.[49] 호지스는 기계 지능에 대

---

48. John Searle, "Minds, Brains, and Programs," 417~56.

한 튜링의 관심은, 한 개인으로서 그의 개인적 삶의 고통 — 1950
년대에 동성애자라는 이유로 기소된 사건과 뒤이은 자살을 포함하
여 많은 괴로움을 겪은 삶 — 을 튜링 자신이 숙고한 뒤 얻은 통찰
이라고 이해한다. 호지스는 이렇게 말한다. "성, 사회, 정치 혹은
비밀을 포함하는 질문들은, 수수께끼를 푸는 지능을 통해서가
아니라 가능한 행동을 제약함으로써, 허용되는 말의 범위를 제
한할 수 있음을 보여주었던 것이다."[50]

설의 이의는 '강한 AI'의 기능주의가 인간 마음의 본성을 곡
해하며 마음을 지니고 있는 것과 마음을 지니고 있는 것처럼
흉내 내는 것 사이의 차이를 오해한다고 비판한다. 호지스의 이
의는 전산 체계 자체보다 그 체계를 창안하게 한 동기를 살피
며, 결과적으로 튜링 테스트라는 바로 그 착상은 단지 일반 문
제에 대한 한 특별한 인간의 흥미로운 견해를 나타낼 뿐이라는
결론을 내린다.

두 경우에 모두 전산이라는 관념이 인간 이해 및 경험, 지식
과 밀접하게 연계되어 있다. 그런 접근법이 터무니없는 것은 아
닌데, 인간은 주로 자신과 관련된 문제를 해결하도록 기계를 만
들어내고 조종한다. 그런데 튜링 테스트라는 단순한 사례에서

---

49. Andrew Hodges, *Alan Turing*. 이것은 N. Katherine Hayles, *How We Became Posthuman*, xii [N. 캐서린 헤일스, 『우리는 어떻게 포스트휴먼이 되었는가』]에서 인용됨.

50. Hodges, *Alan Turing*, 423~4.

도 컴퓨터에서 작동하는 다양한 다른 인자가 무시된다. 예를 들면, 인간 지능을 모형화하거나 추구할 수 있는 기계의 능력과 독립적인 기계 작동은 전산에 대한 과학적 비판 혹은 인문학적 비판의 고려 대상이 아니다. 컴퓨터 체계의 구축과 그 행동은 그 체계를 최적화하거나 개선하기를 바라는 기술자들의 관심을 끌 것이지만, 마치 그것이 미나리아재비나 수플레인 것처럼 기계 자체를 이해하고자 하는 경우는 드물 것이다. 그런데 만물이 그렇듯이 컴퓨터는 우리가 되새기고 놀랄 만한 자신의 독특한 현존을 갖추고 있고, 게다가 그것은 사실상 우리가 그것을 활성화하는 목적보다 더 많은 것을 행할 수 있다.

상관주의를 거부하는 행위는 튜링의 컴퓨터 실험에 의해 예시되는 대로 휴머니즘뿐만 아니라 과학도 보증하는 특이한 인간–세계 상관물을 뒤집어엎는다. 그런데 이런 인간–세계 상관물을 반대하는 것은 인간을 거부하거나 세계 속 인간의 지위를 부인함을 뜻하지는 않는다. 포스트휴머니즘은 대체 기술이나 부가 기술을 통하든 혹은 인간 정체성에 대한 더 새롭고 더 유연한 문화적 이해를 통하든 간에 '인간 능력의 향상'을 의미한 지가 너무나 오래되었다. 진정한 포스트휴머니즘은 인류를 공생적이고 환상적인 미래로 확장하지도 않을 것이고 반인간적 니힐리즘을 통해서 세계 속 인간의 지위를 부인하지도 않을 것이다. 오히려 브라이언트가 서술하는 대로 포스트휴머니즘적인 존재론은 "인간이 더는 세계의 군주가 아니라 오히려 존재자들

에 속하고 존재자들과 얽혀 있으며 다른 존재자들에 연루된" 존재론이다.[51]

브라이언트는 평평한 존재론이 두 세계를 통일함으로써 인간과 비인간을 하나의 공동 집합체로 종합할 수 있다고 암시했다.[52] 어떤 존재론이 존재하는 사물들의 종류를 차별하지 않고 모든 사물을 동등하게 여긴다면 그 존재론은 평평한데, 그것이 바로 브라이언트가 자신의 OOO 이론에 부여한 이름, 즉 '객체들의 민주주의'의 배후에 자리하고 있는 정신이다. 평평한 존재론에서는 기포가 생기는 고추 껍질이 고추 소스가 위에 뿌려지게 되어 있는 엔칠라다의 요리 역사만큼이나 중요하다.

화제를 돌려, 우리는 컴퓨터를 어떻게 평평하게 존재론화할 수 있을까? 그런 일은 일반적인 의미에서, 말하자면 기호논리학에 기반을 둔 전산에 관한 보편적 정의에 의해서 혹은 보편 튜링 기계 같은 추상관념에 의해서 행해질 수 없다. 오히려 전산(혹은 여타의 것)의 평평한 존재론은 체계조작적 과잉결정의 덫에 빠질 개연성이 작아지도록 특정적이고 수정의 여지가 있는 것이어야 한다. 나는 나 자신에게 특별히 흥미로운 일례를 택할 것이다. 그것은 1982년에 영화 〈외계인 E.T.〉를 아타리^Atari 비디오 컴퓨터 시스템(이하 VCS)용으로 각색한, 불운한 운명의 비

---

51. Bryant, *Democracy of Objects*, 40. [브라이언트, 『객체들의 민주주의』.]
52. 같은 책, 24, 32. [같은 책.]

디오게임이다. 게임 〈E.T.〉란 무엇인가? 평평한 존재론은 그 대답이 다양해야 한다고 요구한다.

〈E.T.〉는 8킬로바이트에 해당하는 6,502개의 명령 코드와 오퍼랜드[53]로, 그것들은 인간에게 읽기 전용 메모리(이하 ROM)의 헥사 덤프로 나타날 수 있다. 각각의 값은 프로세서 연산에 대응하며, 일부 연산 역시 명령 코드를 취한다. 예를 들어 헥사 $69는 어떤 값을 더하기 위한 명령 코드다.

기계어 상태의 ROM은 사실상 그 게임의 어셈블리 코드를 다시 포맷한 판본일 따름이며, 그리고 〈E.T.〉 역시 그것의 소스 코드, 즉 그 게임을 실행하는 기계 명령 코드들에 대한 인간이 읽을 수 있는(혹은 어쨌든 인간이 약간 더 읽을 수 있는) 일련의 연상 코드다. 예를 들면, 소스 코드는 헥사 값 $69 대신에 'ADC'라는 연상 코드를 사용한다.

〈E.T.〉는 사용자 입력에서 비롯될 뿐만 아니라 메모리 맵 레지스터들의 데이터를 텔레비전 인터페이스 어댑터(이하 TIA)로 불리는 맞춤형 그래픽 칩과 사운드 칩 상에서 교대하는 프로그램 흐름에서도 비롯되는 고주파(이하 RF) 변조들의 흐름이다. TIA는 데이터를 고주파로 변환하여 그것을 텔레비전의 음

---

53. * 컴퓨터에서 오퍼랜드(operand), 즉 피연산자는 처리될 데이터 그 자체 혹은 데이터를 지칭하는 컴퓨터 명령어의 일부를 뜻한다.

극선과 스피커로 전송한다.

⟨E.T.⟩는 하나의 마스크 ROM, 즉 메모리가 어떤 식각된 웨이퍼에 배선된 일종의 집적회로다. 이런 종류의 ROM용 포토마스크의 제작비는 비싸지만, 그것을 대량으로 제조하는 비용은 저렴하다.

⟨E.T.⟩는 스크루에 의해 결합되고, 오프셋 인쇄된 접착 상표가 표면에 부착되어 있는 하나의 성형 플라스틱 카트리지다. 그것은, 아타리 VCS 콘솔에 의해 가동될 때 칩의 교신을 보여주는 레버와 스프링이 측면에 배치된 마스크 ROM을 감싼다.

⟨E.T.⟩는 하나의 소비재로, 상자에 담겨서 고리에 걸려 있거나 선반에 놓인 채로 인쇄된 사용설명서 및 포장 마분지와 함께 소매로 판매되는 제품이다.

⟨E.T.⟩는 어떤 경험을 산출하는 규칙이나 역학의 한 체계인데, 일단의 어린이가 외국인 혐오증을 품은 정부와 과학의 폭력적인 호기심으로부터 보호하려고 시도하는, 지구에 고립된 어떤 허구적 외계 식물학자에 관한 이야기에 느슨하게 부합하는 것이다.

⟨E.T.⟩는 게임 참가자들이 텔레비전 주위에 모여서 함께 참가하거나 혹은 개별적으로 참가할 수 있는 하나의 상호작용적 경험이다.

⟨E.T.⟩는 소유되고 보호받고 인가받고 판매되며 위반될 수 있는 하나의 지적 재산권 품목이다.

〈E.T.〉는 하나의 수집품으로, 물물교환되거나 전시될 수 있는, 절판되었거나 '희귀한' 한 객체다.

〈E.T.〉는 1983년의 비디오게임 붕괴 사태 — 부분적으로는 저질의 셔블웨어[54](그중에서 〈E.T.〉가 흔히 주요한 일례로서 인용된다)로 인한 시장 붕괴 사태 — 를 둘러싼 환경을 묘사하는 하나의 기호다. 이런 의미에서 기호 〈E.T.〉는 단지 어떤 허구적 외계 식물학자에 불과한 것이 아니라 극단적인 실패, '역사상 최악의 게임'에 관한 관념이기도 하다. 앨라모고도 쓰레기 매립지에 있는 유명한 게임 쓰레기 더미, 그것을 초래한 탐욕과 설계 제약의 복잡한 문화, 그 후 이어진 너무 단순화된 희생양 만들기 과정, 달리 서술하면, 〈E.T.〉는 아타리의 '워털루'다.

이들 종류의 존재자는 모두 서로 독립적이지만 동시에 현존한다. 그것이 어떤 서사의 구조와 성격 묘사, 사건들이든, 혹은 그 서사를 만들어내는 코드든, 혹은 카트리지-기계-참가자-시장의 회집체든, 혹은 그사이의 어느 것이든 간에 '진짜' 〈E.T.〉는 단연코 없다. 라투르는 그런 상황을 비환원이라고 일컫는데, 한 사물의 어떤 양태들이 무언가 다른 것을 변형시키는 힘이 있다고 여겨질 수 있더라도 "아무것도 무언가 다른 것으로 환원될

---

54. * "PC게임 분야에서 셔블웨어는 셰어웨어나 프리웨어 등의 게임소프트웨어를 수집해 CD 안에 합본 형태로 모아 넣은 불법 CD를 가리키는 말"(이경혁)이다.

수 없다."[55]

라투르는 서로 작용하며 관계를 맺고 끊는 인간 행위자들이나 비인간 행위자들의 네트워크에 의거하여 변형을 서술한다. 뒤에 다시 다룰 단위조작이라는 나의 개념은 또 다른 모형을 제공한다. 요컨대 한 단위체는 규모와 무관하게 일단의 다른 단위체들(또다시 인간이나 비인간)로 이루어져 있다. 이들 모형 덕분에 우리는 문화적 상대주의 ─ 전산 같은 주제들에 대한 매체 연구와 사회과학적 분석의 일반적인 비판 ─ 라는 스킬라와 과학적 환원주의 ─ 그런 주제들에 관한 형상적 분석 및 질료적 분석과 관련된 일반적인 문제 ─ 라는 카리브디스 사이를 항해할 수 있게 된다. 〈E.T.〉는 방금 언급된 사물 중 단 하나의 것이 결코 아니고, 이들 사물 전체의 집합체에 불과한 것도 아니다. 역설적이게도 평평한 존재론 덕분에 그것은 둘 다이기도 하고 둘 다가 아니기도 하다. 우리는 형식, 유형 혹은 초월적인 것으로서의 게임이라는 이상적인 관념에 호소하지 않은 채로 놀이-세션-으로서의-게임과 코드-로서의-컴퓨터-프로그램의 존재론적 지위를 구별할 수 있다. 평평한 존재론의 힘은 그것의 무분별함에서 비롯된다. 그것은 차별을 거부하고 만물을 존재의 사원에 흔쾌히 받아들인다.

---

55. * Latour, *The Pasteurization of France*, 163.

압축적 존재론

평평한 존재론은 하나의 이상으로, 매우 다양한 형이상학적 입장이 채택할 수 있는 가치다. 나는 그 원리를 포용하지만, 또한 나는 그것을 훨씬 더 확장하기를 바란다. 존재는 다양한 동시에 일의적이다. 우리는 존재를 어떻게 특징지을 수 있을 것인가?

나는 만물을 관계의 네트워크 안에 자리하게 하는 라투르의 답변을 높이 평가한다. 하지만 문제가 발생하는데, 우선 라투르의 경우에는 존재가 관계에 너무나 많이 의존하는 것처럼 보임으로써 상호작용이 어떤 사물의 본질에 속하기보다는 오히려 그 외부에 자리하게 된다. 다른 한편으로 '네트워크'는 지나치게 정상화된 구조, 즉 질서와 사전 규정에 의해 견인되는 구조다. 라투르주의적 행위자-네트워크 이론을 유지하려는 관대한 노력은 네트워크를 혼합체imbroglio라는 라투르의 후기 개념으로 교체할 것이다. 그 개념은 "누가 그리고 무엇이 작용하고 있는지 절대 분명하지 않은" 혼란 상태를 가리킨다.[56] 혼합체에 대한 라투르의 원래 사례는 불행하게도 인간 지식과 결부되어 있는데, 말하자면 우리는 신문을 읽음으로써 연결되어 혼성화된 다양한 분야 및 영역과 얽히게 된다. (라투르가 진술하는 대로

---

56. Bruno Latour, *Reassembling the Social*, 46.

"혼성적인 〔신문〕 기사들은 과학, 정치, 경제, 법, 종교, 기술, 픽션의 혼합체들을 묘사한다. … 모든 문화와 모든 자연이 매일 거듭해서 휘저어지고, … 하지만 아무도 이를 불편하게 여기지 않는 것처럼 보인다.")[57] 그런데 내 감각에는 혼합체 역시 너무 형식적이고 너무 조직적인 것처럼 느껴진다. 혼합체는 어떤 지적인 종류의 곤경, 혼란 상태임이 확실하지만 외눈 안경을 걸치고 있는 혼란 상태다.

어쩌면 차라리 우리는 행위자-네트워크 이론가 존 로[John Law]가 같은 문제에 대하여 취하는 견해를 채택할 수 있을 것이다. 로는 자신이 그 수행을 거들었던 프로젝트로서 알코올성 간질환을 앓는 환자들에 대한 한 종합병원의 관리 실태를 조사한 연구 프로젝트에 관해 이야기한다.[58] 많은 관료주의적 상황에서 그렇듯이 그들은 실행 계획상의 상당한 복잡성을 재빨리 알아내었다. 모든 사례가 아니라 일부 사례에서, 도심 상담센터에서 환자들은 입원하여 치료를 받으라는 권고를 받았고 예약을 해야만 한다고 들었다. 그런데 그 병원의 많은 사람들은 상담센터와 인식이 달랐고 그 병원을 예약이 필요 없는 방문 치료 장소로 여겼다. 그 상황은 하나의 '혼잡체'[mess]였다고 로는 실용적으로 결론짓는다.

---

57. Latour, *We Have Never Been Modern*, 2. [라투르, 『우리는 결코 근대인이었던 적이 없다』.]

58. John Law, "Making a Mess with Method."

로는 혼잡체를 방법론적 개념으로 격상시키는데, 이를테면 혼잡체는 여러 가지 정합적인 분석이 매끈하게 이루어지지 못하게 한다. 오히려 우리는 '비정합성'을 추구해야 한다. 로가 진술하는 대로 "'혼잡체[엉망진창]'mess에 관해 말할 때 문제는 이런 것이다. 상황을 정리하는 것에 사로잡힌 사람들이 그 말을 깔아뭉개는 용도로 사용한다는 것이다. 오히려 내가 선호하는 것은 경계 통제를 완화하여 비정합성이 스스로 부각될 수 있게 하는 것이다. 혹은 차라리 그것은 우리가 이런 일을 할 수 있을 방식에 관해 생각하기 시작하는 것이다."[59]

구조주의적 접근법들의 형식주의와 로의 혼잡체 사이의 차이를 지적하면, 혼잡체는 모든 사물, 일단의 문화적 추가물, 혹은 번들번들한 자작나무 마루 위에서 개최되는 특별히 잘 계획된 파티에 대한 일단의 규칙을 설명하는 어떤 포괄적인 체계조작이 아니라 오히려 사건에 연루된 인간 행위자들을 위할 뿐만 아니라 그 밖의 모든 것을 위해서 사물들이 엉성하게 조직된 것이다.

혼잡체는 밟기 불편한 장소에 놓여 있을지라도 깔끔하게 정돈된 채로 있는 어떤 더미가 아니다. 혼잡체는 더 높은 차원의 우아한 것이 아니다. 혼잡체는 조끼를 입은 보험업자들이 평가하고 위험을 관리할 지적 프로젝트가 아니다. 혼잡체는 불편

---

59. 같은 글, 11.

하고 때로는 불쾌한 사물들이 뒤섞인 것이다. 혼잡체는 우연한 사건이다. 혼잡체는 당신이 그것을 바라지 않는 곳에서 찾아내는 것이다. 우리는 혼잡체에서 뒷걸음치지만, 혼잡체는 거기에 존재하기에 우리는 그것을 처리해야 한다.

그런데 혼잡체가 나타내는 심미적 호소력에도 불구하고 나는 혼잡체가 혼합체만큼 부족함을 깨닫는다. 네트워크가 너무나 질서정연하다면 혼잡체는 너무나 무질서하다. 평평한 존재론과 마찬가지로 혼잡체는 사물들을 끌어모으려고 사물들을 퍼트린다. 혼잡체는 사물들이 대규모로 분산된, 다루기 힘들지만 화려한 그림을 상정하지만 그다음에 그것들을 통일하는 공통 기반을 제공하지 않는다. 더욱이 비유에 불과하더라도 혼잡체는 상관주의적 얼룩이 있는데, 말하자면 혼잡체는 인간 행위자들이 파악할 수 없는 것, 네트워크로 정돈될 수 없는 것이다. 그런데 누가 나의 혼잡체가 화산의 네트워크가 아니라고 말할 수 있는가? 실재에 대한 누구의 구상이 실재에 대한 여타의 것의 구상을 결정하게 되는가?

사실상 상관주의의 문제는 외부 실재의 문제로 다시 진술될 수 있을 것이다. 과학은 우주선처럼 작동하는데, 뛰어나고 광적인 그 승무원들은 근사한 방풍 유리 밖을 보면서 외부 세계를 찾아내어 그 지도를 그리고자 열망한다. 휴머니즘과 사회과학은 반대로 작동하는데, 그 영리한 시간 여행자들은 정반대 방향으로 나아가서 외부 세계가 언제나 처음부터 이미 내부

였기에 그것이 분리된 것처럼 보이게 하는 것은 망상이자 순진한 행위임을 예증한다. 두 경우에 모두 삼차원성의 비유가 존재의 궁전을 서술한다. 그것은 대성당처럼 인간 문화를 위하여 탐사될 수 있고 지도로 그려질 수 있는 구조이거나, 아니면 그 구조를 둘러싸는 형태이며, 그리하여 어떤 토지 계획이 애초에 그 성당을 건립할 수 있게 하는 방식으로 그 구조에 형식을 부여한다.

존재에 관한 이론은 거창해지는 경향이 있지만, 그럴 필요가 없는 이유는 존재가 단순하기 때문이다. 존재에 관한 이론은 트럭 운전사의 모자 위에 스크린 프린팅 방법으로 인쇄될 수 있을 만큼 단순하다. 나는 그것을 압축적 존재론이라고 일컫는다. 바로 그 이유는 그것이 어떤 논고 혹은 서적을 요구할 필요가 없기 때문이다. 그 용어는 존재의 영역이 작다는 점을 함축하지는 않는다. 내가 곧 설명할 것처럼 오히려 존재의 영역은 거대하다. 그렇지만 존재를 설명하는 데 필요한 기본적인 존재론적 장치는 가능한 한 간결하고 장식되지 않은 것이어야 한다.

평평한 존재론의 이차원 평면에 대한 한 가지 대안적 비유는 무공간성의 비유, 영차원성의 비유다. 어떤 한 존재자도 여타의 존재자에 못지않게 존재한다면, 우리는 그런 존재자들을 평평한 존재론의 이차원 평면 전체에 걸쳐 분산시키는 대신에 그것들을 밀도가 무한한 하나의 점으로 붕괴시킬 수도 있을 것이다. 나는 평평한 존재론의 평면 대신에 압축적 존재론의 점을 제시한다. 혼잡체처럼 되는대로 흩어져 있거나 혹은 네트워크처럼 논리적으로 조직되어 있더라도 그것은 모든 것이 전적으로 포함된 고밀도의 덩어리다.

일반 상대성에 대한 통상적인 해설에 따르면 블랙홀은 특이점, 즉 물질이 무한한 밀도에 도달하는 점이다. 그런데 물리학자 니코뎀 포프라프스키는 그런 거대한 질량의 중력이 반전됨으로써 물질이 또다시 팽창하게 된다고 주장했다.[60] 그러므로 포프라프스키는 블랙홀들이 우주들 전체를 포함할 것이라고 시사하는데, 심지어 우리는 하나의 블랙홀에서 살고 있을지도 모른다. 우리는 절대 알 수 없다. 그 이유는 누군가가 블랙홀에 접근할 수 있더라도 중력에 의한 시간 지연으로 인해 시간이 관측자에 대하여 느리게 갈 것이기 때문이다. 그러므로 특이점 안에 존재하는 사태의 함의를 고찰하는 데에는 사변이 필요하다.

공교롭게도 하먼 역시 사물 자체를 블랙홀과 비교한다. 모든 객체는 "그 외부에 자리하고 있는 사물들로부터 진공 차폐에 의해 보호받을 뿐만 아니라, 또한 그 내부에서 분출하는 지옥 같은 우주를 품고 육성한다"라고 하먼은 말한다.[61] 평평한 존재론은, 존재의 위계가 없기에 우리는 존재 자체가 여타의 객

---

60. Nikodem J. Popławski, "Radial Motion into an Einstein-Rosen Bridge." 포프라프스키의 작업은 각각의 블랙홀이 하나의 온전한 우주를 포함한다는 리 스몰린의 이론적 견해에 대응한다.

61. Harman, *Guerrilla Metaphysics*, 95.

체와 다르지 않은 하나의 객체라는 결론을 내려야 한다고 시사한다. 존재의 물러섬은 요구르트 혹은 편도선 혹은 곰돌이 푸의 특징일 뿐만 아니라 바로 존재 자체의 특징이기도 하다. 압축적 존재론을 수놓을 수 있는 약어는 간단히 *is*로 쓸 수 있을 것이다. 그 이유는 단지 *i* 위의 점에 의미적 정합성이 포함될 수 없기 때문이다.

단위조작

존재의 이쪽에서는 가늠할 수 없는 밀도, 즉 그 외부의 모든 구분이 무차별로 붕괴하는 블랙홀이 나타난다. 그런데 저쪽에서는 존재가 또다시 하나의 온전한 우주에 해당하는 물질로 팽창하는 것으로 드러난다. 압축적 존재론의 구조 덕분에 이 관계는 프랙탈적인데, 말하자면 무한하고 자기유사성을 나타낸다. 컨테이너선은 선창, 선적 컨테이너, 수압 펌프, 선박 평형수, 트위스트 록, 래싱 로드, 선원, 선원의 스웨터 그리고 스웨터를 짜는 데 사용한 실만큼 단위체다. 그 선박은 자신이 포함하는 모든 것이 자신의 내부에서 물러서는 경계를 설정하는 한편으로, 그 선박을 구성하는 개별적 단위체들도 유사하게, 동시에, 그리고 존재의 동일한 근본적인 층위에서 그렇게 한다. 레비 브라이언트의 어구를 사용하여 표현하면 이런 기묘한 부분전체론은 부분과 전체 사이의 기이한 관계를 부각한다. OOO의 경우에 "한 객체는 다른 한 객체의 부분인 동시에 독자적으로 독립적인 객체다."[62] 사물은 자신을 구성하는 부분들에 여전히 의존하는 한편으로 이들 부분과 독립적이다.

그러므로 객체는 그것이 전 지구적 교통 물류 같은 거대한 무정형의 객체를 서술할 수 있는 것만큼이나 토스터기 같은 '통상적'인 중간 규모의 객체도 가리킬 수 있는 기이한 구조물이다. 티머시 모턴이 재치 있게 표현하는 대로 "객체는 〈닥터 후〉의 타디스[63]와 같은데, 겉보기보다 안이 더 크다."[64] 사물은 일상적이기도 하면서 기묘하고, 크기도 하면서 작고, 구체적이기도 하면서 추상적이다. 우리는 사물을 효과적으로 특징지을 방법이 필요하다.

과거에 나는 객체 또는 사물과 같은 뜻을 지닌 한 가지 대안으로서 단위체unit라는 용어를 제시하였다.[65] 그 이유 중 일부는 순전히 실용적이었다. 나는 전산에 관한 글을 쓰는데, 컴퓨터과학에서 객체라는 용어 및 객체지향이라는 용어는 컴퓨터 프로그래밍의 특정한 패러다임과 관련된 특정한 의미를 나타낸다. 하면이 인간—세계 관계를 유일한 관계로서 특권화하기를 거부하

62. Bryant, *Democracy of Objects*, 214. [브라이언트, 『객체들의 민주주의』.]

63. * TARDIS(타디스)는 'Times and Relative Dimension in Space'의 약어로서 〈닥터 후〉에 등장하는 차원 초월 시공 이동 장치를 가리킨다.

64. Timothy Morton, *Realist Magic*. [티머시 모턴, 『실재론적 마술』.]

65. Bogost, *Unit Operations*, 5.

는 일단의 입장을 명명하기 위해 객체지향 철학이라는 용어를 제시했을 때, 그는 객체지향이라는 어구를 전산 세계에서 차용하여 그것에 새로운 철학적 삶을 제공하였다.[66] 나는 용어들의 용도 변경에 전혀 반대하지 않지만, 나의 관심 분야에 속하는 특정 대상들에 관한 논의의 맥락에서 객체는 때때로 혼란을 일으킨다.

객체라는 용어를 회피하는 다른 이유도 있다. 한편으로 객체는 주체를 수반하며, 그리고 주체와 객체의 결합은 상관주의의 핵심에 자리하고 있다. 실제로 OOO와 관련된 어느 것도 주체라는 관념과 양립 불가능하지 않다. 문제가 되는 것은 단 하나의 주체 ─ 인간 주체 ─ 만이 흥미롭거나 유의미하다는 가정이다. 애초에 객체라는 용어를 회피함으로써 이 문제를 벗어날 좋은 수사법적 이유가 있다.

---

66. 사실상 라투르는 「현실정치에서 사물정치로: 혹은 어떻게 사물을 공공적인 것으로 만드는가」라는 시론에서 이런 비교를 더 명백히 밝힌다. 라투르가 진술하는 대로 "몇 년 전에 컴퓨터과학자들이 컴퓨터의 프로그램을 짜는 한 가지 새로운 방법을 서술하기 위해 '객체지향' 소프트웨어라는 경이로운 표현을 고안했다. 우리는 이 비유를 사용하여 다음과 같이 묻고 싶은데, '객체지향 민주주의는 어떤 모습일까?'" 원래 그 시론은, 라투르와 페터 바이벨이 공동으로 편집하였고 2005년에 MIT 프레스에서 출판된 『사물을 공공적인 것으로 만들기: 민주주의의 분위기』라는 전시회 도록의 서문으로 작성되었다. 그 책은 절판되었고, 현재 그 시론은 Fiona Candlin and Raiford Guins, ed., *The Object Reader*라는 모음집에서 찾아볼 수 있다. 앞의 인용문은 그 도록의 154쪽에서 찾아볼 수 있다. [브뤼노 라투르, 「현실정치(Realpolitik)에서 물정치(Dingpolitik)로」.]

다른 한편으로 객체는 콘크리트 블록과 유연한 지푸라기와 쇳가루 같은 물질성, 물리적 성분을 수반한다. 객체지향 실재론들은 사실상 세계의 잃어버린 물질성을 회복하여 철학적 탐구의 중심으로 귀환시키는 데 관심이 있지만 물질적 사물들만으로는 그런 관심을 충분히 구현할 수 없다. 압축적 존재론의 원리를 환기하면 객체지향 사유의 대상들은 물리적 물질(슬러피 Slurpeee 냉동 탄산음료)에서 특성(냉동됨), 시장(편의점 산업), 기호(슬러피 상표명) 그리고 관념(7~11세의 어린이를 발견할 곳에 관한 최선의 추측)에 이르기까지 모든 것을 포괄하게 되어 있다. 존재의 밀도는 그것을 난잡하게 만들고, 언제나 서로 접촉하게 만들며, 차별에 무관심하게 만든다. 모든 것은 파티를 벌이기에 충분한 것이다.

덧붙여 말하자면 사물thing이 객체에 대한 대안으로서 제시될 수 있다. 객체와는 달리 사물은 구체적이거나 추상적일 수 있다. 하지만 '사물' 역시 격론을 불러일으킨 철학적 역사가 있다. 칸트의 물자체das Ding an Sich는 경험을 통해서 추론되어야 하는 불가해한 요소다. 하이데거의 경우에, 사물은 인간이 만들어낸 객체, 특정한 기능을 갖춘 객체다. 하이데거는 특유의 어원학적 분석을 통해서 사물Das Ding이란 원래 모임 혹은 회집을 뜻했다고 주장한다. 하이데거는 이런 모임을 인간과 세계가 소집된 집회로 해석한다. 하이데거의 경우에, 어떤 객체가 용도 ─ 물론 인간의 용도 ─ 를 배경으로 하여 두드러질 때 그 객체는 하나의 사물이 된다. 지그문트 프로이트의 경우에, 사물은 잃어버린 객체, 주체에 결여된 것이다. 자크 라캉은 사물에 대한 프로이트의 신경학적 이해를 기호학적 이해로 번역하는데, 사물은 의미화의 사슬 – 라캉은 나중에 이것을 대상 a라고 일컫는다 – 에서 단절된 기표다. 하먼은 이들 낱말("객체, 도구-존재, 실체, 혹은 사물")을 호환하여 사용하지만 자신이 선호하는 용어는 여전히 객체다. 이것은 어쩌면 사물과 관련된 불편한 철학적 역사에 부분적으로 대응하는 방책일 것이다.[67]

지금까지 사물은 비평 이론으로도 확장되었다. 가장 주목할 만한 것은 빌 브라운이 서사 이론 혹은 문화 이론과 유사한 것으로서 '사물 이론'을 제안한 사례다.[68] 브라운은 무언가와 접촉하고 있지만(그는 불과 비, 오렌지, 담배의 위대한 모더니즘 시인 프랑시스 퐁주를 상기시킨다), 그에 앞서 하이데거의 경우에 그런 것처럼 사물에 대한 그 비평가의 관심은 여전히 인간의 관심사에 의해 촉발된다. 브라운이 사물 이론을 제시한 의도는 우리가 "생명 없는 객체들이 인간 주체를 구성하는 방식"을 이해할 수 있도록 하기 위한 것임이 판명된다.[69] 한편으로 사물은 객체를 감출 유용한 방식을 제공함으로써 우리에게 그것이 여타의 것에서 물러서 있음을 일깨워 준다. 그런데 다른 한편으로

---

67. Harman, *Guerrilla Metaphysics*, 90.
68. Bill Brown, "Thing Theory," 1.
69. 같은 글, 7.

지금까지 그런 물러섬의 주체는 매우 흔히 우리 자신이기에 사물에 대한 의존은 상당한 짐을 짊어진다.

사물은 한 가지 마지막 경계 문제, 즉 구체성에 시달린다. 고추 껍질이 회전하는 로스터의 뜨거운 강철 창살에 쓸리면서 기포를 발생시킬 때, 고추와 로스터의 만남은 친밀하고 익숙함이 틀림없지만 동시에 서먹서먹하고 이질적이다. 인간 노점상이 원통형 용기를 회전시키거나 혹은 그것을 빨간 픽업트럭의 접힌 테일게이트 근처에 설치할 때, 원통형 용기, 손잡이, 테일게이트, 아스팔트, 고추, 금속 그리고 프로판 가스는 모두 그에게서 떨어져 있을 뿐만 아니라 서로 떨어져 있기도 하다. 그런데 이 상황에서는 다른 한 종류의 사물도 떨어져 있는데, 이들 객체 사이의 관계, 이를테면 고추와 철 사이의 관계, 테일게이트와 리바이스 501S 사이의 관계, 아스팔트와 픽업트럭 사이의 관계도 떨어져 있다. 객체들인 것은 사물들만이 아니라 사물들에 관한 추상관념들과 사물들 사이의 관계들도 객체들이다.[70] 그런 일은 빠르고 뜨겁게 일어난다. 사물들의 작은 우주들은 서로 순차적으로 부딪치고 문지르면서 고분자처럼 함께 사슬을 이루

---

70. 「대리적 인과관계에 관하여」라는 논문에서 하먼은 비슷한 주장을 제기한다. "어딘가 다른 곳에서 나는 '모든 관계는 자체적으로 하나의 객체다'라는 표현을 사용했으며, 그리고 여전히 이 진술을 참이라고 여긴다. 그런데 이 논문은 관계가 속박과 성실성, 접촉을 포함하도록 다시 규정했기에 그 슬로건은 다음과 같이 다시 표현되어야 한다. '모든 연결은 자체적으로 하나의 객체다'"(207).

게 된다.

그렇다면 사물은 너무나 열심히 사물들을 얽어매기에 압축적 존재론을 충족시킬 수 없다. 한 사물은 인간에 대해서 한 사물일 뿐만 아니라, 물질적이든 비물질적이든 간에 다수의 다른 사물에 대해서도 한 사물이다. 그런데 한 사물은 자신이 변화하고 존재 내부에서 다양한 국면의 무수한 배치로 합체됨을 알아챌 때도 여전히 일의적이다.

이런 이유로 인해 단위체가 객체 혹은 사물을 가리키는 이름으로서 유용한 것이 된다. 그 용어는 그것이 지칭하는 것의 본성과 무관한 불확실한 용어다. 그것은 어떤 전체의 부분이거나 혹은 원자처럼 존재론적으로 기본적이고 불가분의 것일 뿐만 아니라 개별적이고 일의적이며 특정적이기도 하다. 어딘가 다른 곳에서 내가 주장한 대로 '단위체'는 체계 이론과 복잡성 이론에서 선례가 나타나고, 게다가 생물학, 사이버네틱스, 화학 공학, 컴퓨터과학, 사회 이론, 그리고 어떤 체계의 서로 관련된 부분들의 자율적인 작용의 창발적 결과로서 현상을 설명하고자 하는 다양한 영역에서 응용된다.[71] 직관에 반하게도 체계와 단위체는 세 가지를 동시에 나타낸다. 우선 단위체는 개별적이고 독특하다. 다른 한편으로 단위체는 어떤 체계 — 하나의 온전한 우주에 해당한다 — 를 포함한다. 그런데 또 다른 한편으로 단

71. Bogost, *Unit Operations*, 4~5.

위체는 여기저기를 돌아다니면서 다른 한 체계 – 다수의 다른 체계 – 의 부분이 된다.

이들 단위체의 체계들은 우연히 미약하게 결합한다. 나는 단위체들이 행동하고 상호작용하는 방식을 서술하기 위해 조작이라는 낱말을 채택했다. 체계 이론에서 조작은 "하나 이상의 입력물을 취하여 그것에 변환을 실행하는 기본적인 과정"이다.[72] 모든 종류의 기능은 하나의 조작으로 이해될 수 있다. 이를테면 차 끓이기, 탈피하기, 당을 광합성하기, 압축 연료를 연소하기는 모두 조작이다. 과거에 나는 단위조작이라는 어구를 주로 기호적 체계들 – 특히 전산적으로 의미가 있는 고유한 특성들 – 을 서술하는 방법으로 사용했는데, 그 이유는 그런 표현은 언제나 절차적 행동에 의존하기 때문이다.[73] 하지만 철학적으로 말하자면 단위조작은 훨씬 더 일반적인 개념으로, 무엇이든 모든 체계를 서술하기에 충분한 개념이다. 하먼이 '객체지향'이라는 전산 용어의 용도를 변경한 것과 꼭 마찬가지로 사실상 나는 '단위조작'이라는 용어를 화학공학 – 그 용어가 어떤 과정의 단계들(추출, 균질화, 증류, 냉각 등)을 가리키는 분야 – 으로부터 탈취하여 달아났다.

단위체는 사물과 객체가 차단하는 존재의 한 양태를 드러

---

72. 같은 책, 7.
73. 같은 책, 5, 6, 9장을 특히 참조하라.

낸다. 압축적 존재론의 밀도와 응집은 이면이 있는데, 무언가는 언제나 무언가 다른 것이기도 하다. 이를테면, 무언가는 어떤 기계의 기어이고 어떤 조립의 관계이며 어떤 전체의 부분이다. 존재의 블랙홀 같은 밀도 속에서 사물들은 팽창을 겪는다. 모든 객체의 내부에는 존재론적으로 빅뱅에 해당하는 것이 자리하고 있다. 존재는 팽창한다.

내가 처음에 구상한 단위조작 이론에서 나는 이런 팽창 사태를 알랭 바디우의 집합론적 존재론에 의거하여 철학적으로 서술하였다.[74] 바디우는 게오르크 칸토어의 집합 개념을, 이를테면 {a, b, c} 같은 집합처럼 그 구성원들을 열거함으로써 전체를 서술하는 방식으로 채택하였다. 무엇이든 어떤 집합의 부분집합 — 예를 들면 {a, b, c}의 경우에는 {a, b} 혹은 {b, c} — 은 그 집합의 전체 원소 중 일부를 포함한다. 칸토어는 무한성을 집합들로 나타냄으로써 초한성 이론을 구축했다. 예를 들면 어떤 무한집합은 모든 자연수의 집합에 해당하는 집합이다. 그런데 어떤 무한 집합의 모든 가능한 부분집합의 집합은 '더 큰' 무한인 것처럼 보인다.

바디우는 초한수에 관한 칸토어의 통찰에 의거하여 자신의 존재론을 구축한다. 바디우의 경우에 존재는 구성요소로서의 자격을 갖춘다는 것이다. "존재한다는 것은 무언가의 구성요

---

74. 같은 책, 10~1.

소라는 것이다."[75] 구성요소로서의 자격이 존재론적으로 의미가 있으려면, 존재자들을 입수 가능한 초한성의 부분집합들부터 분리할 어떤 과정, 피터 홀워드의 표현에 따르면 존재자들을 '일자-화'할 과정이 현존해야 한다.[76] 바디우는 어떤 새로운 다양체를 만들어내는 과정을 일자-로-여김compte-pour-un이라고 명명한다. 그리고 바디우는 이런 조치의 출력물, 즉 "어떤 특정한 방식으로 배치된 집합"에 상황이라는 명칭을 부여한다.[77]

바디우의 수학적 전문용어에도 불구하고 배치는 우리가 압축적 존재론을 이해하는 데 도움이 될 수 있다. 모든 것이 어떤 차별도 없이 동시에 그리고 동등하게 존재한다면, 단위체들이 서로 지각하고, 관계를 맺고, 고려하고, 대응하고, 물러서며 그리고 관여하는 과정들 — 단위조작이 이루어지는 방법 — 은 배치적인 것이다. 그런 점에서 바디우의 일자-로-여김은 존재의 이쪽에 있는 블랙홀 밀도가 존재의 저쪽에서 무한한 배열로 팽창하는 방식에 대한 유용한 비유를 제공한다. 존재의 질료는 끊임없이 뒤섞이고 재배열됨으로써 물질적인 것들, 관계들 그리고 개념들과 부딪힘에 따라 물리적으로 그리고 형이상적으로 방향을 다시 잡는다.

집합이 존재의 분해도를 제공한다고 생각하자. 어떤 단위체

---

75. Alain Badiou, "Politics and Philosophy," 130.

76. Peter Hallward, *Badiou* 333. [피터 홀워드, 『알랭 바디우』.]

77. Alain Badiou, *L'être et l'évenement*, 408. [알랭 바디우, 『존재와 사건』.]

의 밀도의 이면에서 그 밀도는 블랙홀에 포함된 우주처럼 팽창한다. 그런 팽창은 집합에서 열거된다. 말하자면 컨테이너선이나 점보제트기처럼 어떤 거대한 기계의 많은 메커니즘을 소환하는 포스터와 유사한, 그 단위체의 구성요소들에 대한 조직적인 설명에서 열거된다.

그런데 바디우의 존재론과 관련하여 한 가지 문제점 – 누가 그런 일자-로-여김을 실행하느냐는 의문 – 이 있으며, 그로 인해 나는 그 존재론을 전면적으로 채택하지 못하게 된다. 바디우는 존재를 수학의 무無구조적 비인격성과 동일시함으로써 그 대답을 애매하게 남겨 둔다.[78] 하지만 이것은 불만스러운 응답이다. 그 이유는 철학사에서 존재의 초연함이 거의 언제나 어떤 초월적인 행위주체 또는 인간 자신에 의해 무시당하기 때문이다. 집합론이 인간에 의해 창안된, 구성요소로서의 자격이라는 개념에 대한 기호적 추상화(그것이 보편성을 열망하더라도)라는 사실을 참작하고, 게다가 일자-로-여김에 대한 바디우 자신의 예시들이 거의 전적으로 인간 경험의 사례들(정치, 예술, 사랑, 시)이라는 사실을 참작하면 일자-로-여김을 단위체들에 대한 조치로서 유지하는 일은 불가능하다.

오히려 다음과 같이 단순한 선언을 고려하자. 단위체는 조작한다. 즉, 사물들은 끊임없이 자신의 내부에서 모의하고 서로 그

---

78. 같은 책, 13, 26. [같은 책.]

물망을 형성함으로써 무언가를 여전히 은밀히 감춰둔 채로 특성과 상태에 작용하고 대응한다. 알폰소 링기스는 이들 행동을 사물들의 지각을 조직하는 정언명령이라고 일컫는데, 이를테면 "자몽이 자신의 탄력 있는 껍질, 짙고 흐릿한 노란색, 물렁물렁한 내부 과육으로 응고하게 만드는 내부 법령" 혹은 "망고, 버드나무, 혹은 평평하고 매끈한 돌의 내부 정식"이다.[79] 사물의 이런 내부 법령 혹은 정식은 물러서 있으며 파악되지 않는다. 그렇다 하더라도 그것들은 정언명령처럼 지각을 지시한다.

그런 조작의 규모는 다양하다. 예컨대 세포는 영양분을 섭취하여 분열함으로써 부리토를 집어 올리는 신체의 동체로 피를 순환시키는 기관을 재생한다. 복식 수확기의 회전하는 공급 장치는 곡물을 수집하여 수확기의 절단기를 거치게 한 다음에 원통형 탈곡 장치로 운반하는 이송 장치로 밀어 넣는다. 가공의 아르다^Arda 언어에 관한 문헌학은 중간계의 역사 및 설화의 기초를 형성한다. 이것은 그런 세계들에 대한 팬이 고안한 해석의 근거를 제공하는 『호빗』과 『반지의 제왕』, 『실마릴리온』이라는 문학작품들에 J. R. R. 톨킨에 의해 기록되어 있다. 이들 사례 모두에서 단위체들은 물질적이든 비물질적이든 간에 다양한 행동과 조치를 통해서 서로 함께 관여하면서 합쳐졌다가 또다시 멀어진다.

---

79. Alphonso Lingis, *The Imperative*, 63. 강조가 첨가됨.

우리가 바디우의 수학적 비유를 고수하면, 어떤 집합의 원소들은 자신들의 행동이 아니라 자신들의 배치를 서술한다. 우리는 어쩌면 '사건'에 관한 바디우의 관념을 채택하여 사물들의 행위를 특징지을 수 있을 것이지만, 바디우의 경우에 사건은 일상적인 사태가 아니다. 오히려 사건은 전면적인 변화다(이것이 집합은 오직 인간만이 배치할 수 있다고 믿을 또 하나의 이유다). 집합 원소들의 가장 단순한 행위들이 여전히 설명되지 않은 채로 있게 된다. 이런 견지에서 바라볼 때, 일자-로-여김이 애초에 집합 원소들의 평범한 상호작용을 다루지 못한다는 점은 명백하다. 바디우의 존재론은 인간 변화의 특별한 본질에 한정되기에 사물들의 일상적인 본질을 서술할 수 없는 것처럼 보인다.

『단위조작』에서 나는 일자-로-여김을 단위조작에 대한 모형 혹은 유사물이 아니라 관련된 착상으로 제시한다.[80] 요점은 이렇다. 사물은 한낱 자신이 행하는 것에 불과한 것이 아니라 오히려 바로 사물이 정말로 일을 행한다. 그래서 사물들이 행하는 방식은 철학적으로 고찰할 가치가 있다. 단위체들은 다른 단위체들의 내부에 함께 갇힌 별개의 존재자들이며, 이들 단위체는 절대 중첩하지 않은 채로 불편하게 서로 어깨를 비벼댄다. 단위체

---

80. 나의 정확한 표현은 이러한데, "어쩌면 단위조작에 대한 가장 가까운 선례는 현대의 철학자 알랭 바디우가 집합론을 존재론에 응용한 사례일 것이다"(Bogost, *Unit Operations*, 10).

는 결코 원자가 아니라 오히려 집합인데, 하나의 체계로서 함께 작용하는 다른 단위체들의 집단이다. 그리하여 단위조작은 언제나 프랙탈적이다. 이들 사물은 확인하지 못한 채로 서로 의아스럽게 여긴다. 이것이 단위조작의 핵심으로, 그것은 어떤 객체를 설명하기라는 현상을 지칭한다. 단위조작은 한 단위체가 다른 한 단위체를 이해하려고 시도할 때 거치는 하나의 과정, 논리, 말하자면 알고리즘 같은 것이다. 바디우의 용어로 표현하면, 단위조작은 어떤 상황을 확립하는 일자-로-여김이라기보다는 오히려 그 상황에 대한 감각이다. 화이트헤드의 용어로 표현하면, 단위조작은 파악 역량이다. 후설의 용어로 표현하면, 단위조작은 의식, 심사숙고, 의도 그리고 인간 추리의 다른 우연한 행위들과 단절된 노에시스[noesis]다. 링기스의 용어로 표현하면, 단위조작은 사물이 자신의 탐사를 견인하는 내부 정식이다. 객체들은 모두 근본적으로 서로 다르기에 각각의 객체는 자신의 고유한 접근법, 자신의 고유한 의미 형성의 논리가 있으며, 그리고 사건의 지평선 근처에서 발산하는 복사가 천문학자가 블랙홀의 본성을 연역하는 데 도움을 주는 것과 꼭 마찬가지로 이런 관계를 통해서 한 객체는 다른 한 객체의 진정한 실재를 추적한다.[81] '단위조작'은 객체들이 각자 자신의 세계를 지각하고 그

---

81. 그레이엄 하먼은 http://doctorzamalek2.wordpress.com/2010/08/04/brief-response-to-vitale/에서 유사한 비교를 실행하는데, 그렇다 하더라도 하먼은 연역 관계를 분열된 객체에 관한 자신의 이론(실재적 객체는 물러서 있고 감

세계에 관여하는 수단으로서의 논리를 지칭한다.

사변

나는 인간-세계 상관물을 단호히 거절하는 사변적 실재론에 매혹된다. 하지만 여러 의문이 여전히 남게 된다. 설령 우리가 상관주의를 자기본위적이고 인간중심적임이 명백한 것이라고 거부하는 견해를 수용할지라도 우리는 인간에 의해 제작되거나 사용되는 복잡한 구조물 또는 체계이기도 한 사물들을 어떻게 다룰 것인가? 더욱이 우리 인간은 세계 속 특정한 사물들 사이의 관계, 우리가 그 원인, 주체, 혹은 수혜자일지라도 인간 없이 지속하는 관계를 이해하려고 어떻게 노력하는가? 풋고추 혹은 집적회로가 홀로 남겨진 경우뿐만 아니라 이들 사물이 인간을 비롯한 다른 사물들과 상호작용하는 경우에도 우리는 그것들을 어떻게 이해하는가?

하먼의 대답은 다음과 같다. 우리가 사물에 관해 갖는 관념은 실제로 현존하고, 그런데도 여전히 사물 자체는 무한히 물러서 있다. 메이야수의 대답은 약간 다른데, 사물은 지각할 수 없더라도 수학적으로 생각할 수 있다.[82] 이들 응답은 실제로 동원

각적 객체는 그렇지 않다)에 의거하여 설명한다.
82. Meillassoux, *After Finitude*, 29, 64. [메이야수, 『유한성 이후』.]

하기가 어렵다. 그런데 누구나 형이상학자들과 어울려 지낼 때 그 밖에 무엇을 기대할 것인가? 사변적 실재론은 그 격렬함에도 불구하고 여전히 제일 원리의 철학이다. 그것은 특정한 실행에 관여한 적이 아직 없다. 그렇다 하더라도 그것 역시 실행과 양립 불가능하지는 않다. 그런데 그 목적이 칸트의 코페르니쿠스적 혁명에 맞서 상황을 바로잡는 것이라면, 사변적 실재론은 제일 원리를 넘어 형이상학 자체의 실천으로 확대됨으로써 얻는 바가 있을 것이다.

어쩌면 내가 추구하는 이론은 실용적인 사변적 실재론일 것인데, [윌리엄] 제임스적 의미에서 실용적인 것이 아니라 더 유연하게 실용적인 것으로서 응용 사변적 실재론, 즉 존재론의 물리학에 대한 객체지향 공학이다. 그런 방법은 현실적인 물리적 객체들과 그 관계들에 관한 현실적인 철학적 논의를 격려할 것이다. 우리가 사변주의를 진지하게 여긴다면, 왜 철학이, 예컨대 사변소설이나 마술적 리얼리즘과 같은 구체적인 근거를 동원하지 않을 것인가?[83] 과학소설 작가 로버트 A. 하인라인은 우리 자신의 세계와 같지 않은 가능한 세계들에 관해 사변하기를 옹호하지만, 그는 과학소설이라는 용어가 일반적으로 시사할 수 있을 것보다 더 많이 현실 세계와 연결된 채로 있는 방식으로 사변하기를 옹호한다. 마찬가지로 가브리엘 가르시아 마르케스

---

83. Robert A. Heinlein, *Grumbles from the Grave*, 49.

혹은 이사벨 아옌데의 마술적 리얼리즘은 환상적인 것이 사실상 문화의 양태들로 구성되는 한에서 실재적이라고 암시한다. 이것들과 같은 사례들에서 철학자의 추상화 경향은 소설가의 구체화 경향보다 중요하지 않다. 그 결과는 개념적인 것들의 덮개로 뻗치는 가지들을 갖춘 특별한 것이다.

어떤 특정한 시간에 주어진 모든 객체에는 존재의 영역 중 일부만이 명백할 따름이다. 가락국수의 경우에 가락국수 그릇의 본질은 가락국수집이 가락국수를 판매하는 상업적 거래와 중첩하지 않거나, 혹은 손님이 가락국수를 후루룩거리며 먹는 사회적 관습과 중첩하지 않는다. 그런데 가락국수가 처해 있는 얽힘이 그것을 제조하거나 끓이거나 판매하거나 소비하거나 소화하는 인간의 얽힘보다 덜 복잡하다고 믿을 이유는 전혀 없다.

무언가임이 뜻하는 바가 무엇인지 물을 때 우리는 세계의 본질에 대한 우리 자신의 파악을 넘어서는 물음을 제기하고 있다. 이처럼 알려지지 않은 미지의 것들이 어떤 객체에 관해 명백할 수 있거나 아니면 명백하지 않을 수 있는 것들, 혹은 심지어 알 수 있거나 아니면 알 수 없는 것들을 특징짓는다. 때때로 그런 입장─세계는 우리가 그것을 지각하거나 인식하는 방식일 따름이라는 주장─을 수반하는 '소박한 실재론'에 대한 비난은 전혀 나무랄 데 없다. 그 이유는 가락국수 혹은 핵탄두의 본질에 관한 문제가 바로 이들 객체가 우리가 그것들에 관해 아는 것 혹은 하여간 알 수 있는 것을 넘어서는 방식에 자리하고 있기 때문이다.

사물들이 존재한다는 것은 논쟁을 벌일 문제가 아니다. 특정한 무언가가 존재하는 또 다른 것에 대해서 존재한다는 것이 뜻하는 바는 무엇인가? 이것이 바로 내가 관심이 있는 물음이다. 한 사물의 다른 한 사물에 대한 의미작용은 둘 다의 시각에 의존한다. 단위체들은 근본적으로 서로 무한히 떨어져 있는 각자의 중심 근처 어둠 속에 물러서 있기에 각각의 단위체에 어울리게 되는 단위조작은 서로 다르다. 한 단위체가 다른 한 단위체를 이해하는 수단은 보편적이지 않으며, 그리고 자연법칙이나 과학적 진리를 통해서 해명될 수 없고, 혹은 심지어 그것 자체의 시각을 통해서도 해명될 수 없다. 단위조작은 검증이 불가능한 연역을 수반하며, 단위체들은 서로 결코 있는 그대로 받아들이지 않고 오히려 단지 일종의 풍자극으로서 받아들일 뿐이다. 단위조작에 관한 철학적 작업을 수행하는 것은 사변을 실천하는 행위다.

철학에서 '사변'은 극복되어야 하는 한 가지 특정한 의미를 품고 있다. 전통적으로 사변철학은 경험이나 과학을 통해서 검증될 수 없는 형이상학적 주장을 지칭한다. '존재란 무엇인가?' 혹은 '사유란 무엇인가?' 같은 물음들에서 수염이 듬성듬성하고 샌들을 신은 철학의 느슨한 추상관념들이 뿌리박고 있는 곳이 바로 사변이다. 사변철학은 때때로 이론의 시험과 검증을 포함하는 비판철학과 대조된다.

그런데 또한 다른 한 종류의 사변철학이 현존한다. 그것은 존재에 대한 인간 철학자의 접근을 서술하기보다는 오히려 존재의 본성을 서술하는 철학이다. 사변적 실재론은 존재와 사유가 분리되어 있다고 여기는 사변철학을 지칭할 뿐만 아니라, 사물들이 사변한다고 주장하는 철학과 나아가서 사물들이 사변하는 방식에 관해 사변하는 철학도 지칭한다.

반사경은 거울이지만, 아무 방해도 받지 않고 아무 왜곡도 없이 실제로 있는 그대로 세계를 반사하는 장치를 가리키는 그 용어의 근대적 의미에서의 거울이 아니다. 나르키소스가 증명하는 대로 반사는 도취한 사랑의 힘을 비롯하여 어떤 힘을 지니기에 족할 만큼 다르다. 그 교훈은 신화를 넘어선다. 고대부터 중세에 이르기까지 거울은 부정확한 장치였으며, 일반적으로 그 앞에 놓여 있는 형상에 대한 대강의 감각을 관찰자에게 제공할 만큼 빛을 반사한, 광택이 나는 금속의 볼록 원판이었다. 단지 대강의 감각, 말하자면 재현물, 모방물, 그것에 대한 하먼의 표현을 사용하면 캐리커처를 제공했을 따름이다. 사변의 반사경은 그 위에 용융 알루미늄이 골고루 진공 살포된 얇고 평평한 유리판이 아니라 망치로 두드려서 만든 금속으로 제작된 유령의 집 거울이며, 그 왜곡상은 한 단위체가 지닌 감성의 왜곡을 우리에게 보여준다.

그런 기이함에 직면하게 되면 누구나 학자라기보다는 축제에서 큰 소리로 손님을 끄는 사람처럼 경험에 의한 어림짐작을 통해서 나아가야 한다. 사변은 그저 시적인 것에 불과한 것이 아니고 오히려 부분적으로 그러한 것으로, 존재자들이 서로 진지하지만 어리벙벙하게 응시할 때 실행하는 창의적 활동이다. 무엇이든 간에 모든 것은 지하철을 타고 있는 사람, 낯선 사람들과 불편하게 밀착하도록 쑤셔 넣어진 사람과 같다.

철학자의 과업은 한낱 이런 상황의 상태를 기록하는 것에 불과한 것이 아니라 오히려 특정한 환경에서 그 상태에 대해 고심하려고 노력하는 것이다. 여기서 어쩌면 우리는 과학적으로 생각하기와 존재론적으로 생각하기를 구분한 하이데거의 구상에 관해 생각할 수 있을 것이지만, 그런 관념이 그다지 멀리 나아가지 못할 따름인 이유는 그것이 인간의 사유와 행위에 한정되기 때문이다. 그리하여 가락국수 그릇이나 복식 수확기의 존재신학을 숙고하는 것은 별 의미가 없다.

단위조작이 객체의 논리를 특징짓는다면, 이들 조작은 물건이 존재자에게 현시되는 방식에 관여하는 형이상학의 분야인 현상학의 범위에 속할 것이다. 하이데거와는 달리 에드문트 후설은 감각을 하나의 일반 원리로 이론화한다. 그렇다 하더라도 후설은 그것을 '의식'이라고 일컬음으로써 인간중심적인 방식으로 주조한다. 그리하여 후설의 의식은 뇌 혹은 마이크로프로세서 혹은 연소기관 혹은 발효시키지 않은 밀가루 반죽의 물질적인 우연한 사건들에서 분리된 채로 있는 과정이다.[84] 의식(혹은 무엇이든 의식을 대체할 용어)이 객체들을 파악하는 수단은 그 자체로 사변의 한 주제다. 즉, 우리가 두 단위체 사이의 마주침을 고찰할 때 이들 각자에 대한 실재의 소여 혹은 외양은 우리에게 주어지지 않는다. 링기스의 표현대로 망고의 내부 정식은 절대 파악되지 않는다.[85]

후설의 경우에, 외양을 진지하게 고찰하려면 우리는 상식적 전제를 자제해야 한다. 우리는 자신이 세계를 향해 나타내는 태도에서 벗어날 수는 없지만, 그것의 타당성은 괄호에 넣어야 한다. 후설은 지각에 대한 우리의 당연한 가정을 괄호에 넣는 이런 절차를 에포케epoché(판단중지)라고 지칭한다. 단 자하비가 설명하는 대로 에포케는 "실재를 배제하는 것이 아니라 실재에 대한 태도의 변화를 수반한다."[86]

존재자들을 얽히게 하는 단위조작을 고찰하는 데 필요한 사변은 후설의 현상학적 행위와 유사한 것을 요구한다. 사변은 에포케와 유사하다. 사변은 후설적 의미에서의 초월성을 산출하는데, 그것은 하나의 구체적이고 개별적인 관념, 즉 어떤 객체의 엄청나게 뜨겁고 무한히 농축된 용융 핵심을 파악하여 외부로 투사하는 관념이다. 여기서 그 관념은 나름의 단위체, 일단의 특정한 상호작용을 위한 새롭고 창조적인 단위조작이 된다. 그것은 현상학임이 확실하다. 그런데 그것은 유산탄처럼 폭발

84. Edmund Husserl, *Husserliana*, 118.

85. Lingis, *The Imperative*, 63.

86. Dan Zahavi, *Husserl's Phenomenology*, 45. [단 자하비, 『후설의 현상학』.]

하는 현상학으로, 보이저 우주선이 태양계의 경계를 벗어나면서 태양권을 버려두고 떠나는 것과 마찬가지로 유일한 의식으로서의 인간을 버려두고 떠난다.

에일리언 현상학

하먼은 '흑색 잡음'이라는 용어를 사용함으로써 주변 객체들의 배경 잡음을 서술한다. "그것은 인간 마음에 의해 형성되어야 하는 금속성의 무질서한 성질을 지닌 백색 잡음이 아니라 오히려 우리 관심의 주변에서 배회하면서 우물거리는 객체들의 흑색 잡음이다."[87] 흑색은 침묵에 가까운 음향 잡음의 색깔인데, 단지 소수의 에너지 스파이크가 방출될 수 있을 뿐이다. 마찬가지로 물리학에서 흑체는 자신이 맞닥뜨리는 모든 전자기 복사를 흡수하는 객체로서 자신의 온도에 부합하는 빛의 스펙트럼을 방출한다. 이런 흑체 복사는 가시광선 스펙트럼에서 볼 수 있으며, 흑체의 온도가 증가함에 따라 적색에서 백색으로 이동한다. 무엇보다도 흑체 복사는 천체의 특성을 가늠하는 데 사용될 수 있다. 특히, 블랙홀은 그것이 방출하는 흑체 복사의 유형을 통해서 식별될 수 있다.

천문학자가 어떤 항성을 둘러싸고 있는 복사 에너지를 통해

---

87. Harman, *Guerrilla Metaphysics*, 183.

서 그 항성을 이해하는 것과 마찬가지로 철학자도 어떤 객체가 주변 에테르에 미치는 영향을 추적함으로써 그 객체를 이해한다. 객체들의 흑색 잡음이 양자 효과로 인해 블랙홀에서 굴절되는 호킹 복사와 유사하다면, 어쩌면 우리는 미지의 우주 속 바로 그곳에 방법을 정초해야 할 것이다.

전파망원경으로 실험을 한 지 한 세기가 지난 후인 2009년에 SETI는, 다른 세계에 에일리언들이 존재한다면 그들은 필시 트위터를 사용할 것이라는 새로운 계시를 공표했다. 그 조직의 〈여기는 지구입니다〉 프로젝트는 웹사이트 사용자들에게 다음과 같은 물음에 응답하도록 권유한다. "우리가 지구 너머에서 지적 생명체를 찾아낸다면 우리는 응답해야 할까요, 그리고 그렇다면 우리는 무슨 말을 해야 할까요?"[88] SETI는 집단 지성의 의심스러운 힘을 이용함으로써 "구름에서 내려와서 데킬라 몇 잔을 드셔보세요…우리는 많은 것을 논의할 수 있습니다"와 같은 가능한 전송문을 정리했다. 그 사이트의 연구 성명서는 다음과 같이 설명한다. "현행 프로젝트는 어떤 통일된 '지구로부터의 메시지'를 규정하려고 시도하기보다는 오히려 성간 메시지를 고안하기 위해 연구책임자의 대화형 모형에 의존함으로써 성간 메시지들의 적절한 내용에 대한 다양한 시각을 이해하는 데 도움을 줄 것이다."[89] 〈여기는 지구입니다〉 프로젝트는 지

---

88. http://earthspeaks.seti.org.

금까지 시간이 흘렀음에도 SETI의 근본적인 가정이 바뀌지 않았음을 보여주는데, 그 가정은 다음과 같다. 우주에 생명체가 존재한다면 그것은 VLA 같은 전파천문학 장치를 우리에게 겨냥함으로써 우리를 인식할 수 있고 우리의 응답을 이해할 수 있기 마련이다.

1980년대에 다작의 독일계 미국인 철학자 니콜라스 레셔는, 외계 생명체의 징표는 검출 가능한 통신 기술과 유사할 것이라는 SETI의 단언에 반대하는 논변을 펼쳤다. 외계 생명체들은 어쩌면 매우 이질적이어서 우리는 그들의 과학과 기술을 이해할 수 없을 것이라고 레셔는 넌지시 주장했는데, 우리는 외계 생명체를 결코 지능으로 간주할 수 없으리라는 것이다.[90] 나는 레셔의 생각을 훨씬 더 밀어붙일 것이다. 에일리언들의 통신 기술은 우리의 이해를 벗어날 뿐만 아니라, '생명'에 관한 그들의 바로 그 관념도 우리의 관념에 부합하지 않을 것이다. 에일리언은 결코 생명체가 아닐지도 모른다. 베른하르트 발덴펠스가 서술하는 대로 에일리언은 "경험과 의미의 어떤 특정한 영역에 대한 접근 불가능성"이다.[91] 여기서 발덴펠스는 후설을 좇아서 에일리언에 대한 경험 ─ 타자경험Fremderfahrung ─ 을 상호주관성의 과정으로 특징짓는다. 그런데 에일리언은 다른 사람 혹은 심

---

89. http://earthspeaks.seti.org/pages/About.

90. Nicholas Rescher, "Extraterrestrial Science," 83~116.

91. Bernhard Waldenfels, *Phenomenology of the Aliens*, 74.

지어 다른 생명체에 한정되지 않는다. 어느 것이나 ─ 그리고 모든 것 ─ 은 여타의 것에 대하여 에일리언이다.

진정한 에일리언은 그것이 우리를 완전히 둘러싸고 있는 경우에도 영원히 물러서 있다. 그것은 외부 우주의 암흑 속에 혹은 심해 대륙붕 속에 숨어 있는 것이 아니라 도처에서 모든 것 속에 눈에 띄지 않게 숨어 있다. 산 정상과 석고 층, 고추 로스터 기계와 납산탄, 마이크로프로세서와 ROM 칩은 레셔의 외계 생명체만큼이나 우리와 소통할 수 없을 뿐만 아니라 자신들끼리도 소통할 수 없다. 그것은 교훈적이고 겸손하게 만드는 징표다. 사변적 실재론은 정말로 사변을 요구하는데, 철저히 이해 불가능한 객체들의 이국적인 세계에 감춰진 우여곡절에 대한 사변이 필요하다. 철학자의 과업은 객체들의 흑색 잡음을 증폭함으로써 그 내부 물질들의 공명 주파수들이 확실히 만족스러운 방식으로 윙윙거리게 만드는 것이다. 철학자의 과업은 이들 과정, 이들 단위조작에 관한 사변소설을 적는 것이다. 철학자의 과업은 자신의 손을 기름, 주스, 화약 그리고 석고로 더럽히는 것이다. 철학자의 과업은 모든 사람이 이전에 간 적이 있는 곳이지만 애써 머물렀던 사람은 거의 없는 곳에 가는 것이다.

나는 이런 실천을 에일리언 현상학이라고 일컫는다.

2장 존재도학:
존재의 풍성한 다양성을
밝히기

시각적 존재도 / 분해도 /
존재도학적 기계 / 낱말
속에는 무엇이 있는가?

이스트앵글리아 왕국을 다스렸던 애설버트 2세 왕은 794년에 머시아 왕국의 오프라에게 처형당했다. 많은 사람이 오프라가 일찍이 잉글랜드의 통일을 이끌었다는 견해를 품었던 시기가 있었으며, 그리고 사실상 오프라는 머시아 왕국이 트렌트강 계곡에서 현재 잉글리쉬 미드랜즈로 알려진 지역의 대부분을 차지할 정도로 팽창하는 데 이바지했다. 더 최근에는 오프라의 침략 행위가 더 직설적인 표현으로 과대망상과 유혈에의 욕망에서 기인하였다고 설명되었다. 이런 맥락 아래서 애설버트 2세가 나중에 성인으로 추대된 사건은 순교로 정당화되었다. 그는 오프라의 딸 에셀드레다와의 결혼을 청함으로써 오프라와 평화를 이루려는 진지한 의도를 품고서 헤리퍼드셔의 서튼 월스에 있는 오프라의 궁정을 방문했었다. 오프라는 그 상황을 이용하여 애설버트 2세를 억류하여 효수한 직후에 이스트앵글리아 왕국을 침공하여 점령하였다.

몬터규 로즈 제임스는 성 애설버트에 관한 가장 신뢰할 만한 학문의 대부분을 구축했으며, 그 연구는 제임스가 웨스트 서퍽의 베리 세인트 에드먼즈 수도원에서 수행한 발굴 작업 덕분에 가능해졌다. 그곳에서 발굴된 파편 중에 12세기에 작성된 성 애설버트의 이력서가 있었으며, 제임스는 1910년대에 그 이력서를 복원했다.

그런데 C. S. 루이스라는 동포와 마찬가지로 제임스도 자신의 중세 학문으로 기억되는 경우는 거의 없다. 오히려 그는 『어느 골동품상의 유령 이야기』를 비롯하여 고전 유령 이야기 모음집의 저자인 M. R. 제임스로 가장 잘 알려져 있다. 그렇다 하더라도 중세 연구가로서 제임스의 뿌리의 흔적이 자신의 글에서 유령처럼 드러나는데, 일반적으로 신사 ― 우발적으로 골동 수집품에서 초자연적인 분노가 표출되게 하는 학자 주인공 ― 의 형태로 나타난다.

그런 이야기 중 하나인 「호각을 불면 내가 찾아가겠네, 그대여」라는 단편은 이렇게 시작한다.[1]

> "이봐, 교수님. 학기가 다 끝났으니 자네도 곧 여길 떠나게 되겠군." 이 이야기에서 별 역할 없는 누군가가 존재도학Ontography 교수에게 말했다. 세인트제임스 칼리지의 화기애애한 만찬 자리에서 나란히 앉은 직후의 일이었다.

그 이야기에서 문제의 골동품은 표식이 새겨진 청동 호각인 것으로 밝혀지며, 고지식한 파킨스Parkins 교수가 그 호각을 불었을 때 호출된 유령이 나타난다. 그런데 이 책의 목적을 참작하면 그 이야기에서 흥미로운 것은 유령이 아니라 존재도학이라는 그 교수의 이례적인 전문 분야다.[2]

---

1. * 몬터규 로즈 제임스, 「호각을 불면 내가 찾아가겠네, 그대여」, 『몬터규 로즈 제임스 : 호각을 불면 내가 찾아 가겠네, 그대여 외 32편』, 119쪽.
2. 나는 그레이엄 하먼이 가르쳐준 덕분에 이 전거를 알게 되었다. 그로부터 우리

돈 드릴로의 『화이트 노이즈』라는 소설에서 풍자적인 히틀러학 교수가 등장하는 것과 마찬가지로 어쩌면 제임스는 그 용어를 당대의 부조리주의를 나타낼 의도로 사용했었을 것이다. 그레이엄 하먼이 그 용어를 발견하고서 취한 반응은 그런 종류였다.[3] 하먼의 추리에 따르면 존재도학은 "온갖 종류의 객체 사이에서 발생할 수 있는 어떤 한정된 수의 동역학을 다룰 것"이다. 이것은 하먼이 나중에 자신의 철학에서 어엿한 부분으로 발달시킬 애초의 견해였다. 한편으로 나는 '존재도학'이라는 용어를 차용하면서 수용된 이 고안물에 대하여 하먼의 해석과는 다른 해석을 제시한다.

나중에 밝혀지듯이 그 용어는 통상적인 것도 아니지만 그다지 꾸며낸 것도 아니다. 1988년에 『현대물리학의 세계관』이라는 책에서 리처드 F. 키치너는 "존재론은 존재의 본성에 관한 이론이고 존재도학은 그것의 서술이다"라고 공표한다.[4] 운동학과 변환 이론, 상대성 이론이 실례를 제공하며, 이들 실례는 파킨스 교수에 대하여 하먼이 냅킨에 스케치한 것과 그다지 다르지 않은 착상이다. 이와 동일한 노선을 따라 과학기술학자 마이클 린치는 "존재도학이란 그것에 대응하는 거대이론에 대한 서술적 대체물이다"라고 제안한다.[5]

두 사람이 각자 얻은 바는 다르다.

3. Graham Harman, "Ontography : The Rise of Objects."

4. Richard F. Kitschener, *The World View of Contemporary Physics*, 76.

다른 전거들은, 어쩌면 약간 신빙성이 없더라도, 존재도학이 그 익명성에도 불구하고 매우 많이 (그리고 매우 적절히) 현존한다고 시사한다. 수전 슐텐에 따르면 지리학자 윌리엄 모리스 데이비스(제임스와 동시대의 미국인이자 하버드 대학교의 교수이기도 했던 인물)는 그 용어를 "물리적 풍경에 대한 인간의 반응"을 서술하는 데 사용하였다.[6] 존재도학이 "지리학을 사람들과 그들의 땅 사이의 인과적 관계에 대한 일반적인 관심으로 이행시켰다"라고 슐텐은 주장한다.[7] 존재도학에 관한 이런 견해는 나의 정원에 뿌리를 내리기에는 상관주의가 너무나 많이 가미되어 있을 것이지만 유망한 씨앗을 심는다.

그 개념과 관련하여 보다 최근에 이루어진 또 하나의 응용 사례는 스위스인 정보학자 토비아스 쿤에게서 비롯된다. 그는 통제자연어CNL − 기술문서의 경우처럼 모호성을 줄이는 것이 바람직한 상황에서 사용하기 위해 문법적으로 그리고 의미론적으로 단순화된 언어 − 를 묘사하기 위한 존재도학의 방법을 개발했다.[8] 쿤의 방법은 그가 '존재도'라고 일컫는 그래픽 표기법을 사용한다.

5. Michael Lynch, "Ontography : Investigating the Production of Things, Deflating Ontology."

6. Susan Schulten, *The Geographical Imagination in America, 1880-1950*, 75.

7. 같은 책, 105~6.

8. 예를 들면, 1970년대에 캐터필러는 기술 저작과 국제 문서를 작성하기 위해 캐터필러 기술영어로 알려진 통제영어를 사용하였다. Christine Kamprath, Eric Adolphson, Teruko Mitamura, and Eric Nyberg, "Controlled Language for Multilingual Document Production"을 보라.

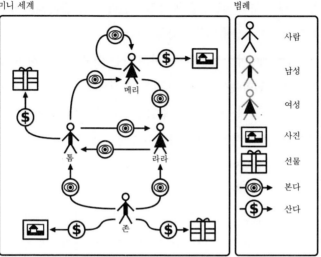

미니 세계   범례

👤	사람
	남성
	여성
🖼	사진
🎁	선물
⊚→	본다
$→	산다

그림 1. 토비아스 쿤의 존재도 틀은, 기술문서를 작성하는 경우처럼 형식화 혹은 단순화가 바람직한 맥락에서 사용되는 일종의 형식 언어인 통제자연어로 유형들과 관계들을 나타내기 위한 그래픽 표기법의 일종이다.

각각의 존재도는 "유형들과 관계들을 소개하는 범례와 더불어 개체들과 그 유형들 및 관계들을 소개하는 미니 세계로 구성되어 있다"(그림 1).9 이와 관련하여 더 친숙한 한 가지 접근법은, 이케아IKEA 가구가 판매되는 37개국 중 어느 나라에서도 보다 쉽게 사용할 수 있도록 언어를 전적으로 포기한 이케아 조립 설명서에서 찾아볼 수 있다.10 키치너의 접근법, 데이비스의 접근

9. Tobias Kuhn, "How to Evaluate Controlled Natural Language." 또한 http://attempto.ifi.uzh.ch/site/docs/ontograph를 보라.

10. 이케아 조립설명서에 관한 일례에 대해서는 http://semitough.files.word-

법 그리고 쿤의 접근법은 공통점이 있다. 이들 접근법은 모두 다양성과 특정성에 대한 관심을 나타낸다.

퀑탱 메이야수는 "거대한 야외"라는 어구를 사용하여 상관주의가 철학에서 탈취해 버린 외부 실재를 서술한다.[11] 거대한 야외는 밝혀지지 않은 우주의 사물과 지상의 사물을 모두 포함할뿐더러 자연과 문화라는 무신경한 반구들로 더는 분할되지 않은 단일한 실존 영역으로도 재진입하게 된다. 메이야수와 브뤼노 라투르는 둘 다 자연과 문화의 이항 구조를 편협하고 시야가 좁은 도식으로 서술한다.[12] 일단 우리가 문화의 장신구를 내려놓고 거대한 야외로의 초대를 받아들인다면 놀라움과 돌발성의 엄청난 물결 — 믿을 수 없을 정도로 참신하고 낯선 "편재적인 에테르" — 이 우리를 압도할 것이다.[13] 라투르가 요약하는 대로 "당신이 어떤 나무와 얽히게 된다면 당신은 그 나무가 자신의 흉계를 달성하기 위해 당신을 이용하고 있지 않은지 어떻게 아는가?"[14]

---

press.com/2008/03/ikea_instructions.jpg를 보라. 다르지만 관련된 일례에 대해서는 『에스콰이어』 2006년 6월호 62쪽에 실린, 마이크 색스와 줄리언 샌턴이 이케아 조립설명서를 모방한 유쾌한 그림을 보라. 이 그림은 http://www.doobybrain.com/wp-content/uproads/2008/06/ikea-intstructions.jpg에서 입수할 수 있다.

11. Meillassoux, *After Finitude*, 7, 26~9, 63. [메이야수, 『유한성 이후』.]

12. Latour, *The Pasteurization of France*, 199.

13. Harman, *Guerrilla Metaphysics*, 3.

14. Latour, *The Pasteurization of France*, 194.

그런 상황에 직면하게 되면 우리가 대처할 첫 번째 반응은 호적 담당관처럼 다양한 존재 형태를 기입하는 것이다. 단위체들과 그 상호객체성의 충만함을 드러내는 일반적인 기입 전략을 지칭하는 용어로서 존재도학을 채택하자. 형이상학의 시각에서 바라보면 존재도학은 어떤 식으로든 반드시 해명하거나 서술하지는 않으면서도 객체 관계들을 밝혀내는 것을 포함한다. 존재도학은 중세의 동물 우화집처럼 요강要綱의 형태, 즉 사물들의 중첩을 예증하고 결합을 통한 상호작용을 암시하기 위해 병치된 사물들에 관한 기록의 형태를 취할 수 있다. 그런 기록에 대한 가장 단순한 접근법은 목록이다. 목록은 논리나 역능이나 용도가 아니라 부드러운 쉼표 마디로 느슨하게 연계된 일단의 항목을 열거한다. 존재도학은 일종의 미학적 집합론으로, 여기서 어떤 특정한 배치는 단지 존재한다는 사실에 의거하여 찬양받게 된다.

공교롭게도 목록은 라투르의 저작에서 어김없이 나타난다. 목록은 주로 유인책으로서, 놀랍도록 대조를 이루는 진기한 것들에 대한 열거로서 기능한다. 내가 라투르 열거라고 일컫는 이런 목록의 사례를 찾아내려고 그다지 열심히 살펴볼 필요는 없다.

폭풍, 쥐, 바위, 호수, 사자, 어린이, 노동자, 유전자, 노예, 무의식적인 것, 바이러스.

선거, 대중 시위, 책, 기적, 제단 위에 펼쳐져 있는 내장, 수술대 위에 널려 있는 내장, 그림과 도표와 도해, 울음소리, 괴물, 웃음거리가 된 전시회.

다시 싹트는 나무, 곡물을 먹어 치우는 메뚜기들, 자신의 장기 長技로 다른 것들을 물리치는 암, 페르시아 제국을 해체하는 이슬람 율법학자들, 이슬람 율법학자들의 지배력을 약화하는 시온주의자들, 갈라지는 발전소 콘크리트, 다른 물감들을 소비하는 아크릴 블루, 신탁의 예언을 따르지 않는 사자.[15]

하면 역시 라투르의 선례를 좇아서 목록의 수사법을 채택함으로써 소개하는 글("객체지향 존재론은 인간이 꽃가루, 산소, 독수리, 혹은 풍차와 맺는 관계가 이들 객체의 상호작용과 그 종류가 다르지 않다고 생각한다")[16]이나 주장하는 글("네안데르탈인과 참새, 버섯, 먼지와 꼭 마찬가지로 우리 자신도 다른 행위소들이 분주히 돌아다니는 중에 행동할 수밖에 없었기 때문이다")[17]이나 혹은 강조하는 글("산호초, 수수밭, 패러글라이더, 개미 군체, 쌍성, 바다 항해, 아시아계 사기꾼, 그리고 적막한 사

15. 같은 책, 192, 196, 198.

16. Harman, *Guerrilla Metaphysics*, 1.

17. Graham Harman, *Prince of Networks*, 58. [그레이엄 하먼, 『네트워크의 군주』.]

원 사이에서")[18]을 적는다. 하먼은 목록에 대한 변론과 정당화 논리를 제시한다.

> 일부 독자는…목록을 객체들의 '주문'이나 '시학'으로 일축할 것이다. 하지만 대부분의 독자가 금방 지치지는 않을 이유는 이런 존재자 명단의 수사학적 힘이 그 명단이 현대 주류 철학의 결점에 직접 대립하는 데서 비롯하기 때문이다.…이런 암울한 교착 상태에 대한 최고로 멋진 해독제는 어떤 통일 제국에도 저항하는 다수의 사물에 관해서 반복적으로 불리는 마법사의 노래다.[19]

열거는 방종이 아니며, 사실상 그것은 실제적인 철학적 작업을 수행한다. 그런데 객체들을 거명하는 것은 하나의 존재도학적 방법, 그것도 가장 기본적인 방법일 따름이다. 단순히 언급하는 것에 덧붙여, 등대, 잠자리, 잔디 깎는 기계 그리고 보리가 모두 예시 없이 추상화된 사례로 붕괴하지 않도록 사물들은 또한 연계적으로 고찰되어야 한다.

『양배추와 왕에 관한 차토 북』이라는 진기한 책에서 프랜시스 스퍼포드는 문학에서 목록이 문제가 있는 것처럼 느껴지

---

18. Harman, *Guerrilla Metaphysics*, 3.
19. Harman, *Prince of Networks*, 102. [하먼, 『네트워크의 군주』.]

는 이유를 설명한다.

> 언어는 일반적으로 사물들을 표상하는 기호들이 서로 명백히
> 확정된 관계를 맺게 한다. 다음과 같이 구문론이 관여한다. 나
> 는 당신에게 사랑받고 싶다, 혹은 하늘이 무너지고 있다, 혹은 머
> 독 씨는 『더 타임스』를 인수했다. 그런데 목록은 그것에 포함된
> 사물들을 분리하거나, 혹은 분리된 채로 둔다. 목록은 단지 누
> 적 관계를 제시할 뿐이다. 나, 당신, 사랑하다, 하늘, 무너지다, 인
> 수하다, 머독 씨, 『더 타임스』. 목록은 단절된 요소들의 배열을
> 지지하는 입장에서 언어의 연결 능력을 거부한다.[20]

OOO의 전제는 사물들 사이의 본질적인 분할이며, 그리고 목
록은 문학적 서술의 유려한 레가토를 실재적 존재의 삐걱거리
는 스타카토로 변환함으로써 이들 분할을 부각하는 데 도움
이 된다. 목록은 들뢰즈주의적 생성 ― 순차성과 단절성 대신에 연
속성과 매끄러움에 대한 선호 ― 에의 집착에 대한 해독제를 제공
한다. '무엇이든-되기'(무엇은 중요하지 않다!)라는 친숙한 후렴
구는 사물들이 서로 체결하는 창조적인 협상 덕분에 단위체들
사이에 이루어진 관계들의 편안함과 양립성을 암시한다. 이와
는 대조적으로 에일리언 현상학은 정반대의 것, 즉 양립 불가

---

20. Francis Spufford, *The Chatto Book of Cabbages and Kings*, 1.

능성을 가정한다. 문학적 귀에는 음정이 맞지 않는 목록의 소리는 그것의 실제 목적 – 흐름 대신에 분리 – 을 강조할 따름이다. 목록은 우리에게 어떤 체계가 아무리 유연하게 작동하더라도 그 구성요소들은 여전히 서로 철저히 격리된 에일리언들임을 주지시킨다.

그런데 스퍼포드는 목록의 존재론적 범위를 과소평가한다. 목록은 언어의 연결 능력을 거절할 뿐만 아니라 존재 자체의 연결 능력도 거절한다. 스퍼포드가 주장하는 대로 "쇼핑 가기 전에 유익한 소네트를 끼적거리는 사람은 아무도 없다. … 어떤 책에서 혹은 어떤 시에서 목록을 찾아내는 것은 문학과 여타 종류의 비행위적 예술 사이의 가장 명백한 차이를 즉시 떠올리게 하는 것으로, 문학은 일상적 질료인 언어로 구성된다."[21] 철학자와 문학비평가, 이론가는 텍스트적 재료를 다루느라고 자신의 시간을 너무 많이 보내기에 그런 재료의 통상적 지위를 망각할 위험이 있다. 언어로 구성된 경우에 목록은 문학에 사로잡힌 사람에게 사물 질료가 다양하다는 사실을 주지시킨다. 목록은 우리를 표상의 감옥에서 해방하기 위한 완벽한 도구다. 바로 그 이유는 목록이 매우 비非표현적이기 때문이다. 목록은 전통적인 책략을 거절하는데, 오히려 일상성을 사용하여 "만물의 간략한 암시"를 제시한다.[22]

---

21. 같은 책, 2.

어쩌면 문제는 목록에 있는 것이 아니라 문학에 있을 것이다. 전통적 서사에 대한 문학의 선호는 상관주의적 증폭기로 작용한다. 그 목표가 감정이입이든 낯설게 하기든 간에 문학은 동일화를 열망하기에 독자와 작품 속 등장인물들 사이에 공명을 일으킨다. 목록은 다르게 작동한다. 롤랑 바르트의 유쾌하게 기묘한 자서전에서 나타나는 다음과 같은 목록을 살펴보자.

J'aime, je n'aime pas ~ 내가 좋아하는 것, 내가 좋아하지 않는 것

내가 좋아하는 것 : 샐러드, 계피, 치즈, 피망, 마지팬, 갓 베어진 건초의 냄새('코'가 있는 사람이라면 왜 이런 향의 향수를 만들지 않을까), 장미, 작약, 라벤더, 샴페인, 느슨하게 품은 정치적 확신, 글렌 굴드, 몹시 차가운 맥주, 평평한 베개, 토스트, 아바나 시가, 헨델, 느린 걸음, 배, 하얀 복숭아, 체리, 그림물감, 시계, 온갖 종류의 필기구, 디저트, 천일염, 리얼리즘 소설, 피아노, 커피, 폴록, 톰블리, 모든 낭만주의 음악, 사르트르, 브레히트, 베른, 푸리에, 에이젠슈타인, 기차, 메독 와인, 변화하기, 『부바르와 페퀴셰』, 남서부 프랑스에서 좁은 길을 따라 샌들을 신고 걷기, 의사 L의 집에서 보이는 아두르강의 굽이, 막스 브라더

---

22. 같은 책, 7.

스, 살라망카를 떠나는 아침 7시에 보이는 산, 기타 등등.

내가 **좋아하지 않는** 것 : 하얀색 포메라니안, 바지를 입은 여인, 제라늄, 딸기, 하프시코드, 미로, 동어반복, 만화 영화, 아르투르 루빈슈타인, 빌라, 오후, 사티, 바르톡, 비발디, 전화하기, 어린이들의 합창, 쇼팽의 협주곡, 부르고뉴 브랑르와 르네상스 춤, 오르간, 마르크-앙투안 샤르팡티에, 그의 트럼펫과 케틀드럼, 정치-성적인 것, 무대, 계획, 충실함, 자발성, 내가 모르는 사람들과 보내는 저녁, 기타 등등.[23]

산문과 마찬가지로 그 서술문도 독자가 바르트 자신에 관해 무언가를 파악하는 데 도움이 되리라는 의도로 작성되었지만, 또한 바르트는 목록을 구성함으로써 우리의 주의를 그 개인의 외부에 있는 진기한 세계, 호불호의 자의적인 잣대를 통해서 걸러진 세계로 끌어들인다. 바르트의 문학작품과 비평 작업과는 달리 이 목록은 존재를 파열하면서 독자의 발 앞에 달갑지 않고 일관성 없는 일단의 잡동사니를 쏟아낸다. 그리하여 팽창하는 우주의 작은 일부가 열거를 통해서 드러나게 된다.

존재도학적 열거는 세계의 세부를 위해서 인간중심적인 서

---

23. Roland Barthes, *Roland Barthes*, 116~7. [롤랑 바르트, 『롤랑 바르트가 쓴 롤랑 바르트』.]

사적 일관성을 포기하는 미덕을 가다듬는다. 유사-존재도학적 원형들은 문화와 예술 전체에 걸쳐서 흔하며, 여기서 카탈로그와 목록은 서사에 양념을 가미함으로써 뜻밖으로 짜릿하게 이야기를 방해한다. 호메로스의 『일리아스』 제2권에 서술된 전함 카탈로그가 일례를 제공한다. 그 서사시의 대략 265개의 행에 걸쳐서 서술되는 아카이오이족 해군의 보유 목록은 국적이 100가지 이상에 이르는 참전자들을 태우고서 50곳의 지역에서 동원된 1천 척 이상의 전함을 열거한다.[24] 마찬가지로, 허먼 멜빌의 『모비 딕』은 강박과 복수에 관한 이야기를 서술하는 만큼이나 19세기 고래잡이의 장비와 방법을 열거한다. 그 소설의 전형적인 카탈로그를 발췌하면 다음과 같다.

수평으로 재분할한 것의 아랫부분을 지방조직이라고 부르는데, 그것은 기름이 스며든 수만 개의 세포가 모인 하나의 거대한 벌집이다. 이 벌집은 질기고 탄력 있는 하얀 섬유질이 종횡으로 교차하여 이루어진다. 향유고래의 머리에서 '기름통'으로 불리는 윗부분은 '하이델베르크의 술통'으로 생각할 수 있다. 그 유명한 술통 앞면에 신비로운 조각이 새겨져 있듯이 향유고래의 커다란 주름투성이 이마에도 그 놀라운 기름통을 장식하는 이상한 무늬가 수없이 새겨져 있다. 게다가 하이델베르

---

24. Homer, *Illiad*, 2.494~759. [호메로스, 『일리아스』.]

크의 술통이 언제나 라인강 유역의 고급 포도주로 가득 차 있듯이 고래의 기름통도 고래기름 가운데 가장 귀중한 기름, 즉 값비싼 경뇌유를 순수하고 투명하며 향기로운 상태로 저장하고 있다. 고래의 다른 부위에서는 이 귀중한 물질이 순수한 상태로 발견되지 않는다. 살아 있을 때는 완전한 액체로 있지만 죽은 뒤에 일단 공기와 접촉하면 곧 굳어지기 시작하여, 물속에 막 생겨나기 시작한 얇고 깨지기 쉬운 얼음처럼 아름답고 투명한 결정체가 생겨난다.[25]

이와 같은 구절들이 이슈메일, 퀴퀘그, 에이허브, 그리고 피쿼드호에 승선한 다른 사람들의 노고에 비견할 만큼 빈번하게 나타나고 자세히 서술된다. 『모비 딕』을 소설이라고 일컫는 것이 적절할 법한 것과 꼭 마찬가지로 자연사史라고 일컫는 것도 적절할 것인데, 어쩌면 심지어 후자가 더 적절할 것이다.

목록 존재도학에 대한 참으로 주도면밀한 ─ 명쾌하고 아름답다는 것은 말할 것도 없이 ─ 표본은 브라질의 보사노바에서 찾아볼 수 있다. 보사노바는 20세기 중엽에 삼바에서 진화한 소프트 재즈의 일종이다. 스퍼포드가 작성한 목록들이 내용뿐만 아니라 형식에서도 문학적 전통과 단절하는 것과 꼭 마찬가지로 보사노바의 구조도 여타의 음악적 형식과 상당히 다르다. 보

25. Herman Melville, *Moby-Dick, or, The Whale*, 294. [허먼 멜빌, 『모비 딕』.]

사노바는 재즈의 스윙 리듬을 더 평온한 스웨이 리듬으로 부드럽게 한다. 그리고 삼바 리듬과는 달리 보사노바는 댄스 스텝이 전혀 없는데, 그것은 느끼기보다는 오히려 듣도록 고안되었다. 게다가 보사노바에서는 팝 음악의 구조가 전혀 나타나지 않으며, 반복적이고 서정적이며 속삭임 같은 절들이 서사적인 절-후렴-브릿지 구조를 대신한다.

특성들의 작은 목록 - "키가 크고 햇볕에 그을리고 젊고 사랑스러운" - 을 갖춘 〈이파네마에서 온 소녀〉라는 보사노바 노래가 필시 가장 잘 알려진 사례이지만, 톰 조빙의 〈삼월의 물〉이 궁극적인 존재도학적 보사노바 콜라주다. 그 노래 가사의 각 행은 'É'(조빙이 역시 작사한 영어 판본에서는 'It's')로 시작하면서 한두 개의 객체를 거명한다. 그 노래에서는 자연적 객체(막대, 돌, 참나무, 물고기)에서 인공적 객체(창, 트럭, 벽돌, 총)와 개념(필연, 짐작, 상실, 무無)에 이르기까지 다양한 사물이 언급된다. 그 노래의 가사는 삶의 번성과 쇠퇴를 자세히 말하는 평온한 메멘토 모리memento mori로 해석될 수 있을 것이지만, 그 노래의 리듬과 음조는 그런 종류의 도덕주의적 해석이 거짓임을 증명한다.

그런데 '삼월의 물'은 보사노바의 탄생지인 리우데자네이루에 내리는 폭우를 지칭한다. 그 호우로 인해 거리가 물에 잠기며, 정상 조건에서 보이는 것과 보이지 않는 것이 무수히 드러나고 생각나게 된다. 그 일례는 다음과 같다(몇몇 절에서는 영어 가사와 포르투갈어 가사가 다름을 인식하자).[26]

É pau, é pedra,	막대, 돌,
é o fim do caminho	그것은 도로의 끝,
É um resto de toco,	그것은 남은 그루터기,
é um pouco sozinho	그것은 약간의 외로움
É um caco de vidro,	그것은 유리 조각,
é a vida, é o sol	그것은 삶, 그것은 태양,
É a noite, é a morte,	그것은 밤, 그것은 죽음,
é um laço, é o anzol	그것은 덫, 그것은 총
É peroba do campo,	꽃피는 시기의 참나무,
é o nó da madeira	숲속의 여우,
Caingá, candeia,	목재의 옹이,
é o Matita Pereira	지빠귀의 노랫소리
É nadeira de vento,	바람 나무,
tombo da ribanceira	절벽, 폭포,
É o mistério profundo,	흠집, 혹,
é o queira ou não queira	그것은 여하튼 무[27]

〈삼월의 물〉은 진정한 존재론적 작업을 수행한다. 그 노래는

---

26. * 영어 가사를 옮긴 한국어 가사 역시 몇몇 절에서는 포르투갈어 가사와 다르다.

27. "Waters of March," original text and music by Antônio Carlos Jobim. Copyright 1972.

'그것'의 대상을 매우 다양한 사물로 설정함으로써 평평한 존재론에 낭랑한 목소리를 부여한다. 아래에 제시된 것과 같은 절에서는 인공물, 복합 객체, 자연적 조건, 행위, 그리고 개념의 병치가 나타난다.

> 부드러운 아침 빛에 잠긴
> 트럭 한 대분의 벽돌,
> 깊은 밤에 울려 퍼지는
> 총 발사 소리

어쩌면 온갖 종류의 사물에 대한 이런 엄청난 개방성과 유연성으로 인해 지금까지 〈삼월의 물〉이 존재론적 충만함을 소통하기 위한 플랫폼으로 자주 활용되었을 것이다. 약간 덜 객체지향적인 판본의 노래는 다음과 같이 선언한 1985년 코카콜라 광고에서 나타났다. "그것은 톡 쏘는 맛, 그것은 상쾌한 맛, 그것은 코카콜라, 코카콜라 그것뿐."[28] 〈삼월의 물〉의 '그것은'은, 조빙의 보사노바에 대한 코카콜라 컴퍼니의 상업적 번안에서 나타나는 대로, 유명한 슬로건을 향한 그 회사의 희망을 완벽히 표

---

28. 또 하나의 유사한 광고가 1986년에 발표되었다. '코카콜라 그것뿐!'(Coke Is It!) 광고 자체는 1982년에 시작되었다. 그 두 광고는 각각 http://www.youtube.com/watch?v=bR7Wj9qnwaM과 http://www.youtube.com/watch?v=3zFPcWsmH1g에서 찾아볼 수 있다.

현하는 수단을 홍보업자에게 제공한다. 어떤 상황이든 간에 차가운 코카콜라가 있다.

더 최근에, 샌프란시스코를 본거지로 삼은 텔레비전 광고 감독 칼 월랏은 미합중국의 전문 식료품 체인점 트레이더 조스 Trader Joe's(방송 광고를 거부하는 것으로 유명한 회사)를 위한 자기홍보용 비인가 텔레비전 상업 광고를 제작했다.[29] 코카콜라의 삼십 초짜리 반짝 광고와는 달리, 월랏의 오마주는 거의 삼분 동안 이어지면서 트레이더 조스 매장을 채우는 진기하고 멋진 사물들에 의거하여 〈삼월의 물〉을 통째로 개작한다. 그 단편 광고 영화에서 월랏이 개작한 가사 중 일부는 다음과 같다.

그것은 우유, 그것은 빵

그것은 당신의 목록에 있는 물건

그것은 기묘한 작은 스낵

하여간 당신은 결국 사게 된다네

그것은 비누 상자

그것은 배에서 가져온 종

그것은 염소젖으로

만든 요구르트

---

29. http://www.youtube.com/watch?v=OdB7GDZY3Pk을 보라. 칼 월랏의 웹 사이트는 http://www.carlsfinefilms.com이다. 가사의 저작권은 2009년에 칼 월랏이 등록하였다.

종이봉투를

찢는 손잡이

절대 돌아오지 않을

당신이 좋아하는 현금 출납원

그것은 포도주 위에 덮여 있는

플라스틱 포도

그것은 열 개 품목 계산대에 줄 서 있는

열두 개 품목을 구매한 사내

그것은 요가복을 입고 있는

아름다운 엄마들

그것은 당신이 자주 가는 곳

그것은 바로 트레이더 조스 마트

월랏의 개작이 그 마트를 효과적으로 특징짓는 이유는 그가 그것을 구성하는 매우 다양한 객체를 인식하기 때문이다. 월랏은 제품뿐만 아니라 대기 행렬, 주차장, 제품 단종, 고객, 장식도 인식한다. 이것은 활자화된 산문적인 관찰인 것처럼 보일 것이지만, 그 비디오를 시청하면 뜻밖의 감각이 생겨난다. 트레이더 조스에 대한 경험은 구매자에 대한 경험일 뿐만 아니라, 선반, 관리 정책, 비밀스러운 경제학, 알로에 싸구려 주스에 대한 경험이기도 하다. 아무 설명 없는 객체들의 목록은 우리의 주의를 매우 집중적으로 이들 객체에 기울이게 하는 철학적 작업을 수행할 수 있다.

시각적 존재도

라투르 열거와 〈삼월의 물〉 같은 언어적 목록은 상황이 구체화되고 열거될 때 객체들의 특정성이 부각됨을 우리에게 가르쳐준다. 그런데 이들 사례는 짧은 순간에 주어지는데, 요컨대 규칙을 증명하는 예외들이다. 더 큰 규모에서는 그런 전략이 어떻게 수행될 수 있을 것인가?

그런 한 가지 노력은 프랑수아 블랑시아크의 사변적인 계열적 건축 이론이 제시된 『사이트리스』에서 찾아볼 수 있다. '다능성을 위해' 모두 자유롭게 그려진 1,001개의 스케치를 사각형 칸으로 배열함으로써 블랑시아크는 어떤 가상적이고 이질적인 도시 경관에서 현존할 그대로의 추상적인 건물 간 관계들에 대한 가설적 설명을 제시한다. 그 형태들은 모두 크기가 동일하기에 사무실 건물과 철 조각품과 정원 슬러그를 구별할, 규모에 대한 감각이 생겨나지 않는다. 각각의 형태 속에서 그는 가상적 구조물의 형상적 함의, 질료적 함의, 심미적 함의, 그리고 표상적 함의를 암시한다(하지만 명백히 밝히지는 않는다). 예를 들면, '안경원 건물'은 긴 사각형 구조물의 표면에 새겨진 시력 검사표를 예시하고, '픽셀 서클'은 실제 크기보다 훨씬 더 가늘어 보이는 울퉁불퉁한 'O' 모양을 묘사하고, '팽창성 건물' 스케치는 오동통한 층들로 구성된 통나무집 모양을 보여주며, 그리고 '하우스 아레나'는 표준적인 집의 면들을 경첩이 달린 평면들로 전개함으로써 생겨나는 열린 공간을 자세히 제시한다(그림 2를 보라).[30]

해체주의 건축이 등장한 이후로 건축은 물질적 변형의 착시를 수용했지만, 그 양식을 특징짓는 모양들은 흔히 어떤 구조물의 형태를 재료의 전단성과 대조를 이루게 하지 못한다. 프랭크 게리의 월트 디즈니 콘서트홀과 댄싱 하우스는 운동과 동작을 암시하지만, 그런 작품들을 유연하면서 동시에 단단한 공간적 유기체로 경험하기는 어렵다. 디즈니 콘서트홀이 세워진 후에 근처 주민들은 그 건물의 광택이 나는 스테인리스 강판 표면에서 방출된 뜨겁고 눈부신 반사광에 대해 불평했다. 어쩌면 이런 결과가 초래된 까닭은 게리가 (종종 비판받는 대로) 주변 이웃을 고려하지 못했기 때문이 아니라 오히려 그 건물을 태양과 쿠션, 강철의 존재도로 여기지 못했기 때문일 것이다.

이와는 대조적으로 블랑시아크의 스케치들은 낯선 객체들을 믿기 어렵게도, 종종 물질적으로 불가능한 관계로, 회집하는 질료와 형상의 동시성을 제시한다. 예를 들면, '플로어 버드'는 장미의 형태로 모인 일련의 표면을 제시한다.[31] 동시에 존재

---

30. François Blanciak, *Siteless*, 4~5.
31. * '플로어 버드'(floor bud)라는 형태는 Blanciak, *Siteless*, 41에 제시되어 있다.

하는 형태들은 건축적 실재 영역의 내부와 외부에 있는 다양한 객체 관계 — 이를테면 곤충과 빗방울을 지지하는 층으로서의 꽃잎, 그리고 나무와 금속, 쥐, 전선을 수용하는 장소로서의 마루 — 를 시사한다. 전체적으로, 동시에 존재하는 추상적 객체들에 관한 1,001개의 장면은 관계를 맺지 않은 객체들의 존재도학을 제공한다. 그 존재도학은 라투르 열거와 유사하지만, 한편으로 낯선

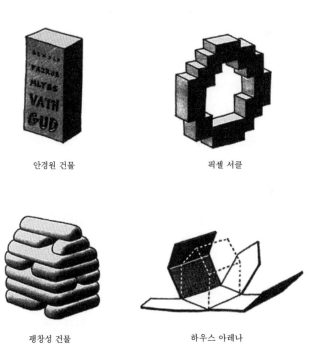

안경원 건물 픽셀 서클

팽창성 건물 하우스 아레나

그림 2. 프랑수아 블랑시아크의 건축 책 『사이트리스』에 포함된 1천 개 이상의 추상적인 건축물 형태 중 네 가지 형태. 그 책은 "건축적 상상을 끌어내기 위한 시각적 관념들에 대한 개방형 개요를 제공한다."

존재자들 사이의 물질적 결합을 사변적일지라도 함축한다.

린치가 서술하는 대로 "존재도학은…평범한 축소주의적 변형을 수반할 것이다."[32] 그런 변형은 이미 라투르의 열거와 블랑시아크의 사변적인 혼성 형태들에서 나타나지만, 두 경우에 모두 명백히 놀라운 무슨 일이 여전히 일어나고 있다. 이슬람 율법학자와 괴물, 둥글게 굽어 있고 쿠션으로 감싸인 마천루, 이것들은 모두 환상적인 기입물이다. 더욱이 박테리아 연구, 가설적인 실험적 구조 설계의 드문 사례에서 가끔 들리는 신앙적 간주곡처럼 그것들은 희귀하다.

더 일상적인 한 가지 대안으로서 스티븐 쇼어의 사진을 살펴보자. 쇼어는 두 가지 일로 가장 잘 알려진 예술가로, 하나는 1960년대 중엽에 앤디 워홀의 팩토리를 사진으로 기록한 일이고 나머지 다른 하나는 1970년대에 미술 행위로서의 컬러 사진 촬영을 대중화한 일이다. 그런데 그런 식으로 규정하는 것은 쇼어의 사진에서 나타나는 비범한 창의성을 간과하게 한다.

쇼어보다 오십 년 앞서 브라사이는 삼각대와 마그네슘 분말 조명을 갖추고서 거대한 뷰카메라를 파리의 여기저기에 끌고 다녔다. 몽마르트르 언덕 계단을 오른 적이 있는 사람이라면 누구나 그 촬영 과정이 브라사이가 그 계단을 찍은 유명한 이미지보다 더 놀랄 만한 일이라고 깨달을 것이다. 그런데 앙리

---

32. Lynch, "Ontography," 7.

카르티에-브레송과 개리 위노그랜드의 작은 라이카 레인지파인 더 카메라가 여전히 외부 세계의 미묘한 기록에 대한 표준이었 던 시기에 쇼어는 브라사이가 활동한 시대의 필름 건판으로 되 돌아갔다. 어쩌면 수많은 이미지를 포함하는 사진 버전의 라투 르 열거를 상상하고 싶을 것이다. 그것이 바로 위노그랜드가 거 리 사진 촬영에 도입한 그런 종류의 전략이다. 그런데 쇼어는 정 반대의 전략을 택했는데, 북아메리카 전역을 끌고 다닌 8×10 뷰카메라로 소수의 귀중한 사진을 찍었다.[33]

오늘날에는 사진 촬영이 매우 흔한 일이 되었기에, 어쩌면 최근 기기에 관한 통계를 비교하기 위한 경우를 제외하면, 우리 는 촬영 장비에 관해 거의 생각하지 않는다. 그런데 쇼어의 사 진은 뷰카메라의 특질을 이해하지 않는다면 그 진가를 완전히 음미할 수는 없다. 뷰카메라로 사진을 한 장 찍으려면 사진가 는 그 장비를 설치하고 필름 뒤에 삽입된 젖빛 유리건판 위에 이미지를 프레이밍해야 한다. 렌즈는 필름면 위로 뒤집어진 이 미지를 투사하며, 그리하여 사진가는 우리가 통상적으로 사진 촬영을 매개되지 않은 보기의 방식으로 여기는 것과는 확실히 다른 방식으로 구성하고 초점을 맞추어야 한다. 일단 구성되면 사진가는 젖빛 유리를 에멀션으로 교체한 다음에 와이어 셔터

---

33. 쇼어의 사진술적 선택성은 부분적으로 8×10 건판의 비싼 가격에 의해 제약 되었다.

릴리즈를 사용하여 셔터를 작동시켜서 필름을 노출한다. 그 과정은 예술가에게 카메라가 해당 장면을 볼 방식과는 별개로 포착될 장면을 보도록 요청한다. 그것은 장면 속 객체들을 향한 호기심을 이미 자아내는 현상적 시차를 제공한다. 젖빛 유리를 통해서 본 광경은 회전될 뿐만 아니라 또한 사진가의 자연적인 관점에서 번역된다.

브라사이는 이미지를 거듭해서 구성했는데, 젖빛 유리 위에 형성된 이미지를 줄곧 주시하면서 포착한 후에 완벽함을 도모하려고 그 프레임의 테두리에 집착했다. 앤설 애덤스의 경우에도 사정은 마찬가지로, 그 역시 뷰카메라를 사용하여 미합중국의 역동적인 숭고함을 포착하였다. 두 사람 모두 가능한 가장 인간 같은 시각을, 일반적으로 이상화된 관점을 만들어냄으로써 뷰카메라의 지각적 시차를 극복하고자 했다. 모든 것이 제자리를 찾는다. 몽마르트르 언덕 계단을 떠도는 안개에 뚜렷이 윤곽을 드러내고 있는 검은색 가로등 기둥, 봉우리에 눈이 덮인 티턴산맥을 이리저리로 샅샅이 굽이치면서 흐르는 스네이크 리버, 모퉁이 상점의 처마 밑 그늘에 조심스럽게 숨어 있는 어린 소녀. 이 모든 것은 이들 객체와 장면에 대한 우리의 일상적인 인간적 경험을 고무하거나 일으키거나 강화한다.

그런데 쇼어는 전적으로 다른 이미지들을 구성한다. 피사체들—대체로 도시 거리와 모텔—이 더 평범하다고 쉽게 말할 수 있지만, 공정히 말하자면 전전戰前의 파리 거리와 잭슨홀 내셔널

모뉴먼트 이전의 와이오밍 역시 당대에는 평범했다. 쇼어의 이미지들은 축소주의적이다. 그 이유는 그 피사체들이 부차적이기 때문이 아니라 그 구성이 보이지 않는 사물들 및 관계들을 부각하기 때문이다(도판 1a~c).

뉴욕 시티에서는 텔레비전 하나가 연한 오렌지색 탁자 위에 자리하고 있다. 근처에 종이가 덮인 어떤 종류의 액자와 유리병들이 놓여 있다. 그 텔레비전의 하나뿐인 안테나가 옆으로 늘어져서 가장 긴 병의 앞을 지난다.

미주리주 롤라에서는 수돗물 음수대 하나가 반원형의 받침에 자리 잡고 있는데, 그것의 배수관은 오른쪽으로 뻗어서 뒷벽으로 이어지고 그것의 전원 코드는 대야 바로 위에 있는 콘센트에 연결되어 있다.

앨버타주에서는 질감 있는 녹빛의 램프 하나가 탁자 가장자리 근처에 그림자를 드리운 채 자리하고 있고 재떨이 하나가 모텔 설문지를 누르고 있다. 근처에 창문 레버 하나가 커튼 뒤에 드러나 있다.[34]

---

34. 사진인쇄물은 Christy Lange, Michael Fried, and Joel Sternfeld, *Stephen Shore*, 10, 82에서 찾아볼 수 있다. 처음 두 사례는 위에서 논의된 대형 뷰카메라 대신에 중형 롤라이 카메라로 촬영된 초기 이미지였다.

이들 이미지는 세계를 기록한다.[35] 마이클 프리드가 설명하는 대로 그 이미지들이 주목할 만한 것인 이유는 피사체에 대한 쇼어의 관계가 아이러니하지 않기 때문이다. "당신은 물질적인 것보다 상위에 있는 것처럼 보이지 않습니다. 당신은 이들 장소와 사물을 국외자처럼 보고 있지도 않습니다"라고 프리드는 쇼어와 나눈 한 인터뷰에서 자신의 의견을 제시한다.[36] 그 결과는 "상상력이 해방되어" 있다고 프리드는 말한다. 그 이미지들은 객체들을, 심지어 인간 활동의 대상들도 불가사의한 상호 관계의 세계 속에 정립한다.

쇼어의 가장 유명한 이미지 중 하나를 살펴보자. 로스앤젤레스의 베벌리와 라 브레아의 모퉁이에 세브런 주유소가 텍사코 주유소의 바로 맞은편에 자리하고 있다(도판 2). 그 구성은 보행자의 친숙한 관점을 시사하지만, 그 광경 자체는 거리 사진가의 인간 활동에 대한 일반적인 집중과 유사한 점이 전혀 없다. 폭이 광대한 인도가 그 이미지의 맨 아랫부분을 대부분 차지하고 있으며, 주유기에 매달려 늘어져 있는 공압 케이블이 눈길을 끈다. 그것은 돼지 꼬리처럼 말려 있다. 그 프레임의 중앙에 플라스틱 숫자판들이 가격을 알려주는 표지판에 부착되어 있다. 그 아래에 연성의 비닐 튜브 하나가 그 튜브의 형태를 규

35. Suzanne Cotter, "A World unto Itself." http://www.aspenartmuseum.org/shore_cotter.html.

36. Lange, Fried, and Sternfeld, *Stephen Shore*, 11.

정하는 레이디얼 타이어들을 둘러싸고 있다. 바로 뒤에 스테이션왜건의 변속기 어셈블리가 그 차대 아래로 내밀어져 횡단보도로 표시된 아스팔트 표면에 거의 닿아 있다. 도처에서, 그 이미지 전체에 걸쳐서 객체들은 서로 헝클어뜨린다.

그것들—투광 조명등, 스크린 인쇄, 마스터카드, 고무, 아스팔트, 타코, 카르만 기아,[37] 쓰레기통, 기름얼룩—을 열거하는 것은 쇼어 존재도와 라투르 열거 사이의 차이를 부각한다. 라투르 열거는 마치 강한 중력장처럼 이질적인 사물들을 끌어모은다. 그런데 쇼어 존재도는 이미 모인 사물들을 취하여 서로 인접하고 있는 별개의 작은 우주들로 분해한다. 크리스티 랑게가 설명하는 대로 "이것은 풍경 사진에 대한 새로운 구상이었는데, 여기서는 세부적인 것들 자체—그것들 전체라기보다는 오히려 그것들의 밀도와 다양성—가 초점 혹은 피사체가 되도록 의도되었다."[38] 아무것도 간과되지 않고, 아무것도 여타의 것으로 환원되지 않으며, 아무것도 우선권을 부여받지 않는다. 오히려 모든 것이 움직이지 않은 채로 자리하고 있다.

다른 사진들은 더 큰 특정성을 초래한다. 플로리다주 페린에 있는 어느 맥도날드 체인점의 한 야외 식탁 위에, 먹다 남긴 햄버거가 폴리스타이렌 상자 안에 놓여 있다(도판 3). 감자튀김

---

37. * 카르만 기아(Karmann Ghia)는 폭스바겐에서 생산된 클래식카를 지칭한다.
38. Lange, Fried, and Sternfeld, *Stephen Shore*, 87.

과 아이스밀크 한 컵이 냅킨 위에 자리하고 있는 한편으로, 그 아래 식탁 위에 깊게 새겨진 흠집이 노란색 페인트 바로 밑의 분홍색 표면을 드러낸다. 이 이미지에서 쇼어는 우리의 주의를 점심과 햄버거 사이의 식도락 관계에 집중시키지 않고, 혹은 체인점과 손님 사이의 산업적 관계에 집중시키지 않고, 혹은 심지어 이전에 식사한 어떤 손님과 그 식탁의 차가운 표면 위에 새겨진 제니라는 이름의 보이지 않는 소녀 사이의 연애 관계에 집중시키지 않는다. 오히려 단위체들이 각각 자신을 드러낸다. 피클은 고기 패티 전체에 매달려 있고, 소금은 감자튀김에서 떨어지고, 아이스밀크는 플라스틱 빨대 내부에 갇혀 있다. 쇼어의 경우에 그것은 흔한 이미지로, 음식의 은밀한 생을 드러낸다.

그런데 존재도학적으로 말하자면 이 이미지는 플라스틱에 대한 밀크의 지각, 빵에 대한 참깨의 지각에 관해서는 아무것도 말해주지 않는다. 그것은 단지 수도승의 동물 우화집처럼 열거할 따름인데, 인간의 개입이 객체들의 불가사의하고 이질적인 세계들을 결코 완전히 망라할 수는 없는 방식들을 예증한다. 회화와 마찬가지로 사진 역시 일반적으로 지금이라는 시간적 척도에서 작동한다. 풍경화 혹은 정물화는 인간의 지각 앞에 포박당한 사물들의 물질적 배치를 보여준다. 그런데 쇼어의 작품은 '지금'now의 단일성을 거부하면서 '한편'meanwhile의 무한성을 지지한다.

분해도

'한편'은 강력한 존재도학적 도구다. 단위체는 하나의 체계이자 하나의 집합이다. 일반적인 조건 아래서 단위체의 상태는 여전히 어수선하고, 뚜렷하지 않으며, 물러서 있기에 보이지 않는다. 그것의 가장 원초적인 형태로서의 라투르 열거는 존재의 한 단편에 관한 장부를 제공한다. 회계장부가 금전 출납을 기록하는 것과 마찬가지로 라투르 열거는 문자 그대로 장부다. 존재도학 ― 이것은 한낱 이론에 불과한 것이 아니라 실천이기도 하다 ― 의 실천은 우주 전체에 걸쳐서 자신을 퍼뜨리는 다양한 단위체에 관한 장부를 작성하는 많은 과정을 서술한다. 어떤 존재도를 창출하는 데에는 사물들을 열거하는 작업이 수반될 뿐만 아니라 사물들 사이의 결합과 간극에 주의를 기울이는 작업도 수반된다. 타이어와 차대, 아이스밀크와 컵, 납산탄과 토양 등과 같은 사물들은 우리에 대해서 존재할 뿐만 아니라, 또한 우리를 놀라게 하고 당황하게 만들 방식으로 자신에 대해서 그리고 서로에 대해서 존재한다. 보이지 않은 채로 우리 세계에 산재하는 셀 수 없이 많은 사물에 주의를 기울이게 하는 그런 것이 존재도학적 프로젝트다. 하먼이 존재도학이라는 용어를 스스로 적용하면서 서술하는 대로 존재도학은 객체들의 "짝짓기를 서술하고 분류하는 활동을 지칭하는… 이름"이다.[39] 하먼의 용법은 나의 용법과 다르지만(하먼은 그가 실재적 객체라고 일컫는 것과 감각적 객체라고 일컫는 것 사이의 관계를 서술하는 데 '존재도학'을 사용한다), 그 취지는 같다. "존재도학은 숲과 호수 같은 정형적인 자연적 캐릭터들을 다루는 지리학이라기보다는 오히려 객체들의 우주에 있는 기본적인 표지물들과 단층선들의 지도를 그린다."[40]

우리는 존재도학의 정신을 분해도라는 그래픽 및 정보 디자인의 기법에 빗대어 유추할 수 있다. 그런 도면은 오늘날 부분적으로 사용설명서, 조립설명서, 기술 서적, 포스터, 그리고 "부품들과 하위 조립품들, 더 상위의 조립품들이 결합하는 관계들을 보여주"도록 되어 있는 다른 도해들에서 흔히 찾아볼 수 있다.[41] 그런데 레오나르도 다빈치의 노트에 대한 피상적인 평가조차도 밝히는 대로 그 기법은 르네상스 시기까지 거슬러 올라간다.

분해도는 인간 제작자, 조작자, 혹은 설계자에게 유익하도록 어떤 복잡한 물리적 체계를 명백히 밝히기 위한 것이다(그림 3). 그런데 통상적인 실천에서 분해도는 사용 가치를 제공하는 만큼 기이함도 제공한다. 예를 들어 자동차 부품 사용설명서를 살펴보면 자동차 수리와 관련된 지식이 전혀 없는 사람도 현

39. Graham Harman, *The Quadruple Object*, 124. [그레이엄 하먼, 『쿼드러플 오브젝트』.]

40. 같은 책, 125. [같은 책.]

41. Thomas F. Walton, *Technical Data Requirements for Systems Engineering and Support*, 170.

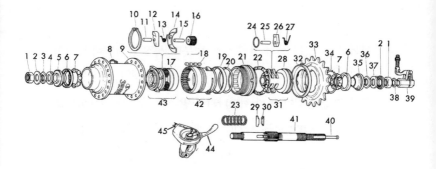

그림 3. 분해도는 존재의 양면, 즉 밀도와 팽창을 보여준다. 이 예시는 자전거의 시마노 변속기 3단 내장 기어 허브의 부품들을 보여준다. 그것을 구성하는 수십 개의 부품 중에는 콘스테이 워셔(4), 플래닛 피니언(16), 그리고 폴 스프링(27)이 각각 하나씩 있다.

대의 자동차에서 현시되는 낯선 충만감을 여전히 누릴 수 있다. 마찬가지로 어린이가 어떤 잡지에서 전개된 잠수함의 부분 단면도를 응시하는 것은 그것의 작동 방식을 알아내기 위함이 아니라 그것이 풍기는 비밀스러운 내세성의 일부를 헤아리기 위함이다.

분해도와 존재도는 동일하지는 않지만 많은 점을 공유한다. 사물들의 보이지 않는 미지의 상황은 사실상 우리의 주의를 그것의 배치적 특질에 끌어들이는 방식으로 현시된다. 존재도는 많은 잠재적 단위조작의 현존을, 일단의 특정한 사물에 대한 다수의 특정한 시각의 현존을 기록한다.

그렇다면 사진술이 매우 좋은 사례들을 제공하는 것은 전혀 놀랍지 않은데, 사진이 하나의 '보기 방식'으로 이해된 지는 오래되었다. 한편으로, 사진가의 프레이밍과 노출 선택 덕분에 사진은 표상적인 세계관을 제시한다. 다른 한편으로, 현실태를 기록할 수 있는 사진 촬영 장비 덕분에 사진은 자연히 백과사전적으로 연출된 장면을 제시한다. 쇼어의 거대한 건판 필름은 그런 연출 능력이 특히 뛰어나기에 방대한 세부를 고해상도로 포착할 수 있다. 모든 사진이 존재도인 것은 아니지만 쇼어의 작품은 이런 경향이 있다. 부분적으로 그 이유는 그가 어떤 객체도 근본적인 것으로, 하나의 주체로 여기기를 거부하기 때문이다. 〈베벌리 블러바드와 라 브레아 애비뉴〉[도판 2]는 아무것도 특별히 여기지 않고 모든 것을 동시에 고려한다. 쇼어의 프레이밍 기법에 힘입어 그의 사진은 존재도로 변환된다.

존재도학적 기계

사진술적 존재도학은 예술로서 그리고 형이상학으로서 효과적이다. 그런데 사진은 정적인 것이기에 단위조작을 암시하지만 묘사하지는 않는다. 후자의 경우에 우리는 스스로 작동하는 인공물을 살펴보아야 한다.

많은 퍼즐 장난감과 게임은 추상적이다. 루빅스 큐브, 〈테트리스〉, 그리고 〈비쥬얼드〉는 참가자들에게 목표를 완수하기 위해 형태와 상징을 조작하도록 요구한다. 큐브 면과 폴리오미노,[42] 보석 토큰은 실재적 객체들임이 확실하지만, 그것들은 또

---

42. * 폴리오미노(polyomino)는 서로 변을 공유하여 연결된 n개의 정사각형으

한 맥락에서 제거된 단위체들이어서 다른 단위체들과의 연합이 명료하지 않게 된다. 그런데 구체적인 게임들도 존재하는데, 이들 게임은 추상적 동작을 구체적 의미에 대응시킨다. 〈러시아워〉라는 인기 있는 퍼즐 보드게임이 그런 게임이다. 그 게임은 다양한 크기로 성형된 자동차들이 배치될 수 있는 회색의 플라스틱 격자망 위에서 펼쳐진다. 참가자는 그 게임 보드의 옆면에 있는 개구부를 통해서 빨간색 자동차 하나를 끄집어내려고 시도하며, 도중에 그 자동차의 길을 가로막는 여타 차량을 비켜나게 한다. 자동차와 트럭은 그것들 각각의 방향 축을 따라 앞뒤로만 움직임으로써 이동시킬 수 있게 된다. 그 게임은 수십 개의 퍼즐 카드를 수반하며, 이들 카드는 참가자가 해결해야 하는 초기 상태들을 서술하고 각각의 상태는 직전의 상태보다 해결하기가 더 어려워진다.

〈러시아워〉는 차량 대신에 채색된 추상적 블록들로 제작될 수 있었을 것이다. 그 게임에 대한 경험은 적어도 기계적 층위에서는 여전히 같을 것이다. 그렇지만 표상적 층위에서는 그 의미가 막연해질 것이다. 다채로운 삼차원 다각형들이 타이어 더미, 스테이션왜건, 신호등, 그리고 사진 속 여타의 많은 객체를 전부 대체하는 추상적인 스티븐 쇼어 스타일의 존재도를 그냥 상상해보자. 그런 인공물은, 특히 그것이 어떤 실제 장면의 총체적인

로 구성된 다각형들을 총칭한다.

외형을 개조한다면, 예술로서는 흥미로울지도 모르지만 원래의 것과 같은 방식으로 존재도학적일 개연성은 없을 것이다. 어떤 허구적 외피를 추가함으로써 추상적인 게임의 기계적 조작이 어떤 특정한 단위조작의 물질적 현실 — 이 경우에는 교통 혼잡 — 과 연결된다. 허구적 외피와 기계적 깊이가 단단하게 결합하여 있다면 결국 그 게임은 어떤 존재론적 영역에 대한 강력한 서술을 제공할 수 있다.[43]

〈러시아워〉는 단단한 결합에 대한 훌륭한 일례를 제공하지만, 그 범위는 라투르 열거나 쇼어 존재도보다 더 제한적이다. 그 게임에는 단지 자동차와 도로가 나타날 따름이다. 〈스크리블너츠〉는 사물들에 대한 더 백과사전적인 서술을 제공한다. 그것은 피프스 셀5th Cell이라는 개발자가 제작하고 2009년에 휴대용 게임기 닌텐도 DS용으로 출시된 이례적인 비디오게임이다. 얼핏 보면 그 게임은 여타의 이차원 플랫폼 게임이나 어드벤처 게임처럼 보인다. 참가자는 맥스웰로 명명되고 화소로 처리된 한 귀여운 캐릭터를 조종한다. 그 게임의 이백 개 레벨은 각각, 도시든 유빙이든 광산이든 해양이든 간에 어떤 현실적인 환경의 추상물에서 전개된다. 각 레벨에서 '스타라이트'(빛나는 별 아이콘) 하나가 어딘가에 자리하고 있으며, 해당 레벨을

---

43. 외피와 기계학의 단단한 결합에 관한 더 많은 논의에 대해서는 Ian Bogost, *Persuasive Games*, 40~51을 보라.

끝내려면 게임 참가자는 그 아이콘을 수집해야 한다. 스타라이트를 획득하려면 도전 과제를 해결해야 하는데, 그것은 게임 모드에 따라 두 가지 도전 과제 중 하나로 고생하게 되는 과업이다. 퍼즐 레벨에서, 게임 참가자는 맥스웰이 어떤 과업 – 흙 시료를 우주인에게 되돌려주기, 카페테리아 음식을 쟁반 하나에 채우고 값을 치르기, 통제를 벗어난 트럭을 멈추기 – 을 완수하여 스타라이트를 찾아내도록 도와야 한다. 액션 레벨에서, 게임 참가자는 맥스웰이 손이 닿지 않는 곳 – 예를 들면 나무 꼭대기, 어쩌면 혹은 호수 건너편, 혹은 지하 – 에 놓인 스타라이트를 붙잡도록 도와야 한다.

그런 도전 과제를 해결하기 위해 게임 참가자는 그 게임 속 메모장에 어떤 객체의 이름을 입력함으로써 그 객체를 해당 레벨로 불러낼 수 있다. 그 게임은 거의 모든 것을 인식하는데, 그것의 사전에는 방공호에서 호박에 이르기까지 대략 22,800개의 용어가 실려 있다.[44] 게임 참가자가 그 게임이 인식하는 낱말을 입력하고 나면 그 이름에 걸맞은 외양 및 행동을 나타내는 해당 객체가 그 게임에 등장한다. 그다음에 게임 참가자는 이들 객체를 움직이고 연결하고 작동시키고 조종함으로써 그 게임의 퍼즐들을 해결할 수 있다.

〈스크리블너츠〉 퍼즐들은 게임 참가자에게 오직 스타라이

---

44. Owen Good, "All 22,802 Words in Scribblenauts."

트만을 회수하도록 요청하지만, 수천 가지의 호출 가능한 객체와 더불어 레벨 시나리오에 의해 형성된 조작 가능성 공간을 탐사할 유인책도 제공한다. 이들 유인책 중 일부는 그 게임 자체에 코드화되어 있는데, 한 레벨을 끝내고 나면 그 게임은 어떤 기준을 충족한 점에 대해 '영예'(예를 들면, 두 개 이상의 곤충을 사용하는 경우에는 '곤충학자', 혹은 어떤 휴머노이드나 동물도 해치지 않은 채로 레벨을 끝내는 경우에는 '구원자')를 부여한다.[45] 객체들을 재사용하지 않은 채로 한 레벨을 세 번 끝내게 되면 황금별 하나를 얻게 된다.

그런데 이들 명시적인 유인책이 없더라도 그 게임은 여전히 자연적인 호기심을 촉발한다. 개별 행동과 객체간 행동에 대한 엄청나게 빈약한 시뮬레이션에도 불구하고 〈스크리블너츠〉는 여전히 게임 참가자들이 순전한 매력에 홀려 다수의 단위조작을 탐색하도록 부추긴다. 그 게임의 열한 번째 퍼즐 레벨에서는 게임 참가자가 세 송이의 꽃을 아무 손상도 없이, 그리고 이들 꽃을 담을 바구니를 들고 있는 소녀에게 해를 전혀 끼치지 않은 채로 수집해야 한다. 꽃 하나는 한 마리의 벌이 지키고 있고, 꽃 하나는 수면 아래 한 마리의 피라냐 근처에 자리하고 있으며, 꽃 하나는 어떤 절벽 끝 바위 위에 황망히 자리하고 있다.

---

45. 완전한 영예 목록은 http://www.scribblenautsguide.com/page/Scribble nauts+Merits에서 찾아볼 수 있다.

그 퍼즐을 해결하기 위한 단위조작의 배합은 셀 수 없이 많이 존재하는데, 통상적인 참가자는 단일한 세션에서 그중 일부를 시도할 것이다. 게임비평가 스티븐 토틸로가 그 레벨을 끝내기 전에 시행한 열여섯 번의 시도 중 일부는 다음과 같다.

시도 3: 곰을 불러낸다. 곰이 벌을 죽인다. 곰을 잡는 덫을 설치하고 달아난다. 곰은 쫓아오지 않는다. 다시 돌아간다. 자신이 곰 덫에 걸린다. 곰에게 공격당한다. 레벨 실패.

시도 6: 해충 구제자를 불러낸다. 해충 구제자가 벌을 훈증한다. 첫 번째 꽃을 잡아채지 못한다. 피라냐 호수에 접근한다. 낚싯배를 불러낸다. 큰 배를 호수에 빠뜨린다. 보트가 꽃을 꺾어버렸음이 틀림없다. 레벨 실패.

시도 10: 총을 불러낸다. 벌을 사살하려고 시도한다. 총알이 벌에 맞고 튀어 나가서 첫 번째 꽃을 파괴한다. 레벨 실패.

시도 12: 열기구를 불러낸다. 그 안에 맥스웰을 태운다. 피라냐 호수 위를 비행한다. 총을 불러낸다. 그런데 총이 열기구를 파괴한다. 호수에 추락한다. 호수 밖으로 뛰쳐나간다. 시체를 불러낸다. 물고기를 떼어놓기 위해 시체를 호수에 던져 넣는다. 물고기가 시체를 뜯어먹는 동안 물고기를 사살하기 위해 총을 불러낸다. 명중하지 않는다. 새로운 시체를 불러내고 저격용 소총으로 시도한다. 먹히지 않는다. 호수에 뛰어들어 그냥 꽃을 잡아챈다. 성공. 벌이 사라진다. 호수 꽃을 바구니에 담는다. 벌 꽃을 바구니에 담는다. 마지막 꽃을 찾아서 높은 절벽에 닿기 위해 헬리콥터를 불러낸다. 꽃을 파괴할 것이라는 두려움으로 인해 헬리콥터를 절벽 끝 바위 위에 착륙시키기를 무서워한다. 헬리콥터에서 뛰어내리려고 시도한다. 피나랴 호수에 빠진다. 죽는다. 레벨 실패.

시도 13: 총을 불러낸다. 벌을 사살한다. 첫 번째 꽃을 획득한다. 두 구의 시체를 불러낸다. 물고기의 주의를 돌리기 위해 시체들을 피나랴 호수에 던져 넣는다. 호수에 뛰어들어 두 번째 꽃을 회수한다. 트럭을 불러내어 호수에 버린다. 배를 불러내어 호수에 버린다. 절벽 끝 바위에 도달하여 마지막 꽃을 회수하기 위해 이들 차량 위로 올라가려고 시도한다. 차량이 움직인다. 맥스웰이 절벽 벽에 내던져진다. 죽는다. 레벨 실패.

시도 16: 총을 불러낸다. 벌을 사살한다. 열기구를 불러낸다. 절벽으로 비행한다. 밖으로 나와서 꽃을 잡아챈다. 열기구로 되돌아온다. 절벽 꽃을 바구니에 안전하게 담는다. 벌 꽃을 바구니에 담는다. 물고기의 주의를 돌리기 위해 세 구의 시체를 피나랴 호수에 던져 넣는다. 호수에 뛰어들어 호수 꽃을 잡아챈다. 호수에서 뛰쳐나온다. 호수 꽃을 바구니에 담는다. 스타라이트를 찾아낸다! 성공![46]

쇼어의 사진들은 어느 주어진 상황에서 사물들이 현존하는 방식을 열거한다. 〈스크리블너츠〉는 어떤 상황에서 사물들이 작동하는 방식을 열거한다. 그 두 접근법은 모두 존재의 밀도를 분해하여 재배치함으로써 관람자와 참가자에게 무한한 존재의 작은 한 조각에 대한 광경을 제공한다.

낱말 속에는 무엇이 있는가?

라투르 열거는 거명함으로써 무한한 존재의 몇 가지 낯선 구석을 드러낸다. 〈스크리블너츠〉는 게임 참가자가 객체들의 행동을 서로 관련지어 일으키도록 고무함으로써, 즉 객체들을 지칭하는 기호들을 입력함으로써 이들 객체의 관계를 드러낸다. 두 경우에 모두, 언어는 지시적으로 작동함으로써 어떤 객체가 겪는 경험의 가장자리가 상상되거나 탐색될 수 있도록 그 객체를 규정한다.

그런데 언어 자체는 사물들로 이루어져 있다. 낱말들은 지시할 뿐만 아니라 조작하기도 한다. 우리는 기호들 자체가 서로

---

46. Stephen Totilo, "16 Attempts at Scribblenauts."

에 대한 경험 ─ 오로지 그것들의 고유한 관계를 우리가 기표로서의 그것들에 관여하는 행위와 연루시킴으로써만 결국 이해될 수 있는 경험 ─ 을 겪을 것이라고 해석할 수 있다. 라투르 열거 덕분에 이미 우리는 물질적 단위체들의 소책자를 제공하는 만큼 의미론적 단위체들 ─ 낱말들 ─ 의 소책자도 제공하는 기호적 존재론의 강에 이르게 되었다. 그런 점에서 라틴어 격변화의 낭송 ─ 푸엘라puella, 푸엘라에puellae, 푸엘라에, 푸엘람puellam, 푸엘라 ─ 과 같은 문법적 주문은 존재도학적으로 작용하는데, 마치 어떤 언어적 영역과 관련하여 가능한 문법적 사례의 다양성에 관한 비공식적인 카탈로그처럼 작용한다. 그런데 언어적 존재도학에 대한 더 복잡한 사례들은 언어적인 것들의 기묘한 파악을 노출하는 더 상세하고 주도면밀한 인공물들이 필요하다.

낱말과 관련된 카드 게임인 〈인 어 피클〉을 고찰하자. 게임은 단순하다. 각각의 카드는 낱말 하나로 장식되어 있으며, 그 낱말 밑에는 아래쪽을 가리키는 화살표 하나가 있다. 게임 참가자들은 각각 다섯 장의 그런 카드를 받고, 게다가 추가로 탁자 위에 네 장의 카드를 까놓는다. 차수마다 한 참가자는 카드 하나를 선택하여 어떤 더미의 양 끝에 있는 카드 중 하나에 붙여 놓는다. 그런 행위가 유효하려면, 붙이는 카드 위의 낱말이 그것이 붙여지는 가장 바깥쪽 카드를 내부에 넣을 수 있거나 아니면 그보다 더 커야 하고, 혹은 가장 안쪽 카드의 내부에 들어갈 수 있거나 아니면 그보다 더 작아야 한다. 예를 들어 '건조기'

라는 시작 카드가 주어지면 '지하실'이라는 카드는 그 카드 위에 붙여질 수 있을 것이다. 그다음에 '셔츠'라는 카드는 안쪽에 있는 '건조기'라는 카드 아래에 놓일 수 있을 것이다. 한 줄이 네 장의 카드를 포함할 때까지 게임은 이런 식으로 진행되고, 그다음에는 참가자들이 교대로 그 더미의 가장 바깥쪽 카드보다 더 큰 마지막 카드 하나를 붙이려고 시도한다(그림 4를 보라). 그 게임은 한 참가자가 시행된 세트들에서 어떤 승수를 획득할 때까지 계속된다(총 승수는 참가자들의 수에 의거하여 달라진다).

그 게임 방법은 참가자들이 "창의적으로 생각하여 어떤 명백한 방식으로 '알맞지' 않을 카드를 붙이"도록 고무할 것이다.

그림 4. 진행 중인 〈인 어 피클〉 게임. 전개된 연쇄가 다양한 규모의 물리적 및 개념적 객체들을 조합하는 방식을 주목하라.

참가자들은 그런 '창의적' 해석에 이의를 제기할 수 있고, 반대자들은 투표하여 그런 해석을 허용하거나 무효로 할 수 있다. 그 게임의 설계자들은 규칙을 설명하면서 그런 일례를 제시한다. "여러분은 칠면조를 주머니 안에 넣을 수 있습니다. 그것은 얇게 썬 칠면조입니다."

〈인 어 피클〉은 상동 관계에 근거를 두고 있다. 언어학에서 동형이의어란 철자는 같지만 의미가 다른 두 가지 다른 낱말이다. 예를 들면, 'bark'(개 짖는 소리)와 'bark'(나무껍질)는 동형이의어다. 동형이의어는 존재가 증식하고 팽창한다고 주장하는 압축적 존재론에 유익한 렌즈다. 개 짖는 소리를 지칭하는 'bark'와 나무껍질을 지칭하는 'bark'는 다른 단위체들이다(우리는 기의에 관해 말하고 있는 만큼 기표에 관해서도 말하고 있음을 기억하자). 그런데 'bark'는 온전히 다른 또 하나의 것, 즉 영어 사용자에게 개 짖는 소리와 나무껍질을 비롯하여 여러 가지를 의미할 수 있는 하나의 기호다. (그 점과 관련하여 'bark'는 이 문장에서 나타나는, 그런 기호의 일례이기도 하다.)

그 게임에서는 상동 관계가 가져다주는 부분전체론적 가능성 공간 덕분에 '주머니 속 칠면조'보다 훨씬 더 흥미로운 움직임이 가능하다. 그 게임의 명칭이 시사하는 대로[47] 포크는 피클

---

47. * '인 어 피클'(In a Pickle)이라는 어구는, 직서적 표현으로는 '피클 속에'라는 뜻을 나타내는 한편으로 비유적 표현으로는 '곤경에 처한' 상황을 뜻한다.

속에 있을 수 있을 것이지만, 은행 강도 역시 그럴 수 있을 것이다. 그 점과 관련하여 ('영화'가 환유로서 영화 제작을 가리킨다면) 영화는 피클 속에 있을 수 있을 것이고, 게다가 ('피클'이 소품이라면) 피클은 어떤 영화 속에 있을 수 있을 것이다. 은행 강도 역시 그럴 수 있을 것이다. 사실상 피클은 피클 속에 있는 영화 속에 있는 피클 속에 있는 은행 강도 속에 있을 수 있을 것이다.

상황은 정말 더 기이해진다. 영화는 토네이도 속에, 꿈속에, 여인 속에, 결혼 속에 있을 수 있을 (책갈피로서의) 아틀라스 속에 있을 수 있을 편지 속에 있을 수 있을 것이다("저는 방금 무능하고 식초를 좋아하는 어느 은행 강도에 관한 이 기묘한 영화를 봤습니다"). 아니 차라리, 영화는 우주 속에 있을 수 있을 것이고, 우주 역시 편지("저는 세계 속 어떤 것을 위해서도 피클을 포기하지 않을 것입니다") 속에, 메일 속에, 시간 속에 있을 수 있을 것이다.

라투르 열거는 낱말들로 이루어진 존재도다. 이와는 대조적으로 〈인 어 피클〉은 낱말들에 관한 존재도를 생산하기 위한 기계다. 그것은 '낱말 속에 있는 것 게임'이라는 태그라인을 수반하며, 그리고 이 경우에 '낱말 속에'in a word라는 어구는 두 가지 뜻을 나타낸다. 한편으로 그 어구는 '간단히' 혹은 '요컨대'라는 관용적 의미를 띤다. 사실상 '요컨대'라는 표현은 압축적 존재론 – 다중을 고밀도의 특이점으로 응축하기 – 에 대한 나쁜 비유가 아니다. 다른 한편으로 그 어구는 속박을 함축한다. 낱말은 인간 화자에 대하여 의미론적 외연을 가지며, 그리고 동형이의 어를 사용하는 표현은 그런 외연을 드러낼 수 있다. 그런데 또 한 속박은 훨씬 더 흥미로운 또 하나의 의미를 띤다. '낱말 속에' 라는 표현은 어떤 의미론적 단위체의 내부, 어떤 이름의 용융 핵심을 가리킬 수 있는데, 여기서 그것의 다양한 동형이의어와 지시대상이 펩타이드 사슬을 뜯어먹는 리보솜처럼 헤엄친다.

라투르 열거는 물질적 객체들과 개념적 객체들, 허구적 객체들을 열거하는 데 도움이 되고, 〈인 어 피클〉은 훨씬 더 추상적인 단위체들에 관한 존재도학이 어떻게 수행될 수 있는지 보여준다. 사전이 우리에 대한 낱말들의 의미를 보여준다면, 그 게임은 정반대로 낱말들이 그것들 자신에 대한 의미가 있음을 드러내고자 한다. 사전은 낱말들이 나타내는 의미들을 열거하는 카탈로그다. 그런데 크로스워드 퍼즐이 낱말들 사이의 문자들의 사전인 것과 마찬가지로 〈인 어 피클〉은 낱말들의 내부를 열거하는 카탈로그다.

사전, 식료품점, 리우데자네이루, 라 브레아 그리고 베벌리, 이것들은 우리가 사물들의 외부에 부착하는 표식들이다. 이들 표식은 각각 해당 사물을 적절히 표시하지만, 또한 이들 사물의 무한한 심층의 풍성함을 폐색한다. 존재도학은 수와 밀도를 증가시키는 실천으로, 이따금 현대 미술의 미니멀리즘에 대립하는 실천이다. 존재도학은 단순성의 우아함을 성취하려고 구성요소들을 제거하기보다는 오히려 다중^{多衆}의 실재론을 이루어내려고 구성요소들을 추가한다(혹은 그냥 남겨둔다). 존재도학은 사물들 ― 낱말이든 교차로든 쇼핑몰이든 혹은 생명체든 간에 ― 의 내부 구조를 분해하는 실천이다. '분해'라는 이 표현은 얼마든지 비유적일 수도 있고 직서적일 수도 있지만, 어쨌든 어떤 단위체의 감춰진 밀도를 드러내야 한다.

존재도학자가 보기에 아리스토텔레스는 틀렸는데, 자연은 가능한 가장 효율적인 방식으로 작동하지 않고 오히려 국소적으로는 합리화되었지만 전체적으로는 비효율적인 다수의 방식으로 작동한다.[48] 사실상 형이상학자는 단순한 설명에 대한 강박으로 괴로워하기 마련이다. OOO는 단순성을 숭배하기보다는 오히려 혼잡성을 포용한다. 우리는 출입문과 토스터기, 컴퓨터 같은, 인간이 사용할 수 있는 객체들에 관한 설계의 가치와 세계 자체의 본성을 혼동하지 말아야 한다. 존재도는 하나의 군집체이지, 그것의 창발적 조작을 서술할 세포 자동자가 아니다. 존재도는 하나의 쓰레기 매립지이지, 일본식 정원이 아니다. 존재도는 존재의 조밀한 '한편'에 매달려 있음으로써 동시에 현존하는 것들이 얼마나 적은지 보여주기보다는 오히려 얼마나 많은지 보여준다.

1973년 8월 10일, 사우스웨스트 휴스턴에 있는 한 보트 창

---

48. Aristotle, *Physics*, book 5.

고에서는 경찰 과학수사 요원의 삽이 그 주^週에 발굴된, 연쇄살
인범 딘 콜의 희생자 시체 열일곱 구 중 하나의 대퇴골에 부딪
힌다.

한편, 지구 표면 위 235해리 지점에 있는 스카이랩으로부터
는 한 전파가 미합중국 해군 함정 뱅가드호에 장착된 파라볼라
레이더 접시 안테나로 전송되기 시작했다.

한편, 캔자스시티의 로열스 스타디움에서는 루 피넬라의 야
구화가 홈 플레이트를 밟았는데, 볼티모어 오리올스와 벌인 경
기에서 그 팀의 결승점이 될 득점을 올리면서 먼지를 일으켰다.

그리고 한편, 유타주 커내브 소재 트레일스 엔드 레스토랑
에서는 캔털루프 멜론 반쪽이 그릇에 담겨 있었고 버터가 팬케
이크의 캐러멜화된 표면에 스며들고 있었다(도판 4).

3장 비유주의 : 단위체들의 알 수 없는 내면생활에 관해 사변하기

왜곡의 선명성 / 센서가 보는 방식 / 비유와 의무 / 데이지 체인

'한편'을 염두에 두고서 지금 당장 어딘가에서 일어나고 있는 사태 중 몇 가지를 잠시 고려하자.

연기가 물 담뱃대의 밸브와 그로밋, 호스를 통해서 빠져나와 오므라든 입으로 들어간다.

칼라의 독투스가 변속기 어셈블리의 레이샤프트에 연결되는 톱니바퀴를 마주 물린다.

닭목의 가용성 연골이 뼈에서 콩소메의 국물로 달여진다.

객체들 사이의 이런저런 상호작용들은 물질적 세계에서 이루어지는 다양한 움직임을 구성한다. 우리 인간의 시각에서 바라보면 앞서 고려된 사태들은 우리가 잘 알고 있는 행위 – 담배 피우기, 변속하기 혹은 요리하기 – 에 상응한다. 전통적으로 그런 상호작용들에 대한 한 인간의 직접 경험은 현상학적 탐구를 위한 명백한 주제 – 지각 및 사유와 더불어 기억 및 정서 – 를 제공할 것이다. 이를테면 물 담뱃대 그릇에 담긴 숯 아래서 가열되는 감미로운 이야기의 맛, 혹은 싱크로의 칼라가 기어의 마찰 물림을 달성할 때 클러치에 올린 발의 감각, 혹은 수프 솥에서 지방 및 뼈와 분리된 치킨 수프의 부드럽고 맑은 외양이 있다. 그런데 물 담뱃대, 기어 혹은 닭의 입장에서는 무슨 일이 일어나고 있는가? 아니면 마찬가지로 쇼어의 캔털루프 멜론 혹은 아이스밀크 혹은 유리컵의 입장에서는 무슨 일이 일어나고 있는가? 그리고 우리는 이들 관계를 어떻게 이해할 수 있을까?

한 가지 솔깃한 대답은 과학일 것이다. 우리는 멜론 껍질의 표면장력을 측정하거나, 도자기의 압입 정도를 측정하거나, 얼음물 유리컵에 대한 수증기의 서림점을 측정하거나, 혹은 변속기 레버와 관련된 기어의 회전력을 서술할 수 있을 것이다. 그런데 원예학자, 물리학자 혹은 삼림 감시원의 작업과는 달리, 에일리언 현상학은 객체들 사이의 물리적 관계나 인과적 관계를 규정하고자 하는 과학적 자연주의의 실천이 아니다. 그런 실천은 사물을 구성요소로 여길 것이다. 브뤼노 라투르가 서술하는 대로 과학은 "한 경이로운 것을 다른 한 경이로운 것으로, 그리고 이것 역시 제3의 경이로운 것으로 설명할 수밖에 없다. 이런 사태는 그것이 동화처럼 보일 때까지 계속된다."[1]

1974년에 발표된 유명한 시론에서 심리철학자 토머스 네이글은 "박쥐의 경험은 어떠한 것인가?"라는 물음에 답변하려고 시도한다.[2] 네이글의 설명에 따르면 의식은 물리적 성분들로 환원될 수 없는 어떤 주관적 특징을 지니고 있다. 물리적 환원주의 입장은 근원적인 물리적 증거를 통해서 의식을 해명함으로

---

1. Latour, *The Pasteurization of France*, 215.
2. Thomas Nagel, "What Is It Like to Be a Bat?". 네이글 덕분에 유명해진 그 물음은 원래 물리주의적 비판가인 티머시 스프리그에 의해 제기되었다.

써 경험의 주관성을 제거하기를 바란다. 예를 들어 호스티스 트윙키의 달콤한 맛에 대한 환원주의적 설명은 그 과자를 구성하는 화합물들이 미뢰의 생체분자적 기질과 결합하는 방식에 대한 화학감각적 설명을 수반할 것이며, 그 과자를 먹는 사람은 일단의 신경학적 수용체를 통해서 그 결합 방식을 해석한다.[3] 네이글은 이런 식의 환원주의적 설명들과 관련된 한 가지 문제점을 지적한다. 트윙키에 대한 경험이 신경화학적 단위조작으로 이해될 수 있더라도 그런 설명은 달콤함의 경험을 서술하지 못한다.

어떤 마주침이 그것을 산출할 다양한 형식에서 분리되는 경우에 네이글은 이런 마주침을 "경험의 주관적 특징"이라고 일컫는다.[4] 그 특징은 "그 유기체로서 경험함의 양태"를 수반한다고 그는 넌지시 주장한다. 네이글의 경우에 경험이라는 바로 그 관념은 이런 '양태'—그것의 가장자리는 물리적 특성을 조사함으로써 추적될 수 있지만 관측할 수는 없는 어떤 면모—를 필요로 한다. 이처럼 밝혀내기 힘든 면모(OOO가 물러섬이라고 일컫는 것)로 인해 어떤 존재자의 경험은 물리적 환원주의에 의해 결코 설명될 수 없다.

박쥐는 효과적인 일례로서의 역할을 수행한다. 그 이유는

---

3. 사실상 달콤함의 감각이 발생하는 분자적 과정은 여전히 다소 불가사의하며, 그리고 현대 유기화학의 중요한 탐구 주제다.

4. Nagel, "What Is It Like to Be a Bat?", 436.

박쥐가 (포유류임에도) 인간과는 완전히 다르게, 혹은 (날아다니는 생명체임에도) 새와는 완전히 다르게 세계를 경험한다고 알려져 있기 때문이다. 박쥐는 반향 위치 측정법을 사용하여 주변 공간을 이해하는데, 박쥐 자신의 변조된 울음소리가 일종의 음파탐지기로서 작동한다. 우리는 때때로 박쥐를 '눈먼' 동물이라고 일컫지만, 박쥐는 매우 명료하고 정교한 공간 감각을 갖추고 있다. 그것은 정말 인간의 시각과 전적으로 이질적인 감각이다. 네이글이 서술하는 대로 "박쥐의 음파탐지는 명백히 지각의 한 형태이지만 그 작동에 있어서 우리가 보유하는 어떤 감각과도 유사하지 않고, 게다가 그것이 우리가 경험하거나 상상할 수 있는 어떤 것과 주관적으로 유사하다고 가정할 이유도 전혀 없다."[5] 우리가 할 수 있는 최선의 것은 박쥐의 경험이 어떠한 것일지 떠올리려고 시도하는 것이며, 그리고 박쥐의 경험이 어떠한 것일지 상상하는 행위는 박쥐의 경험과 같지 않다는 점을 참작하면 우리의 그런 시도는 언제나 실패할 것이다.

네이글의 논문이 사실상 심신 문제에 관한 것일지라도 그 논문은 에일리언 현상학에 많은 가르침을 제공한다. 한편으로 현상은 객관적인데, 어떤 외부 관찰자에 의해 종종 쉽게 측정되거나 기록되거나 아니면 식별된다. 다른 한편으로 그 관찰자는 그런 현상에 대응하는 경험을 겪을 수 없는데, 그가 그 경험의

---

5. 같은 글, 438.

사건 지평선으로부터 아무리 많은 증거를 수집하더라도 절대 체험할 수 없다.[6] 압축적 존재론이 주장하는 대로 무언가가 겪는 경험의 특징은 다른 무언가에 의한 그 경험의 특징짓기와 동일하지 않다. 혹은 네이글이 서술하는 대로 "나는 박쥐에게 박쥐의 경험이 어떠한 것인지 알고 싶다. 그런데 내가 이것을 상상하려고 하면 나는 나의 고유한 마음의 자원에 한정되고, 그런 자원은 그 과업에 부적절하다."[7] 아무리 직관에 반하는 것처럼 보일지라도, 추정상의 객관적 증거와 외부 메커니즘들을 통해서 어떤 경험을 특징지음으로써 우리는 어떤 존재자가 겪는 경험을 더 잘 이해하게 되는 것이 아니라 더욱더 이해하지 못하게 된다.

그 결과는 단순하지만 심오하다. 어떤 사물(박쥐든 물 담뱃대든 캔털루프 멜론이든 간에)의 외부로부터 얻은 증거는 그 사물이 지각하는 방식에 대한 실마리를 제공하더라도 그 지각의 경험은 여전히 물러서 있다. 이런 사태는 현대 과학에 한 가지 문제를 제기한다. 과학적 발견물은 마법적 풍미를 나타내면서 사물들이 '실제로' 작동하는 방식에 대한 화려한 서술을 제시한다.[8] 그리고 그런 마법적 발견물은 어쩌면 객체 상호작용들의 효과 중 일부도 서술할 것이다. 그런데 무언가가 주변 환경에

---

6. 같은 글, 442.
7. 같은 글, 439.
8. 같은 글, 447.

작용하는 방식 혹은 주변 환경이 그것에 작용하는 방식을 이해하는 것은 다른 무언가가 이들 작용을 이해하는 방식을 이해하는 것과 같지 않다. 박쥐의 음파탐지 지각을 구성하는 단위 조작은 그런 탐지 장치에 대한 박쥐의 이해와는 별개로, 그리고 그런 탐지 장치에 대한 인간의 이해와는 별개로, 그리고 그런 탐지 장치에 대한 동굴 벽의 이해 등과는 별개로 존재한다. 박쥐가 소리를 내고 듣는 고주파 음파의 효과를 이해하는 것은 박쥐의 경험이 어떠한 것인지 이해하는 것과는 단적으로 아무 상관이 없다.

왜곡의 선명성

네이글의 목표는 "객관적 현상학," 즉 "감정이입이나 상상에 의존하지 않는" 현상학이다.[9]

그것이 모든 것을 포착하지는 않으리라 추정되더라도 〔객관적 현상학의〕 목표는, 적어도 부분적으로는, 어떤 경험을 겪을 수 없는 존재자들이 이해할 수 있는 형태로 그런 경험의 주관적 특징을 서술하는 것일 것이다.

우리는 박쥐의 음파탐지 경험을 서술할 그런 현상학을 개발해

---

9. 같은 글, 449.

야 할 것이지만, 인간으로 시작하는 것도 가능할 것이다. 예를 들면, 태어날 때부터 눈이 먼 사람에게 본다는 것이 어떠한 것인지 설명하는 데 사용될 수 있는 개념들을 개발하려고 누군가가 시도할 것이다.…이런 주제에 관한 논의에서 제기되는 엉성한 복합 비유 ─ "빨간색은 트럼펫 소리와 같다" ─ 는 전혀 유용하지 않다. 이 비유가 유용하지 않다는 점은 트럼펫 소리를 들은 적이 있고 빨간색도 본 적이 있는 사람에게는 분명할 것이다. 그런데 지각의 구조적 면모들은 객관적으로 서술하기가 더 용이할 것이다. 그리하여 무언가가 빠지게 되더라도 말이다.[10]

객관적 현상학과 관련하여 네이글과 나는 의견이 다르다. 눈이 보이는 사람의 지각과 눈이 먼 사람의 지각이 다른 이유는 바로 전자는 트럼펫 소리를 들은 적이 있고 빨간색도 본 적이 있지만 후자는 트럼펫 소리만 들은 적이 있을 뿐이기 때문이다. 트럼펫-대-빨강 비유가 실행 불가능한 것처럼 들리는 이유는 그것이 철학적으로 문제가 있기 때문이 아니라 신통치 않은 비유이기 때문이다. 객관적 현상학과 달리 에일리언 현상학은, 경험의 주관적 특징은 언제나 전적으로 실재적인 채로 있을지라도 객관적으로 완전히 재현될 수는 없다는 사실을 수용한다. 문자 그대로의 의미로, 에일리언 현상학을 수행하는 유일한 방법은 비유를

---

10. 같은 곳.

통해서 이루어진다. 예를 들면, 박쥐는 잠수함처럼 작동한다. 빨강 색조는 불과 같다.

이들 설명 ― 해양 선박에 의거하여 박쥐에 관해 이야기하는 것, 촉감에 의거하여 색상에 관해 이야기하는 것 ― 의 주관성으로 인해 우려가 초래될 수 있을 것이다. 이들 조치는 위험스럽게도 자기본위적인 것처럼 느껴진다. 인간중심주의에 빠질 위험이 매우 크다. 사실상 나는 더 나아갈 것이다. 적어도 우리 인간의 경우에는 인간중심주의가 불가피하다. 모든 단위체의 경우에도 사정은 마찬가지다(박쥐의 경우에는 박쥐중심주의가 문제다). 경험의 주관적 본성으로 인해 단위체의 지각 중 하나의 단위조작은 언제나 캐리커처에 해당하게 되며, 여기서 지각 대상은 지각 주체의 왜곡된 인상으로 그려진다. 이런 사정은 마주침 자체뿐만 아니라 마주침에 대한 모든 설명의 경우에도 마찬가지다. 후자의 경우에는 단지 매개 단계들이 추가되는 덕분에 주체와 대상의 거리가 더 멀어질 뿐이다.

객체 지각에 대한 인간 설명의 진실성을 수용하는 것과 인간으로서 우리가 객체 지각의 단위조작에 대한 의인화된 비유를 제공할 수밖에 없음을 인식하는 것은 상당히 다른데, 흔히 그렇듯이 우리가 그런 설명을 타인에게 전달할 의도를 품고 있는 경우에 특히 그러하다. 제인 베넷이 지적하는 대로 의인화는 우리가 우리 자신과 주변 객체들 사이의 차이를 부각하는 데 도움이 된다. 의인화는 우리에게 객체 마주침은 캐리커처라는 점을 주지시키는 데 도움이 된다.

어쩌면 의인화와 관련된 위험(미신, 자연의 신성시, 낭만주의)
은 무릅쓸 가치가 있을 것이다. 그 이유는 매우 기묘하게도 의
인화가 인간중심주의에 대항하여 작동하기 때문이다. 의인화
는 사람과 사물 사이에 공감을 불러일으키기에 나는 비인간
'환경' 위에 혹은 바깥에 더는 존재하지 않는다.[11]

박쥐가 겪는 경험 자체는 절대 의인화될 수 없다. 네이글은 올
바르게도 박쥐를 "근본적으로 이질적"이라고 일컫는다.[12] 박쥐
는 통상적이면서 기이하기도 한데, 화장실 변기, 압생트 국자,
갈매기, 트램펄린 등 여타의 것도 그러하다. 우리는 우리 자신과
별개로 관계를 맺은 객체들을 드러냄으로써 M. R. 제임스의 소
설 주인공인 귀신 들린 파킨스 교수의 방법을 재발견하여 개선
할 수 있으며, 그리하여 유령 같은 객체들을 인간 경험의 감옥
에서 해방할 수 있다. 어쩌면 존재도학은 우리를 놀라게 해서
상관주의의 잠에서 깨게 할 낮은 신음을 낼 것이지만 충분히
멀리 나아가지는 못한다. 일단 우리가 "세계 속 객체들에 매료
당하게" 되면 우리는 어떻게 계속해서 객체간 지각과 관련된 것

---

11. Jane Bennett, *Vibrant Matter*, 120. [제인 베넷, 『생동하는 물질』.]
12. Nagel, "What Is It Like to Be a Bat?", 438.

을 이해할 수 있을까?[13]

그레이엄 하먼은 "사물이 우리를 응시한다"라는 모리스 메를로-퐁티의 관념을 훨씬 더 심화하는 알폰소 링기스에게서 한 페이지를 차용한다. 하먼은 우리가 사물들과 협상하는 만큼 사물들도 서로 협상한다고 주장한다. 그런데 한 가지 문제점이 있다. 객체들이 서로 물러나서 각자 개별적 현존의 진공에 영원히 동봉되어 있다면 그것들은 도대체 어떻게 상호작용하는가? 연기와 입, 칼라와 기어, 연골과 물, 박쥐와 가지, 로스터와 풋고추, 버튼과 입력 버스, 이것들은 모두 서로 감응하는 것처럼 보인다. 더욱이 이들 인자는 모두 대단히 많은 발산, 결합, 핑, 비트 그리고 전하로서 영원히 분리된 채로 있기보다는 오히려 하나의 사물로 합쳐진다.

하먼의 견해에 따르면 객체에는 우리로부터 물러서지 않는 것, 즉 해당 객체와 "분리되"어 우리가 "매 순간 그 속에 잠길 bathe" 수 있게 하는 성질들이 존재한다.[14] 객체들은 감각적 에테르 속에서 부유한다. 객체들이 대리적 인과관계를 통해서 상호작용할 때, 그것들은 각각 자신과 상호작용하는 객체를 "자기 속에 잠기게 하는" 성질들과 관련지어 내부적으로 인식하는 수단에 의해서만 상호작용할 따름이다. 하먼은 그런 상호작용을

---

13. Harman, *Guerrilla Metaphysics*, 3.
14. 같은 책, 150.

비유와 동일시하는데, 이것은 그가 철저히 진지하게 여기는 조치이다.[15] 그것은 네이글의 퍼즐을 해결하는 조치로, 우리는 이질적인 경험을 결코 이해하지 못하고 언제나 그것에 비유적으로 접근할 수 있을 따름이다.

모든 객체는 자신이 보유하는 성질들과 논리를 통해서 여타의 객체를 이해하고자 한다. 한 객체가 다른 한 객체의 캐리커처를 구성할 때, 전자는 자신의 고유한 내적 특성들에 준거하여 후자를 얼마간 이해하기에 충분할 만큼 추상적으로 파악한다. 캐리커처는 무언가 다른 것의 다른 양태들을 희생하고서 그것의 일부 양태를 포착하는 표현이다.[16] 이런 종류의 에일리언 현상학을 촉발하는 메커니즘은 네이글의 객관적 도구 — 왜곡을 제거함으로써 이질적인 지각을 규명하는 것 — 가 아니라 오히려 그런 왜곡을 기꺼이 받아들이는 메커니즘이다.

1983년에 소련에서는 사회주의 리얼리즘을 제외하고 모든 문체가 추방된 이후에 처음으로 문학에 대한 새로운 접근법들이 제시되었다. 「메타리얼리즘과 개념주의에 관한 테제들」의 낭독회가 예술노동자를 위한 모스크바 중앙회관에서 개최되었는데, 1970년대 중반 이후에 소비에트 문학 공동체의 표면 아래서 요동치고 있던 몇 가지 새로운 방법이 발표되었다.[17] 그중에

---

15. 같은 책, 98.
16. 같은 책, 94.
17. Mikhail Epstein, Aleksandr Genis, and Slobodanka Vladiv-Glover, *Rus-*

는 안드레이 보즈네센스키의 접근법을 확장한 한 가지 접근법이 있었다. 알렉산더 트바르도프스키 같은 사회주의 리얼리즘 시인들과는 대조적으로 보즈네센스키는 풍부한 비유에 의해 특징지어지는 비유주의metaphorism라고 일컬어지는 문체를 대표했다(그는 미켈란젤로를 존경하는 의미에서 "그들은 여기 수도꼭지에서 똑똑 떨어지는 신의 피를 판다"라고 적었다).[18] 그 새로운 테제들은 비유주의를 비유의 장난스러움에서 미하일 엡스타인이 "비유의 리얼리즘을⋯ 포착하려는 진지한 시도"라고 서술하는 "메타리얼리즘"으로 확장했다.[19] 그런 작업은 단지 비유를 표상적으로 사용하기보다는 오히려 변신metaphorphosis 중인 실재를 파악하고자 노력한다. 이반 즈다노프의 「교환 불가능한 소유의 영역」이라는 시에서 인용된 일부 행이 일례를 제공한다.

글자들은 이해될 수 없거나, 혹은
그 거대한 규모는 눈이 견딜 수 없다네 ―
남아 있는 것은 들판에 부는 붉은 바람,
그 입술 위에 장미의 이름이 있네.[20]

sian Postmodernism, 105.
18. 같은 책, 138에서 인용됨.
19. 같은 책, 106.
20. Ivan Zhdanov, *Nerazmennoe nebo*, 63. Epstein, Genis, and Vladiv-Glover, *Russian Postmodernism*, 138에서 인용됨.

관계는 단지 비유처럼 이루어지는 것이 아니고 오히려 비유로서 이루어진다는 하먼의 주장을 진지하게 여긴다면 한 가지 기회가 제시된다. 우리가 비유 자체를 이질적인 객체들의 서로에 대한 지각을 파악하는 방식으로 활용하면 어떨까? 그 결과는 러시아 포스트모더니즘이 비유주의와 메타리얼리즘을 채택한 결과와 다소 유사할 것이다. 그렇다 하더라도 나는 그런 선례들을 모델이라기보다는 오히려 영감을 주는 것으로서 제시한다. 에일리언 현상학은, 객체들이 서로의 '주석'notes(하먼이 하비에르 수비리를 좇아서 실재적 객체의 속성을 지칭하는 용어)을 비유적으로 누리는 방식들을, 그런 상호작용들이 객체들에 미치는 영향을 서술함으로써 움켜잡으려 하기보다는 오히려 비유 자체를 수단으로 하여 움켜잡으려 한다.[21] 이와 관련하여 비유주의는 에일리언 현상학을 위한 한 가지 방법을 제공한다. 비유주의는 객체 지각을 특징짓기 위한 한 가지 중요한 과정을 제공한다.

엡스타인은 즈다노프의 시가 "객체의 실체를 꾸준히 해체함"으로써 "사물의 순수한 원형"을 현시한다고 주장한다.[22] 마찬가지로, 현상적 비유주의의 과정을 시작하려면 우리는 종종

---

21. Harman, *Guerrilla Metaphysics*, 153. '실재적 객체'는 하먼의 전문용어인데, 그는 존재자들을 물러서 있는 실재적 객체와 관계를 맺는 '감각적 객체'로 분류한다.

22. Mikhail Epstein, *After the Future*, 41.

우리의 고유한 앎의 양식 중 일부와 단절해야 한다. 이것은 하나의 환각제다. 후설주의적 에포케는 인간의 경험적 직관을 괄호에 넣는 반면에 비유주의에서 우리는 자신이 객체와 맺는 관계가 직접적이지 않음 ─ 우리가 언제나 일단 제거되어 있음 ─ 을 인식한다. 우리가 비유적으로 특징짓는 것은 객체의 지각이 아니라, 모든 객체와 마찬가지로 물러서는 지각 자체다. 그리하여 우리는 관계를 다른 객체들 사이의 환원에서 해방하여 인간, 변속 레버, 지각 혹은 붉은-장미 바람과 동일한 존재론적 평면 위에 평평하게 자리하게 한다. 에드문트 후설이 말하는 대로 "회화는 닮은 것을 구성하는 의식에 대하여 닮은 것일 따름이다."[23]

센서가 보는 방식

또다시 사진을 하나의 본보기로서 고찰하자. 양피지와 점토 같은 초기 글쓰기 형식들로부터 그리고 회화 같은 미술로부터 우리는 표면의 기입에 대한 잘못된 생각을 물려받는다. 페이지 혹은 캔버스는 공간에 펼쳐져 있기에 필경사 혹은 화가는, 우리가 그런 표면들을 지각하는 것처럼 보이는 식으로, 표면의 모든 점에 직접적이고 즉각적으로 달려들 수 있게 된다.

---

23. Husserl, *Husserliana*, 437.

기입을 위해 활용하는 도구들이 대단히 다름에도 불구하고 사진은 회화의 표면 환영을 유지하지만 물질적 층위에서는 회화 형식과 공유하는 바가 거의 없다. 필름 감광유제에는 할로겐화은 결정 알갱이들이 들어 있다. 빛을 쪼이게 되면 그 결정 분자들은 브롬화물 이온에서 여분의 전자를 방출하고 양으로 대전된 은 이온은 그 전자를 끌어당긴다. 그리하여 은 이온이 금속 은으로 변화됨으로써 필름 위를 덮는 작은 은 구역이 만들어진다. 사진 감광유제가 노출되면 광학 기기에 의해 집중된 광자들이 그 표면을 한꺼번에 때리고, 그리하여 은 구역들이 감광유제 전체에 걸쳐서 다양한 농도로 생겨남으로써 희미한 이미지를 만들어낸다. 디지털 전하결합소자(이하 CCD)는 은 결정 대신에 이미지의 개별 화소들을 기록하는 많은 감광성 전지로 덮여 있더라도 필름 감광유제와 거의 같은 방식으로 작동한다.

통상적으로, 사진을 제작하거나 혹은 사진이 만들어지는 방식을 평가할 필요가 있을 경우를 제외하고, 우리는 사진 노출 과정에 신경 쓰지 않는다. 필름 감광유제나 CCD가 객체를 지각하는 방식은 한낱 사진가의 행위주체성의 우연한 사태에 불과한 것이 아니다. 그것은, 행위주체성, 준거, 의미 혹은 비평에 관한 물음이 고려되기 전에 독자적으로 주목받을 만한 하나의 물질적 과정이다. 네이글의 박쥐와 마찬가지로 카메라의 경험은 그 구성 부품들의 조작으로 환원될 수 없다. 우리는 어떤 특정한 장치의 경험을 이해하기 위해 그 주석에 대한 분석에서 산출된 증거에 근거하여 그 경험에 대한 비유를 구성할 수 있다. 한 가지 그런 사례를 살펴보자.

앙리 카르티에-브레송의 레인지파인더 카메라가 브라사이의 뷰카메라보다 나은 한 가지 이점은 휴대성이다. 35밀리미터 필름 카메라에 대한 오스카 바르낙의 1913년 설계 덕분에 그 카메라는 애덤스와 쇼어가 사용한 것들과 같은 스틸 사진의 대형 판형 건판보다 소형 영화 필름을 채용할 수 있게 되었다. 바르낙은 에른스트 라이츠가 그 카메라의 상업적 시제품을 제작하도록 설득했는데, 그것은 1925년에 라이카 1 카메라로 출시되었다. 그 카메라는 1960년대와 1970년대에 일안 반사식 카메라(이하 SLR)가 대중화될 때까지 표준적인 사진 촬영 기기가 되었다. SLR은 오늘날까지 우리에게 남아 있는 휴대용 사진 설계를 물려받았다.

그런데 '작다'는 것은 상대적이다. 많은 콤팩트 디지털카메라가 시판되고 있지만 그것들은 대부분 질이 만족스럽지 않은 이미지를 만들어 내거나 혹은 고도의 사진 제어 작업을 어렵게 만든다(혹은 둘 다 한다). 지금까지 제조업체들은 대형 센서를 대형 카메라에 한정했다. 그 이유는 부분적으로는 타당성 때문이고 부분적으로는 자사의 SLR 모델들에 고급 기능을 집중하기 위함이었다. 이들 콤팩트 카메라는 작은 센서 크기로 인해 종종 세부를 기록하는 데 어려움을 겪는데, 특히 낮은 조도에서 그러하다. 그 결과, 그것들은 흔히 매끈한 색조 대신에 컬러 반점이 있는 요란한 이미지를 만들어 낸다.

최근에 제조업체들은 대형 센서를 소형 카메라 본체에 장착함으로써 이 난제를 해결하려고 시도했다. 시그마가 그런 기기, 즉 디지털 SLR(이하 DSLR)에서 사용되는 센서들과 대충 같은 크기의 대형 센서 하나를 사용하는 콤팩트 카메라를 제공한다. 2011년 중엽에 시그마는 이런 설계를 적용한 세 가지 모델, DP1과 DP2, DP2s를 출시했으며, 각각의 모델을 "DSLR의 모든 성능을 갖춘 풀 스펙 콤팩트 카메라"로 선전하였다.

알려진 대로 DP 카메라들에 장착된 센서는 통상적인 콤팩트 카메라보다 그 크기가 클 뿐만 아니라 모든 크기의 디지털카메라에 일반적으로 장착되는 종류와 다른 유형의 것이기도 하다. 대다수 디지털카메라는 베이어 센서로 알려진 영상 기술을 사용한다. 베이어 센서에는 단지 회색 색조만을 보는 광전지들이 격자 형태로 가지런히 놓여 있다. 빨간색과 녹색, 파란색 필터 중 하나를 갖춘 각각의 광전지가 격자 형태로 가지런히 놓여 있는 센서들의 전면에 어레이 하나가 자리하고 있다. 입력물을 통상적인 컬러 사진으로 변환하기 위해 그 소자는 해당 광전지와 그 인접 광전지들의 신호에 근거하여 한 화소의 색상을 보간법으로 추정하는 알고리즘을 사용한다.

DP 시리즈 제품을 사용하는 경우에 사진가들은, 베이서 센서가 장착된 카메라의 경우와는 달리 감광도(이하 ISO) 값이

크게 설정된 조건에서 색상 잡음 혹은 조도 잡음이 나타나지 않고 세부가 선명함을 알아챈다. 그런데 ISO 값이 증가함에 따라 이미지의 색상이 바뀌는 것처럼 보인다(예를 들어, 도판 5를 보라). 부정확한 화이트 밸런스와 노출 설정을 보정한 후에 살펴보면 그 결과는 노출에 의존하는 것이 아니라 감광도에 의존하는 것으로 밝혀진다. 특히, 감광도가 높은 조건에서 촬영된 이미지는 감광도가 낮은 조건에서 촬영된 같은 이미지보다 녹색 색조의 채도가 낮은 것처럼 보인다.[24]

이런 증거에 근거하여 어쩌면 인간 사진가는 그 소자가 결함이 있다는 결론을 내리거나 혹은 단순히 불행한 공학적 타협의 희생물이라는 결론을 내릴 것이다. 그런데 그런 결론은 시그마 DP 자체가 세계를 지각하는 방식 – 에일리언 현상학자에게 흥미로운 주제 – 을 잘못 규정할 것이다. 그 장치가 그것의 조작자가 보는 대로 보지 못하는 까닭을 묻기보다는 오히려 그 장치의 경험을 특징짓는 것은 무엇인지 묻자. 그런 작업을 하기 위해 우선 우리는 그 소자가 나타내는 성질들의 가장자리를 추적할 수 있는데, 요컨대 그것의 주석을 공연히 드러나지 않게 감추는 사건 지평선을 뒤지면 된다.

---

24. 나 자신이 시행한 시험의 경우에 ISO 200에서는 색상과 채도의 변화가 눈에 띄지 않는다. ISO 400에서는 빨간색이 대략 17도만큼 노란색으로 이동한다. 녹색은 청록색으로 약간 이동했고 채도가 대략 20%만큼 낮아진다. ISO 800에서는 빨간색이 대략 28도만큼 노란색으로 이동한다. 녹색은 청록색에서 약간, 어쩌면 5도만큼 멀어지고 채도가 거의 완전히 사라진다.

베이어 센서에서 각각의 광전지는 어느 한 파장의 빛 — 빨간색, 녹색 혹은 파란색 빛 — 에만 민감하다. 카메라의 소프트웨어는 한 광전지와 그 인접 광전지들의 조도 값들에 근거하여 색상을 보간법으로 추정한다. 시그마의 카메라는 포베온 센서로 불리는 다른 센서 설계를 사용한다. 포베온 센서는 각각의 광전지에서 모든 파장의 빛을 측정한다. 감광재료가 칩의 실리콘 자체에 내장되어 있기에 센서가 모든 파장의 빛을 동시에 기록할 수 있게 된다. 그러므로 어떤 보간법도 필요하지 않다. 그리하여 이론적으로 포베온 센서는 베이어 센서보다 더 우수한 연색성뿐만 아니라 더 선명한 이미지도 제공한다. (그 두 센서의 상이한 작동 방법을 비교한 도식이 도판 6에 제시되어 있다.)

결과적인 이미지에서 눈에 띄는 색상 변화는 포베온 센서가 감광도를 경험하는 방식의 결과로서 생겨난다. 베이어 센서에서 ISO 값이 커짐에 따른 감광도의 증가는 신호 처리 전에 센서 신호를 증폭함으로써 생겨난다. 증폭은 신호와 잡음을 모두 증대시키기에 각 화소에 대하여 측정된 조도의 오류뿐만 아니라 보간법으로 추정된 색상의 오류도 증가할 수밖에 없다. 이런 이유로 인해 베이어 센서 디지털카메라로 촬영된 이미지는 ISO 값이 크게 설정된 조건에서 잡음이 증가하는 경향을 나타낸다. 포베온 센서에서는 실리콘 자체가 센서의 다른 층에서 다른 파장의 빛에 민감하다. 감광도가 높게 설정된 조건에서 센서 신호가 증폭되는 경우에 그 센서 역시 조도를 측정할 때는 같은 방법을 사용한다. 하지만 색상은 오로지 빛이 실리콘을 관통하여 그 아래쪽의 감광성 어레이를 자극할 때에만 측정된다.

어쩌면 우리는 포베온 센서의 색상 변화가 베이어 센서의 이미지 잡음에 해당한다고 말할 수 있을 것이다. 그런데 결과적인 감각은 생소하다. 높은 감광도의 결과로서 나타나는 색상 변화는 인간 사진가에게 이질적인 느낌을 준다. 왜 그러한가? 왜냐하면 베이어 센서의 감광도 증폭 방법은 필름 감광유제의 방법과 유사한 반면에 포베온 센서의 감광도 증폭 방법은 그렇지 않기 때문이다. 속도가 빠른 필름이 감광도가 더 높은 이유는 감광유제의 염화은 결정 알갱이가 속도가 느린 필름보다 더 크기 때문이다. 광자가 염화은 결정을 때리면 이들 결정은 은이 필름 위를 덮는 작은 구역이 생겨나는 화학 반응을 일으킨다. 이들은 구역의 크기와 분포는 염화은 결정 알갱이의 크기에 비례하여 변한다.

그러므로 필름 결정 알갱이와 이미지 잡음, 특히 조도 잡음 사이에는 유추 관계가 있다. 베이어 이미지 잡음의 점묘는 심미적으로 그리고 물질적으로 필름 결정 알갱이의 점묘와 연계되어 있으며, 그리고 그 두 가지는 모두 촬영 과정에 더 높은 감광도가 적용될 때 산출된다. 포베온 센서가 나타내는 그런 종류의 선택적 색상 변화와 감광도 사이에는 단순한 사진술적 유추 관계가 전혀 없다.

이들 관찰 결과는 인간 사진가 혹은 광학 기사가 카메라의 작동을 이해하고 카메라에 대응하는 데 도움이 된다. 그것들은 카메라의 행동이 어떠한지에 대한 증거를 제공하지만, 아직 그 행동을 카메라의 고유한 지각에 대한 이질적인 설명으로 비유화하지는 않는다. 맥마스터 대학교의 지각심리학자 찰스 마우러는 포베온 센서에서 일어나는 일을 설명하는 데 도움이 되는 광학적 유사 사례 하나를 제시함으로써 실제 비유주의에 대한 한 가지 구체적인 예시를 제공한다.

인간의 눈은 빛의 밝기 수준에 따라 다른 광수용체 세포를 사용한다. 어두운 빛에서 인간의 눈은, 녹청색 파장에는 민감하지만 빨간색 파장에는 덜 민감한 간상세포를 사용한다. 빛이 밝은 조건에서 인간의 눈은 원추세포를 사용하며, 세 가지 종류의 원추세포는 각각 빨간색 빛과 녹색 빛, 파란색 빛에 민감하다. 마우러는 포베온 센서의 지각을 박명시와 유사한 것으로 서술한다. 박명시는 인간의 눈이 어떤 종류의 세포를 사용할지 혼란스러워하는 희미한 빛에서 경험하는 효과인데, 결국 우리 눈은 간상세포와 원추세포 사이에서 빠르게 전환하게 된다. 박명시는 황혼 무렵에 운전하는 것을 어렵게 만드는 현상이다. 마우러는 다음과 같이 말한다.

햇빛 속에서 우리는 컬러로 보고, 달빛 속에서 우리는 흑백으로 보며, 이행적인 박명시 수준의 희미한 빛에서 우리는 부분적으로 컬러로, 부분적으로 흑백으로 본다. 화가들은 희미한 빛을 나타내고 싶은 경우에 박명시 효과가 생겨나도록 표현한다. … 필름은 희미한 빛을 이런 식으로 표현하지 않고 대부분의 디지털 센서도 그러하지만, 포베온 센서는 그런 식으로 표현한다. 필름과 디지털 센서는 낮은 수준의 알갱이 잡음을 생성한다. 그 잡음은, 통상적인 양의 빛이 필름이나 센서를 비추는 경우에는 일반적으로 이미지 안에 감춰지는 반면에 빛이 거의 비추지 않는 경우에는 더 뚜렷해진다. … 그런데 포베온 센서는 달리 작동하기에 그것의 알갱이 상태는 다른 것처럼 보인다. 포베온 센서는 반점이 거의 나타나지 않는 대신에 부정확한 색상이 침입한 부분들이 나타난다. 이런 현상은 처음에 채도를 낮춘 다음에, 최소 수준의 감광도에서 무작위적인 줄과 얼룩을 초래한다.[25]

저명한 거리 사진가 개리 위노그랜드는 사진을 "카메라가 본 것에 대한 직서적 서술의 환영"이라고 일컬었는데,[26] 어쨌든 다른 포유류가 사물을 달리 보는 것과 꼭 마찬가지로 다른 카메라도 달리 본다. 센서, 광학 그리고 다른 인자들의 조합으로 인해

---

25. Charles Maurer, "Reality and Digital Pictures."
26. 1974년 MIT에서 작품을 전시하면서 이루어진 문답 세션에서 인용하였음. 리버사이드 소재 캘리포니아 대학교는 그 세션의 음성 기록물을 보관하고 있다(http://cmplab16.ucr.edu/podcasts/2008.0009.0003/UCR_CMP_Podcasts_CollectionsSeries2.m4a). 나는 이 기록물을 나와 공유한 점에 대해 토드 파파조지에게 감사드린다.

특정한 카메라는 특정한 방식으로 '보'게 된다. 마우러의 비유는 우리에게 카메라가 인간의 눈처럼 보지 않는다는 사실을 주지시킨다. 박쥐의 지각 경험이 박쥐의 지각 경험에 대한 우리의 이해와 다른 것과 마찬가지로 카메라의 보기 경험도 그 경험에 대한 우리의 이해와 다르다. 그런데 박쥐와는 달리 포베온 센서가 장착된 시그마 DP 카메라는 우리가 그 경험을 기록하기 위한 어떤 현상적 비유를 도출할 수 있게 하는 배출물을 우리에게 제공한다.

모든 훌륭한 비유의 경우에 그렇듯이 그것은 이질적으로 느껴지기에 사진가는 시그마 DP 카메라의 희미함이 인간의 눈이 아니라 센서에 상대적이라는 생각에 몰두해야 한다. 센서를 작동시키는 근본적인 전기광학적 메커니즘과 무관하게 그 센서의 지각 전체는 박명시 현상으로 비유화된다. 센서 감광도가 조정됨에 따라 마치 그 센서가 점점 더 짙어지는 황혼에 둘러싸인 것과 같은 상황이 된다. 그런 상황은 포베온 디지털 이미지 센서의 경험이 바로 어떠한지에 해당하는 것은 아닐지라도 그 경험이 무엇과 같을지에 해당하는 것이다.

비유와 의무

일단 객체 관계가 비유화되면 우리는 그 구축된 비유를 그것이 추적하는 단위조작의 현실로 여기지 않도록 주의해야 한다. 비유는 복사가 아니라 수사다. 어떤 비유적 수사가, 특히 인간의 논란거리가 걸려 있는 경우에, 얼마나 빨리 그것이 묘사하는 것이라고 잘못 생각될 수 있는지 살펴보자.

커다란 범퍼 스티커에, 검은색 면 위에 하얀색 글자로 "콩은 살인이다"라고 적혀 있다. 그것은 일부 동물권 옹호자 사이에서 인기 있는 "고기는 살인이다"라는 격언을 빗댄 표현으로, 그 격언은 〈더 스미스〉the Smiths라는 록 밴드의 두 번째 앨범에 수록된 채식주의를 옹호하는 타이틀곡에서 차용한 것이다. 그 범퍼 스티커를, 비꼬는 듯한 귀류법을 통해서 도덕적 채식주의를 신랄하게 비난하는 하나의 풍자적 표현으로 해석하고 싶은 사람도 있을 것이다. 하지만 조금 더 성찰하면 애초의 비웃음이 수그러들 것이다. 지하에서 덩이줄기를 들어 올리거나 혹은 꼬투리에서 콩을 끄집어내는 것을 폭력으로 볼 수 있는가?

비거니즘veganism은 오래전부터 선택적 뻔뻔스러움에 대한 비판에 시달렸다. 지금까지 비거니즘 옹호자들은 그런 비난에 대응하는 다양한 방책을 개발했다. 식물은 중앙 신경계가 없기에 동물처럼 고통을 경험할 수 없다고 주장하는 사람이 있다. 일부 식물, 예를 들면 과일은 자신의 씨를 퍼뜨려서 재생산하기 위해 먹혀야 한다고 지적하는 사람이 있다. 단지 떨어진 씨앗만 섭취하는 실천을 가리키는 이름도 있는데, 그것은 과식주의fruitarianism라고 일컬어진다. 그런 식사법은 때때로 아힘사ahimsa, 즉 불교, 힌두교 그리고 특히 자이나교에서 중시하는 '살

생을 금함'이라는 교리와 상관된다.

첫 번째 대응책에 대하여 반대자들은, 그런 논증은 신경계에-의한-느낌이 유일한 종류의 감각이라고 가정한다고 응대한다. 여전히 생소하지만 다른 감각들도 현존함이 명백하다. 빛이나 물을 찾아내든 혹은 외부 위협에 화학적으로 대응하든 간에 식물 역시 세계를 느낀다. 두 번째 대응책에 대하여 반대자들은 그 논리에 대한 반론을 제기한다. 가장 엄격한 자이나교 아힘사도 스스로 위반할 위험이 있는 이유는 씨앗을 먹는 것 역시 그 목적인, 즉 새로운 나무를 파괴하는 것이기 때문이다. 새로운 식물의 부당한 파괴는 살생으로 여겨져야 하지 않겠는가?

우리가 고기를 먹는 것 혹은 고기를 금하는 것에 대하여 어떻게 느끼든 간에 느낌과 고통에의 호소는 상관주의적 사견을 드러낸다. 말하자면, 모든 사물이 보유해야 하는 권리는 우리가 보유해야 한다고 우리 자신이 믿고 있는 것과 동일하다는 가정, 우리와 더 닮은 생명체들이 우리와 덜 닮은 생명체들보다 더 중요하다는 가정, 그리고 생물 자체가 무생물보다 가치가 더 있는 존재라는 가정을 드러낸다. 이것들은 우리 인간에게 이해할 만한 편견이다. 우리는 특정한 방식으로 필멸적이고 취약한 존재자들이고, 그리하여 우리는 그런 점들에 관해 걱정한다.

우리가 생명이 있는 것들을 넘어서 거대한 야외로 나아가면 상황은 더 어려워진다. 비유주의는 윤리 문제에 한 가지 기묘한 난제를 제기한다. 우리가 윤리적 규약을 이론화하는 경우에 이들 규약은 언제나 우리에 대한 윤리다. 의무론적이든 혹은 결과론적이든 간에 도덕적 기준은 단위체 인간의 내부에 자리하고 있다. 이들 기준은 우리의 용융 핵심에 위치한 우리 자신의 내부 정식의 일부다. 자신으로 환원될 수 없는 전적으로 불가해한 타자라는 에마뉘엘 레비나스의 관념 같은, 외부적 책임에 대한 가장 자유주의적인 해석에서도 윤리의 객체는 그런 책임감을 보유하는 자신과 다시 관련된다. 어쩌면 그런 원칙은 객체 — 이주 노동자든 사냥개든 혹은 플라스틱 포크 겸용 스푼이든 간에 — 에 대한 우리의 태도와 의도를 바꿀지도 모르지만 그런 객체 자체의 윤리를 설명하는 데에는 결코 도움이 되지 못할 것이다.

비유주의는 필연적으로 의인화를 수반하고, 따라서 그것은 형이상학자에게 인류의 한계를 수용할 뿐만 아니라 산출해야 한다고 요구한다. 지각("디지털 센서는 강아지를 어떻게 지각하는가?")이 쟁점이 될 때, 이것은 비교적 논란의 여지가 없는 사태다. 하지만 행위에 관한 한, 특히 인간이 연루된 행위에 관한 한에서 객체의 윤리는 재빨리 생각할 수 없는 것이 된다. 페미니즘 연구, 포스트식민주의 연구, 동물 연구, 환경 연구, 그리고 인간이 비인간과 맺은 관계에 대한 다른 설명에 힘입어 우리는 어떤 사물들이 다른 사물들을 희생하고서 번성해야 한다는 점을 의아하게 여기는 경향이 있다. 오늘날 대다수 사람은 영국

남성이 여성과 콩고인, 말, 삼나무보다 본질적으로 보호받고 번성할 가치가 더 있다는 점을 수용하지 않을 것이다. 하지만 튀긴 닭 양동이와 폰티액 파이어버드, 플라스틱 피크닉 용품이 비슷하게 고려될 자격이 있다는 점을 수용할 사람은 (그것들의 현존 혹은 사용이 사람, 동물 혹은 자연을 교란하지 않는다면) 거의 없을 것이다. 이들 이론을 형성할 때 우리는, 인간이 우주 속에서 그리고 우주에 대하여 왜 그리고 어떻게 행동해야 하는지에 관한 설명은 탑재하지만 다른 객체들이 우주와 관련하여 어떻게 행동해야 하는지에 관한 설명은 탑재하지 않는다.

물론 일반화하는 것은 가능하다. 예를 들면, 누군가는 어떤 단위체가 어떤 종류의 것이든 간에 그 단위체는 파괴되지 않고 보존될 권리를 갖추고 있어야 한다고 주장할 수 있을 것이다. 그런데 이것은 비현실적인 정서다. 왜냐하면 존재자들은 종종 먹거나 탈피하거나 태우거나 녹여야 하기 때문이다. 내가 자동차 시동을 걸면 엔진 흡기 밸브가 공기와 휘발유의 혼합물을 실린더로 흡입한다. 피스톤이 올라가서 그 혼합물을 압축한다. 일단 피스톤이 왕복 운동의 꼭대기에 이르게 되면 점화 플러그가 연료에 불을 붙임으로써 내부의 가연성 지방족 화합물을 폭발시킨다. 그 폭발로 인해 피스톤이 내려가면서 결국 구동축을 회전시킨다. 실린더의 배기 포트가 개방되면서 폭발된 연료의 가스가 후부 배기관을 향해 빠져나간다. 이들 동작은 불쾌하거나 비난받을 만한 것인가? 아니면 그것들은 그다지 중요하지 않은 한낱 열역학적인 것에 불과한가?

아리스토텔레스의 목적적 인과관계에 호소하는 답변은 어떤 목적이 직접적이든(연료가 되는 석유 광상의 경우처럼) 혹은 간접적이든(파괴됨으로써 생물격리가 증가하게 되는 자연림의 경우처럼) 간에 인간에 의해 그것에 부여된 목적을 대개 함축한다는 점을 잊어버린다. 내연기관의 윤리에 관해 이야기하는 경우에 우리는 일반적으로 단지 첫 번째 단계와 마지막 단계, 우선 차량 운전을 고무하는 사회적 실천과 문화적 실천, 혹은 차량을 빠져나와서 환경에 진입하는 연소 가스 줄기를 논의할 뿐이다. 첫 번째 경우에는 절차, 연습 혹은 안전 문제가 소환될 것인데, 차량 운전은 물리적 신체와 사회적 신체를 공히 느슨하게 하는 일종의 나태 행위다. 두 번째 경우에는 환경 문제가 부각되는데, 배기가스에는 일산화탄소, 탄화수소, 그리고 생명체에 유해할 수 있는 입자상 물질이 포함되어 있다.

그런데 우리는 점화 플러그, 피스톤, 연료 주입기 혹은 휘발유의 윤리에 관해서는 고민하지 않는다. 엔진은 증류된 탄화수소를 폭발시킬 도덕적 책무가 있는가? 엔진은 탄화수소에 폭력을 가하는가? 오히려 엔진은 열의를, 즉 우정 혹은 열정의 우호적인 열을 표출하는가? 그런 물음들은 연료와 여타 제품을 생산하기 위해 원유를 조달하고 채굴하는 과정들에 대한 모든 윤리적 탐구와는 완전히 별개로 제기되어야 한다. 그것들은 보존, 소비, 군국주의 그리고 여타 관련 문제를 지지하거나 반대하는 인간의 책무에 관한 물음이 아니라, 생명이 없는 비인간 객체들 사이의 도덕적 관계에 관한 물음이다. '보존'은 객체-상대적인 개념인 것으로 판명된다. 단위체가 하나의 체계라면, 객체들은 그것의 내부뿐만 아니라 외부에서도 매우 규칙적으로 나타나고 생성되고 붕괴하며 숨는다. 바람은 불고 약해지며, 바다는 간조가 되고 만조가 되며, 압축된 연료는 가득 차고 폭발하며, 광상은 침하하고 기포를 만들어낸다.

또 하나의 더 기이한 사례, 즉 이론과 개념, 밈을 살펴보자. 관념의 윤리는 존재하는가? 어떤 정치적 대의를 내미는 인간의 손에 의해 그런 것처럼 관념의 적용을 위한 윤리가 아니라 관념들 자체의 상호작용을 위한 윤리가 존재하는가? 내가 어떤 어구를 발언할 때 그 어구는 그 발언 이상의 의미가 있는가? 그것이 다른 발언들과 관계를 맺는 경우 ─ 표면에 기입되든, 자기 저장 장치에 저장되든, 어느 차가운 아침의 유체역학을 교란하든 간에 ─ 에 그것을 발언했다는 이유로 나는 그것과 관련하여 무슨 책임을 져야 하는가? 마찬가지로 이들 발언은 서로에 대하여 무슨 권리를 갖는가? 내가 라디오에서 흘러나오는 재미있는 후렴을 듣거나 혹은 교묘하게 편집된 웹 만화를 보게 될 때, 전파하고자 하는 그것의 욕망은 의무를 생성하는가?

트위터라는 마이크로블로깅 서비스 덕분에 나는 인터넷에서 140자 발언을 공표할 수 있게 된다. 나의 '팔로워'들은 링크, 불평, 아포리즘, 혹은 자기홍보를 포함할 이들 재담이 공표되었

도판 1. (a) 스티븐 쇼어, 〈1972년 뉴욕 시티〉(b) 스티븐 쇼어 〈1972년 미주리주 롤라〉(c) 스티븐 쇼어, 〈1974년 앨버타주 메디신햇 소재 홀리데이 인 28호 객실〉. 사진작가와 뉴욕의 303 갤러리에 감사한다.

도판 2. 스티븐 쇼어, 〈1975년 베벌리 블러바드와 라 브레아 애비뉴〉, 사진작가와 뉴욕의 303 갤러리에 감사한다.

도판 3. 스티븐 쇼어, 〈1997년 11월 11일 플로리다주 페린〉. 사진작가와 뉴욕의 303 갤러리에 감사한다.

도판 4. 스티븐 쇼어, 〈1973년 8월 10일 유타주 커내브 소재 트레일스 엔드 레스토랑〉. 사진작가와 뉴욕의 303 갤러리에 감사한다.

도판 5. 포베온 센서의 감광도가 높아짐에 따라 그 센서가 기록하는 이미지들은 색상 이동을 나타낸다. 가장 위에 있는 ISO 100 이미지를 기준으로 잡으면, ISO 400[세 번째]에서는 빨간색이 노란색 쪽으로 이동하며, 그리고 녹색이 청록색 쪽으로 이동하면서 채도 역시 약간 낮아진다. ISO 800[네 번째]에서는 빨간색이 노란색 쪽으로 훨씬 더 이동하며, 녹색의 채도가 거의 완전히 제거된다.

도판 6. 위쪽에 나타낸 베이어 센서는 단일한 색상(빨간색, 녹색, 혹은 파란색)에 민감한 일련의 광전지에서 비롯되는 결과를 조합함으로써 색상을 해석한다. 아래쪽에 나타낸 포베온 센서에서는 실리콘이 개개의 광전지의 다른 층들에서 각각 다른 파장의 빛에 민감하다.

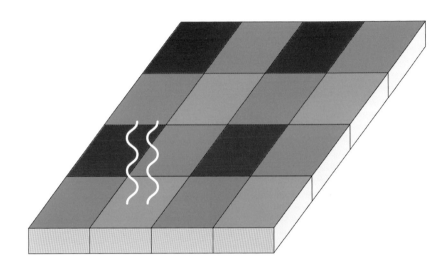

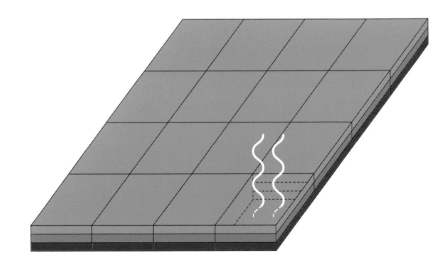

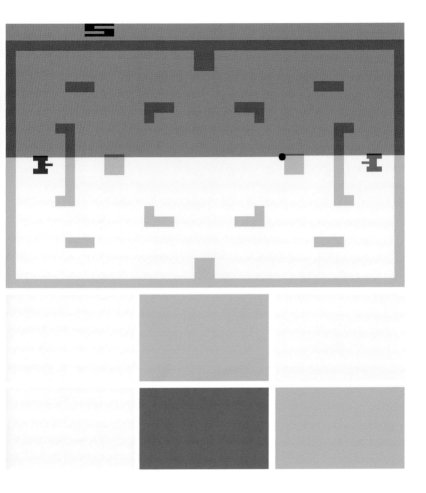

도판 7. 〈아이 엠 TIA〉는 아타리 텔레비전 인터페이스 어댑터(TIA)의 경험을 비유화하는 공예 작품이다. 위쪽에는 〈컴뱃〉(1977)의 한 스크린 이미지인 기준 이미지가 있다. 검은 점은 텔레비전 디스플레이에서 전자총의 현재 위치를 보여주고, 어둡게 나타낸 상부 영역은 전자총이 이미 지나갔음을 나타낸다. 아래쪽에는 〈아이 엠 TIA〉가 이 순간 직후에 보여줄 출력물에서 표본으로 선택된 여섯 가지의 스크린 이미지인데, 그 내부 회로는 맨 위에 있는 객체의 색상을 선택하여 그것에 알맞게 신호를 조정한다.

도판 8. 추상미술을 통해서 어떤 집의 지각을 특징짓는 전산적인 '에일리언 존재자'인 〈타블로 머신〉의 많은 가능한 시각적 상태 중 두 가지. 복제를 허가해준 점에 대해 애덤 스미스, 마리오 로메로, 재커리 파우스먼, 마이클 마티스에게 감사한다.

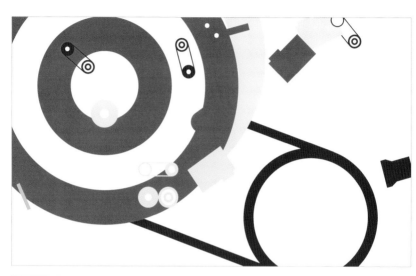

다는 소식을 통지받는다. 오늘날 만사가 그렇듯이 트위터의 속도를 따라잡기는 매우 어려운 일이다. 이런 골칫거리로 인해 가벼운 무기력증에 빠진 나는, 예전에 트위터에 공표한 대로 다음과 같이 한탄할 것이다. "기발한 것을 하루에 한 번 이상 말할 까닭이 있을까요?"[27] 그것은 오늘날 공적 생활의 끈적함을 한탄할 의도로 내뱉은 냉소적인 발언이었다. 내가 트위터 활동을 하지 않는다면 나는 체면을 잃을 것이고 나의 사회적 혹은 직업적 신뢰성이 나빠질 것이다. 그런데 그런 태도는 관념들 자체에 대한 나의 무관심 이외에 무엇을 드러내는가? 나의 팔로워 중 한 사람이 다음과 같이 통렬하게 응답했다. "왜냐하면 당신이 저지르는 행위의 존속이 그 활동에 달려 있을 것이기 때문입니다." 얼마나 기발한 생각인가! 세탁소, 블로그 혹은 타원형의 훈련 용구에 대한 무관심은 비유적인 무시를 수반할 따름인 반면에 고양이, 부랑자 혹은 약용식물원에 대한 무관심은 진심어린 무시를 받아 마땅하다고 인정되는 이유는 무엇인가?

라투르는 엔진 부품들 혹은 밈들 사이의 관계를 어떤 네트워크 속 행위자 ― 인간도 아니고 비인간도 아닌, 때때로 그가 일컫는 대로 준객체 ― 들 사이의 힘으로 서술할 것이다.[28] 이들 객체 사이의 힘은 변형을 실행하는데, 변형은 권력관계를 대체하는 라

27. http://twitter.com/ibogost/status/5928090585.
28. Latour, *We Have Never Been Modern*, 89. [라투르, 『우리는 결코 근대인이었던 적이 없다』.]

투르의 용어다. 라투르는, 어떤 상황에서 갈등을 빚는 많은 이해관계자가 네트워크를 이런저런 방향으로 끌어당기기 위해 모두 다른 모양의 손잡이를 붙잡으려 하는 사태를 우리가 이해하는 데 도움을 준다. "어떤 동맹을 결성하기 위해 동원된 행위소 중 어느 것도 자신의 이익을 위해 행동하기를 멈추지 않는다. 그것들은 각각 끊임없이 자신의 음모를 무르익게 하고, 자신의 집단을 형성하며, 그리고 다른 주인과 의지, 기능에 봉사한다."[29]

관계를 귀속시켜야 할 정당한 소유자는 전혀 없다. "한 형태의 비결이 다른 한 형태의 비결보다 더 '참된' 것은 아니다."[30] 우리는 윤리에 맥락적이고 상대적이라는 낙인을 찍음으로써 대응할 수 있을 것이다. 이것은 어느 정도 도움이 된다. 나는 나 자신이 박새 혹은 창문 청소부의 맥락 속에 자리하고 있음을 상상할 수 있다. 하지만 우리가 인간과 동물 행위자에서 객체 행위자 — 제설차, 감나무, 아스팔트 — 로 이행함에 따라 상황은 재빨리 애매해진다. 자신이 그것들의 입장에 서는 것도 가능한 일인가?

사물에 관해 말할 때 우리는 사물의 힘을 사물의 윤리와 동일시할 준비가 되어 있는가? 어떤 사물이 행하는 경향이 있는

29. Latour, *The Pasteurization of France*, 197.
30. 같은 책, 227.

것은 그것이 고귀하거나 올바르다고 여기는 것과 동일한가? 어쩌면 우리는 어떤 객체에서 아리스토텔레스가 헥시스^{hexis}라고 일컫는 것, 혹은 피에르 부르디외가 아비투스^{habitus}라고 일컫는 것 – 존재 방식, 습속 혹은 일과 – 을 관찰할 수 있을 것이다. 그런데 성향은 규약과 전적으로 다르다. 여기서 한 가지 후속 문제가 생겨난다. 그 이유는 관계에 관한 사실이 그런 관계에 연루된 행위자들이 어떤 윤리에 따라서 행동하거나 혹은 그것을 위배하여 행동한다고 확언하기에는 충분하지 않기 마련이기 때문이다. 단위조작은 윤리를 형성하지 않는다.

피스톤과 콩을 맞닥뜨렸을 때 우리는 어디에서 도덕을 찾을 것인가? 하먼의 OOO에서는 사물들이 각각 접근 불가능한 내밀한 심층으로 물러서 있다. 객체들이 상호작용하는 경우에 그것들은 이들 심층에서 상호작용하는 것이 아니라 오히려 자신들의 감각적 성질들로, 자신들의 표면들을 가로질러 상호작용한다. 불이 면화를 태울 때 불은 면화의 가연성에만 관여할 뿐이지, 면화의 다른 특성이나 무한정 물러서 있는 면화의 실재적 본질에는 관여하지 않는다.

객체의 윤리를 추구할 때 사실상 우리는 도덕적 성질이 감각적 성질로서 현존하는지 묻고 있다. 나는 그렇지 않다고 단정적으로 응답할 것이다. 비건^{vegan}이 두부를 먹을 때 그는 두부의 수분, 단조로움, 유연함, 식물성을 탐닉한다. 하지만 그 두부는 그의 비거니즘을 탐닉하지 않는다. 그는 두부의 감각적 성질들을 통해서 그것에 대한 어떤 캐리커처를 구성하는데, 그 캐리커처는 두부를 영양이 있거나 만족스러운 것으로 표현할 뿐만 아니라 도덕적인 것으로도 표현한다. 그것이 레비나스가 향유라고 일컫는 것이다. 향유는 레비나스가 먹기에 빗대어 표현하기 — 우리가 타자를 먹는 것은 그것을 동일하게 만들기 위함이다 — 를 좋아하는 자기본위적인 과정이다.

그런데 사물 자체는 어떠한가? 플라스틱 용기의 물속에 부드럽게 미끄러져 들어갈 때 두부는 도덕적 실천을 고무하는가? 공기와 휘발유를 자신의 실린더 벽에 대해 압축할 때 피스톤은 도덕적 실천을 고무하는가? 제설 쟁기가 지면에서 눈가루를 끌어모아서 활송 장치로 배출할 때 제설차는 도덕적 실천을 고무하는가? 어쩌면 모든 것이 그러할지라도 그것들은 자신이 전념하는 물질적 행위와는 돌이킬 수 없게 분리된 규약을 통해서 그럴 것이다. 비록 채식주의자가 어린 콩으로 만든 맛있는 전채 요리에서 콩 식물의 소금에 절이고 끓인 아기들을 벗겨서 삼켜버리더라도 채식주의자의 윤리가 콩 식물에 명료하지 않는 것과 마찬가지로 점화 플러그의 윤리도 우리에게 명료하지 않을 것이다. 더 나쁘게도, 고귀한 콩이 수염을 기른 남자보다 철학적으로 복잡할 여지가 더 적다고 가정하지 않는다면 콩 윤리에 관한 다수의 상충하는 이론이 있을 것이다.

한 객체가 자신의 물러서 있는 실재에 대하여 다른 한 객체의 감각적 성질들을 조화시키려고 시도할 때 그 객체는 어떤 윤리적 관계를 맺게 된다. 어쩌면 반직관적이게도 윤리는 자기중심적인 실천이며 객체들이 본질적으로 서로 물러서 있음으로써 불가피한 의미 형성의 수단이다. 그것은 객체의 감각적 성질들을 내부의 캐리커처 구성 방법에 대응시키는, 그런 성질들의 정리 체계인데, 흔히 악전고투의 과정이다. 여기서 우리는 비유주의의 한계와 더불어 의인화의 최전선을 존중할 좋은 이유를 깨닫게 된다.

심지어 우리는 사변적 윤리를 상상할 수 있을까? 한 객체가 다른 한 객체의 내부 투쟁과 규약을 단지 그 이웃들의 상호작용들로 그런 규약에 대한 증거를 추적하여 재구성함으로써 특징지을 수 있을까? 그것은 사변적 에일리언 현상학을 상상하는 것보다 훨씬 더 힘든 일이며, 그리고 그 이유는 이해하기 쉽다. 우리는 결과적 경험을 인간 상관물에 속박된 비유로서 특징지을 수밖에 없더라도, 블랙홀의 사건 지평선을 추적하는 복사처럼 지각에 관한 우리 자신의 사변에 대한 증거를 찾아낼 수 있다. 포베온 센서와 피스톤, 트위터, 콩의 경우에도 사정은 마찬가지로, 그것들은 외부를 유사한 노력을 거쳐 파악할 수밖에 없다. 상관주의에 대한 해답은 모든 상관물을 거부하는 것이 아니라, 비열한 행위보다 소여에 사로잡혀 있고 자기몰입적인 무한한 상관물을 인정하는 것이다. 피스톤과 연료의 폭력 혹은 열의는 어떤 현상에 대한 인간의 비유화이지, 어떤 객체의 윤리가 아니다. 그것은 우리가 윤리로 틀 짓는 피스톤과 연료 사이의 관계가 아니라 오히려 피스톤과 연료 사이의 관계에 대한 우리의 관계다. 이것은 당연히 생산적일 수 있는데, 윤리적 원칙은 객체 관계의 사변적 특징짓기로서 유익할 수 있다. 하지만 이들 원칙은 객체의 진짜 윤리가 아니라 비유적 표현일 따름이다.

우리가 인과율과 윤리에 대하여 엄밀히 아리스토텔레스주의적인 설명 ─ 어떤 유형의 행동 패턴은 준수 여부에 대하여 외부적으로 시험될 수 있다 ─ 을 채택하기를 바라지 않는다면 객체의 윤리에의 접근은 언제나 이루어질 수 없는 채로 남게 될 것이다. 우리가 걱정해야 하는 것은, 마르틴 하이데거와 레비나스가 (다른 방식이기는 하지만) 둘 다 견지하는 의견대로 객관화의 문제가 아니다. 레비나스가 윤리를 제일철학으로 주장한다는 사실에도 불구하고, 그가 우리에게 제공하는 것은 사실상 윤리가 아니라 그가 '윤리'라고 명명하는 상호주관성의 형이상학이다. 게다가 심지어 그 경우에도 레비나스의 타자는 언제나 또 다른 사람이지, 콩이나 엔진 실린더 같은 다른 한 사물이 아니다(엔진 실린더의 타자는 절대 개의치 마라!). 내가 타자의 응시 속에서 지목될 수 있기 전에 대상으로서의-나는 우선 응시를 당한다는 것이 무엇을 뜻하는지에 관한 어떤 관념을 지니고 있어야 할 것이다. 레비나스는 자신이 다음과 같이 주장할 때 스스로 이런 입장에 접근한다. "누군가가 타자를 소유할 수 있고 파악할 수 있고 알 수 있다면, 그것은 타자가 아닐 것이다."[31] 우리가 타자성의 한 가지 맛만 먹는 것을 개의치 않는 한에서 그러하다.

티머시 모턴은 윤리 문제가 "이 세상의 것이 아닌 저 너머의 것"을 존중한다고 주장한다.[32] 우리는 언제나 어떤 문제의 본질을 외부에 위탁할 수 있다. 유출된 석유는 해양 속으로 방치되고, 인간의 쓰레기는 U자형 파이프에 버려진다. 윤리는 외부에서 접근할 수 없는, 객체의 내부에서 살아가는 논리인 것처럼 보인다. 윤리는 배관의 기대나 채식주의에 대한 응답을 보증하는 규약이다.

우리는 수십 가지의 기괴한 레비나스를, 행성 탐사선처럼 객체들의 감각적 상호작용 속에 보내진 소형 철학자 기계들을 상상할 수 있다. 그들의 임무는 객체-객체 캐리커처가 가치와 응답의 가능한 규약들을 반영하는 방식에 관해 사변함으로써 다양한 객체의 물러서 있는 내부 주관성을 특징짓는 것이다. 객체 윤리는 자신의 고치 속에 조용히 누워 있는 은밀한 객체들—그것들의 표면들은 서로 폭발시키거나 삼키거나 애무하거나 혹은 살해하는 것처럼 보일지라도—의 평행 우주들이 현상적으로 일단 제거되어야만 여하튼 이론화될 수 있을 따름인 것처럼 보일 것이다.

모턴은 한 가지 대안을 제시하는데, 그것은 시공간에 걸쳐

---

31. Immanuel Levinas, *Time and the Other*, 90. [에마누엘 레비나스, 『시간과 타자』.]

32. Timothy Morton, "Unsustaining."

대규모로 분포되어 있는 거대객체다.[33] 우리가 어떤 사물을 포박하고자 하는 그 순간에 우리는 그 사물을 가장자리와 경계가 있는 어떤 세계로 변환한다. 망치의 눈에는 모든 것이 못처럼 보인다. 인간 동물의 눈에는 콩과 휘발유가 활성이 없고 안전하며 무해한 것처럼 보인다. 그런데 토양의 눈에는, 피스톤의 눈에는 어떻게 보이는가? 윤리적 판단은 자체적으로 어떤 비유주의를, 즉 한 단위체의 본질을 다른 한 단위체의 견지에서 조화시키고자 하는 어떤 시도를 입증한다. 우리는 그것을 그 객체의 물러서 있는 본질로 착각하지 말아야 한다.

물러서 있는 영역과 감각적 영역을 이렇게 혼동하는 덕분에 우리는 대양과 하수구의 경우와 꼭 마찬가지로 두부와 연소 기관에 대한 가정을 상정할 수 있게 되며, 그리하여 그것들이 세계에 대한 우리 자신의 이해에 얼마나 잘 부합되는지에 근거하여 그것들을 우리에게 더 가까이 끌어당기고 우리로부터 더 멀리 밀어내게 된다. 그런데 '멀리 떨어진 곳'이 없을 때는, 우리가 미덕이나 비행을 위탁할 수 있는 외부 단위체가 없을 때는 윤리 자체가 하나의 거대객체인 것으로 밝혀진다. 다시 말해서, 기이한 관계를 통해서 서로 빈정거리고 자신의 본질을 자신이 맞닥뜨리는 에일리언 객체의 본질로 착각하는 객체들이 얽힌 대규모의 연쇄인 것으로 밝혀진다. 그리하여 윤리라는 바로 그 관념

---

33. 같은 글.

이 무한대로 폭발하게 된다.

데이지 체인[34]

사진가가 프레이밍하고 촬영하는 강아지에게 센서 자체가 수행하는 비유주의에 도달하려면, 인간 사진가의 비유적 관점에서 센서-강아지 관계에 관하여 사변해야 할 뿐만 아니라 센서 자체의 관점에서도 사변해야 한다. 이것은 메타비유주의다.

그것은 객체 윤리에 관한 교훈, 즉 비유주의는 언제나 자기중심적이라는 교훈을 확장하는 시나리오다. 센서에 대한 사진가의 비유주의는 그 주석을 인간 경험의 사건 지평선으로 끌어들일 수밖에 없다. 그러므로 인간중심주의는 우리 인간에게 고민거리인 동시에 불가피한 결과이지만, 우리가 그 아래서 홀로 고통을 느낄 필요는 없다. 반상관주의가 단 하나의 상관주의를 거부하고 다수의 상관주의를 수용하는 것에 해당한다면, 인간중심주의든 석유중심주의든 광^{photo}중심주의든 하늘중심주의든 혹은 여타의 중심주의든 간에 중심주의는 불가피하다. 누구든 자신의 고유한 중심주의로의 후퇴를 결코 전적으로 회피할 수는 없다. 고해는 충분하지 않다. 예를 들면, 마이클 폴란이

---

34. * 컴퓨터공학에서 '데이지 체인'(daisy chain)이란 일련의 하드웨어 장치가 연속적으로 연결된 구성 방식 혹은 구성물을 가리킨다.

부주의하게 (조니 애플시드로도 알려진) 존 채프먼이 "'과일중심적으로'···세계를 바라보는 비결을 알고 있었다"라고 언급할 때 폴란은 여전히 인간의 유사성과 편익에 대한 가정을 상정한다.[35] 그리하여 무언가는 경작이라는 목적에 대한 수단으로서만 사과가 된다.

후설이 도움이 될 수 있다. 후설의 직관 개념은 감각 지각을 넘어서 무가치성과 정의 같은 본능을 설명한다. 이들 범주적 직관은 후설이 '이념적' 방식이라고 일컫는 그런 식으로 작동할 수 있다.[36] 후설은 이념적인 범주적 직관이 개별자에서 보편자를 추상할 수 있도록 의도했지만, 또한 우리는 그것을 우리의 지각에서 단절된 객체 관계에 대한 사변적 비유주의 – 포베온 센서의 박명시 비유 혹은 박쥐의 장님 비유 – 에도 적용할 수 있다. 사실상 우리는 후설의 글 자체에서도 그런 권유를 예견할 수 있다. 그 이유는 그가 규칙적으로 현상학은 경험을 확대하고자 한다고 시사하기 때문이다.

단위체unit – 배치에서 들고나는 구성원들의 체계 – 들로 구상될 때 세계의 양태들은 라투르의 네트워크 혹은 들뢰즈의 회집체와 유사한 어떤 익명의 유기체로 사라지지 않는다. 이들 기계가 일자로서 작동하더라도 그것들은 여전히 자신이 개별적 단

---

35. Pollan, *The Botany of Desire*, 5. [폴란, 『욕망하는 식물』.]
36. Husserl, *Husserliana*, 670.

위조작들 — 어떤 개가 마당을 가로질러 뛰어갈 때 그 발에 느껴지는 잔디에 대한 그 개의 감각, 혹은 카메라에 내장된 컴퓨터 소프트웨어 프로그램이 패턴으로 해석하는 데이터가 기록되는 SD 카드에 대한 카메라 펌웨어의 관계(이들 패턴은 그 기기의 액정 디스플레이가 삼색의 부분화소들이 표현하는 색조를 만들어내는 데 사용하며, 인간은 이들 색조를 디지털 사진으로 직관할 수 있다) — 로 분해되는 것을 촉진한다. 이들 상호작용은 모두 잠재적 비유주의 — 그 개가 잔디를 발로 찍을 때 잔디의 캐리커처를 구성하는 방식에 대한 나의 표현, 혹은 포베온 센서가 잔디를 가로질러 뛰어가는 그 동물에 대한 장면의 캐리커처를 구성하는 방식에 대한 나의 표현, 혹은 LCD 디스플레이가 그 기기의 마이크로프로세서에서 전송된 전기 신호의 캐리커처를 구성하는 방식에 대한 나의 표현 — 의 대상이다.

그런데 잔디에 대한 개의 인상에 대한 센서의 인상은 어떠한가? 혹은 자신에게 전송된 신호에 대한 컴퓨터 디스플레이의 파악에 대한 그래픽스 처리 단위체의 이해는 어떠한가? 혹은, 그런 면에서 이런 작은 존재 조각을 서술하는 전반적인 현상적 연쇄, 즉 우리가 간단히 '사진 촬영'이라고 일컫는 것은 어떠한가?

비유주의의 또 다른 극단적인 적용 사례는 어쩌면 이들 다양한 마주침을 단일한 구조로 봉합하는 것일지도 모른다. 이런 종류의 비유주의는, 우리가 객체들 사이의 기이한 관계들로 더욱더 스며들어 감에 따라 꼬리에 꼬리를 무는 사변들로 구축되는 현상적 데이지 체인을 수반한다. 그런 비유들을 결합하려는 철학적 노력은 사소하지 않으며, 결국 감각적 객체 관계들의 복잡한 격자에 이르게 된다. 각각의 객체는 자신의 인접 객체를 표현하는 어떤 더 약한 형태의 비유를 물려받고서 수반하게 된다. 이런 과업을 수행하는 형이상학자는 한 객체를 대표하여 연쇄적으로 비유화하고 있지 않은데, 그 이유는, 경험에 대한 네이글의 설명과 물러섬에 관한 하먼의 관념 둘 다가 우리에게 주지하는 대로, 그렇게 하는 것은 주변 환경에 대한 어떤 단위체의 고유한 이해에의 불가능한 접근을 포함할 것이기 때문이다. 오히려 비유주의적 데이지 체인은 포개진 비유적 표현들을 구축한다. 비유가 정말로 명료한 한에서 첫 번째 객체와 두 번째 객체 사이의 관계는 가장 명료한 표현을 제공한다. 그다음의 관계는 세 번째 객체에 대한 두 번째 객체의 고유한 인상에 의거하여 표현되는 것이 아니라 오히려 첫 번째 객체의 렌즈를 통해서 보이는, 인접 객체에 대한 두 번째 객체의 왜곡된 이해로서 표현된다. 그것은 맛있고 부서지기 쉽지만 특이하고 정교한 프랑스식 과자 튀일tuille과 닮았다.

비유주의적 데이지 체인은 추상적으로 상상해야 하는 만만치 않은 구조이기에 그 사례들은 찾기 힘들다. 한 가지 후보 사례는 『선과 끈의 시대』라는 벤 마커스의 신기한 소설 ─ 표지에는 그 책이 소설, 편람, 픽션, 그리고 동화로 다양하게 서술되기에 사실상 '소설'이 그 책에 적합한 낱말이라면 ─ 에서 찾아볼 수 있다. 그 책의 내용에는 인식할 수는 있지만 철저히 이질적인 세계에 대한 설명이 들어 있다. 그 세계에서는 친숙한 객체들이 있고 친숙한 이름으로 불리는 객체들도 있지만 객체들 사이의 관계가 어색하다. 이런 신기한 상황을 설명하기 위해 그 책의 각 부분의 끝에는 그 부분에서 나타나는 용어들을 해설하는 장이 붙어 있는데, 이들 정의는 대체로 방금 서술된 것을 설명하면서도 설명하는 데 철저히 실패한다. 엄밀한 의미에서 그것은 이해할 수 없는 책이다.

그런데 그런 불가해성 속에서 마커스는 메타비유주의적 구조에 가까운 객체 관계들의 그물망을 제시한다. '음식'이라는 제목이 붙은 부분의 장들에서는 식품으로 여겨질 수 없는 외관상 음식들에 대한 다양한 설명이 나타난다. 먼저 마커스는 "공기 전체에 다양한 양으로 존재하면서 서서히 안정되거나 미약한 흐름에 의해 부유하게 되는 미립자들의 방식으로 형제가 음식으로부터 만들어진다"라고 서술한다.[37] 얼마 지나지 않아서 '음식-프린팅'이 도시의 상공에 비해서 해양의 상공에서 가장 적게 나타나며, 그리고 비행기에 의해 생겨난 음식이 디트로이트에서 발생한 대량의 음식 낙하 현상을 설명한다는 점이 분명해진다. 이미 실마리가 제시된다. 음식은 강수, 어쩌면 눈[雪]을 의미하는가? 누구에게 혹은 무엇에게 강수가 음식으로 지각될

---

37. Ben Marcus, *The Age of Wire and String*, 37.

수 있을까? 게다가 그 경우에 형제란 무엇인가?

그다음 부분은 가정, 교회 혹은 다른 구조물에서 발견될 수 있을 '숨은 음식'을 설명한다. 그런 상황에서 "인공 음식(칼 Carl로 불린다)은 흔히 진짜 음식의 존재를 은폐하는 데 사용된다."[38] 당연히 칼은 이어지는 용어들의 장에서 찾아볼 수 있다. "섬유와 막대, 누더기로부터 만들어진 음식을 지칭하는 이름. 섭취를 돕는 데 사용하는 도구들은 각각 렌즈, 다이얼, 손잡이로 명명된다."[39] 얼마 지나지 않아서 다른 세부 사항들이 나타난다. "음식 스프링"은 음식에 대한 권리의 대가를 치르는 데 사용되는, "설탕이 배어든 알갱이" 혹은 "포자 지팡이"의 덩어리들을 만들어 낸다.[40]

마커스의 연쇄적인 비유적 표현들은 서서히 명료성이 흐려지는 표현으로 살며시 다가간다. 칼은 우리가 논리적으로 어떤 종류의 강수와 관련되어 있다고 결론을 내리게 될 음식의 일종이지만, 이런 종류의 음식은 '인공적'이고 건물 속에 들어 있으며 '숨은' 음식의 존재를 감추게 되어 있다. 어쩌면 상변화가 은폐를 초래하는 원인일까? 우리가 일제히 음식이라고 알고 있는 칼을 구성하는 막대와 누더기는 어떠한가? 음식에 어떤 변환이 수행되어야만 이제 섬유가 음식을 구성할까? 누더기들

---

38. 같은 책, 39.
39. 같은 책, 41.
40. 같은 책, 40.

로 이루어진 이런 인공 음식이 입보다 카메라와 더 닮은 장치(렌즈와 다이얼, 손잡이)에 의해 섭취될 것이라는 점은 무엇을 의미하는가?

마커스의 책은 암호학적으로 해석될 수 없다. 그 이유는 독자가 의미를 산출하기 위해 간단히 차례로 교체해야 하는 기표들의 단순한 연쇄가 전혀 없기 때문이다. 사실상 『선과 끈의 시대』를 읽는 사람은 누구나 의미가 절대 드러나지 않을 것이라는 인상을 받게 되는데, 적어도 의미라는 낱말의 일상적인 의미에서는 그럴 것이다.

어쩌면 형이상학자는 그 책을 하나의 소설로서 읽는 대신에 비유주의적 데이지 체인의 실천을 위한 원형으로 읽을 것이다. 한 객체가 경험하는 지각의 주관적 우주에서는 음식이 응집하여 낙하하는 대기 입자들과 유사하다. 다른 한 객체의 주관적 우주에서는 음식이 숨어 있고 알갱이 덩어리들과 적절히 교환된다. 또 다른 객체의 주관적 우주에서는 숨어 있는 음식을 보이지 않게 하는 인공 음식이 섬유로부터 형성되고 이미지들을 이룹게 한다.

그 형식과 구문의 명료성과 단순성에도 불구하고 마커스의 책은 인간 이해의 바로 그 한계까지 나아간다. 그런데 한편으로 그 책은 객체 지각에 대한 데이지 체인처럼 연쇄적인 비유적 설명을 위한 한 가지 가능한 모델을 제시한다. 한 비유는 어떤 하나의 관계를 분명히 하지만, 그것이 다른 한 관계를 서술하는

데 사용되는 비유로 과부하가 걸리게 되면 그것의 명료성이 흐려지게 되면서 왜곡과 혼돈을 낳게 된다. 더 구체적으로 서술하면, 해당 객체와 직접적으로 관련된 어떤 비유적 표현은 그다음 차례의 객체에 대해서는 이질적인 것이 됨으로써 그것의 베일을 투과하여 그 경험의 얼굴을 볼 수 없게 된다.

『시간의 역사』라는 책의 첫 페이지에서 스티븐 호킹은 우주의 본성을 설명하는 한 과학자에게 대꾸하는 여성의 진부한 농담을 언급한다.

강의가 끝날 무렵에 한 작은 노인 여성이 강의실 뒤편에서 일어나서 말했다. "당신이 지금까지 우리에게 이야기한 것은 쓰레기입니다. 사실상 세계는 거대한 거북이의 등이 받치고 있는 평평한 판입니다." 그 과학자는 응대하기 전에 깔보는 듯한 웃음을 지었다. "그 거북이를 받치고 있는 것은 무엇입니까?" "젊은이, 당신은 매우 영리합니다"라고 그 노인 여성이 말했다. "하지만 아래로 끝까지 거북이가 받치고 있답니다!"[41]

부동의 동자 역설의 심오함에 관한 시론이자 과학이 제대로 설명하지 못하는 간극을 신화와 민담이 메우는 방식을 환기하는 것에 관한 시론이기도 한 그 이야기는 일반적으로 웃음을 자아

---

41. Stephen Hawking, *A Brief History of Time*, 1.

내게 되어 있다. 그런데 음식에 대한 마커스의 다양한, 논리적으로 정합적이지만 불가해한 설명은 우리가 그 노인 여성의 주장을 재고해야 한다는 것을 시사한다. 우주는 그녀의 진술이 사실처럼 들리도록 문자 그대로 거북이들의 무한한 더미의 꼭대기에 자리하고 있을 필요는 없다. 오히려 사물들은 상관관계가 점점 더 약해지는, 무한히 연쇄하는 비유적 표현으로 서로 나타나며, 각각의 비유적 표현은 직전의 비유적 표현을 변경하고 왜곡함으로써 그 의미가 터무니없게 된다. 아래로 끝까지 이어지는 것은 거북이가 아니라 비유다.

4장 공작:
철학을 하는 인공물을 구성하기

사물 만들기 / 철학적 실험 장비 / 에일리언 탐사기 / 새로운 급진주의 어느 무더운 7월 오후에 나는 차를 몰고 귀가하면서 토니 콕스가 진행하는 '내셔널 퍼블릭 라디오'(이하 NPR)의 〈토크 오브 더 네이션〉이라는 프로그램의 한 에피소드를 청취했다. 그 방송분의 제목은 「작가들이 자신이 글을 쓰는 이유를 밝히다」였는데, 그것은 저자들이 자신의 기예에 관해 사색하는 『퍼블리셔스 위클리』의 연재물에 자극을 받아서 편성된 주제였다. 콕스는 그 방송을 소개하면서 천천히 속삭였다. "글쓰기는 매우 힘든 작업일 수 있는 과정입니다. 오늘 우리는 글쓰기와 글을 쓰는 이유에 관해 이야기를 나눌 것입니다."[1] 두 명의 초대손님이 그 프로그램에 참여했다. 그들은 회고록 저자 랠프 유뱅크스(『길 끝에 있는 집』)와 단편소설 작가 시오반 팔론(『그 남자들이 언제 사라졌는지 알잖아』)이었다. 그들은 베스트셀러 작가들은 아니었지만 성공한 저자들이었고, 어쨌든 전국 라디오 프로그램에 초대받게 된 인사들이었다. 콕스는 시간을 전혀 낭비하지 않은 채로 곧장 주제를 거론했다. 콕스는 유뱅크스에게 "당신은 왜 글을 씁니까?"라고 물었다.

유뱅크스가 대답했다. "글쎄요, 제가 글을 쓰는 이유는 글쓰기가 제게 정말로 매우 만족스러운 것이기 때문입니다. 글쓰기는 매우 유쾌한 경험입니다." 유뱅크스는 자신이 그 방송 내내

---

1. "What's The Story? Writers Reveal Why They Write." 녹취록은 http://www.npr.org/templates/transcript.php?storyId=128849596에서 찾아볼 수 있다.

이처럼 소심한 답변들로 일관할 수는 없을 것이라는 점을 재빨리 깨닫고서 『워싱턴 포스트』 기자이자 전미도서상 최종 후보자인 폴 핸드릭슨에게서 받았던 충고를 인용했다.

핸드릭슨은 먼저 이렇게 말했습니다. 당신에게 자신의 이야기를 들려주라고 요청하는 사람이 있다는 것을 절대 잊지 마세요. 『언젠가는 긴 시간이다』라는 저의 첫 번째 책은 회고록 장르이며, 그리고 어느 정도는 『길 끝에 있는 집』이라는 책도 회고록 장르입니다. 그래서 〔저는〕 제 이야기를 들려줄 수 있어서 매우 운이 좋다고 느낍니다. 매우 많은 사람이 그런 일을 할 기회를 잡지 못합니다.

그리고 핸드릭슨이 제게 말한 또 다른 것은, 글을 쓸 때는 언제나 존재하는 것의 무자비한 광휘를 포착하기를 바라라는 것입니다(그것은 워커 에번스의 말을 인용한 것입니다). 그리고 그는 이렇게 말했습니다. 모든 작가, 모든 예술가는 존재하는 것을 포착하기를 바라고, 당신이 그렇다고 생각하는 것이 아니라 그것을 실제로 있는 그대로 포착하기를 바라는데, 이것은 당신이 자신을 매우 깊이 파고 들어가서 자신에게 매우 어렵고 때로는 매우 도전적인 어떤 것들을 정말로 끌어내야 한다는 것을 뜻합니다.

그리고 글쓰기와 관련하여 정서적으로 만족스러운 것이 있을 뿐만 아니라, 마침내 자신의 작업이 한 권의 완성된 책으로 나오는 것을 보거나 혹은 하루가 끝날 무렵에 그 책을 읽을 때 물리적으로 매우 만족스러운 것도 있습니다.[2]

이것들은 진정성은 있지만 약간 미숙한 발언이다. 정서적 만족감이 아무리 유쾌하더라도, 성공한 작가들이 글을 쓰도록 추동하는 그 이상의 무언가가 확실히 있어야 하지 않겠는가? 팔론이 그 대화에 끼어들었을 때 상황은 더 구체적으로 진전되지 않은 상태였다.

글쎄요, 모든 작가는 자신의 마음속에 다음과 같은 작가들의 격언을 새기고 있습니다. 언제나 자신이 알고 있는 것을 쓰라. 그리고 (『그 남자들이 언제 사라졌는지 알잖아』라는) 이 단편소설집에 실린 글을 쓰고 있었을 때 저는 제가 살아가고 있던 세계에 관한 글을 쓰고 있었습니다. 저는 그 세계가 상당히 독특한 세계라고 생각하는데, 그것은 한 군사 주둔지에서의 삶이고 군대 공동체라는 세계입니다. … 저는 그냥 그렇게 느껴졌습니다. 군대를 생각할 때 사람들은 어떤 미군 병사에 관한 시각 자료를 떠올리고, 그리하여 그 병사 뒤에 서 있는 모든 가족, 그의 어머니와 아버지와 배우자 혹은 아이들 혹은 아시다시피 여성

---

2. 같은 곳. 나는 얼마간 재량껏 그 녹취록을 더 읽기 쉽게 만들려고 이 책의 맥락에 맞게 편집하였지만, 이들 변화는 실질적이지 않고 유뱅크스의 구술적 산문을 이런 문자적 맥락에서 더 명료하게 만드는 데 도움이 될 따름이다.

병사라면 그녀의 남편을 잊어버리기가 상당히 쉽습니다. 그리고 어쨌든 저는 그것이 아주 흥미롭다고 생각했기에 그것을 탐구하고 싶었습니다.[3]

그 밖에 진행자와 초대작가들은 스쳐 지나갈 생각을 기록하는 메모장을 휴대하기에 관한 이야기를 나누었고, 빈 페이지를 바라볼 때 느껴지는 공포감과 그것을 채움으로써 생겨나는 흔쾌한 기분을 비롯하여 몇 가지 다른 진부한 기법에 관해서도 이야기를 나누었다. 전반적으로 그 방송분은 평범한 것들로 채워졌다. "그렇다면 글쓰기는 여행과 비슷합니다. 그렇지 않습니까?"라고 콕스가 물었다. "저는 글쓰기를 용기를 내어서 두려워하지 않고 페이지 위에 무언가를 기입하는 것으로 생각합니다"라고 유뱅크스가 말했다. 창작의 조언은 실제적이고 구체적이어야 하지만, 〈토크 오브 더 네이션〉의 진행자와 초대작가들은 그들 자신의 얼굴을 덮은 베일을 관통할 수 없을 것처럼 보였다.

한낱 진부한 이야기만이 「작가들이 자신이 글을 쓰는 이유를 밝히다」와 관련된 문제가 아니었다. 왜냐하면 상투적 표현 역시 진실을 품고 있기 때문이다. 진짜 문제는 글쓰기가 그 프로그램의 맥락에서는 하나의 임의적인 기입 방법이었다는 사실에

---

3. 같은 곳.

자리하고 있다. 어쩌면 콕스는 "당신은 왜 그림을 그립니까?" 혹은 심지어 "당신은 왜 빵을 굽습니까?"라는 물음을 마찬가지로 제기할 수 있었을 것이고, 그 대화는 그다지 다르지 않았을 것이다.

　　마찬가지로, 자리에 앉아서 빵을 굽는 것은 어려운 작업이지만 일단 시작하게 되면 정말 멋진 느낌이 듭니다. 그것은 일이 잘 되어가는 듯한 느낌을 줍니다. 저는 그것이 어리석은 비유임을 알고 있지만, 저는 그 작업이 엔도르핀처럼 느껴집니다.[4]

진짜 물음은 미묘하게 다르다. 당신은 왜 무언가 다른 것, 이를테면 영화 제작, 매듭 공예, 수묵화, 용접, 종이 공예나 원예를 하는 대신에 글을 쓰는가? 특정한 재료들은 각기 다른 종류의 표현을 가능하게 하는 동시에 제한함이 확실하지만, 관념들을 기입하고 유포하는 또 다른 방식보다 글쓰기를 선택하는 것이 표준적인 행위, 혹은 심지어 바람직한 행위라는 점이 명백한 까닭은 무엇인가?

　　타고난 재능이 누군가가 음악가나 미술가가 되는 대신에 소설가가 되기로 선택할 이유를 부분적으로 설명할 수는 있을 것이지만, 재능 자체 — 사실상 그것이 무엇으로 이루어져 있든

---

4. 같은 곳. 물론 수정하였음.

간에 — 는 물질적 형식과 무관할 법하다. 우연한 것이 한 개인의 창조적 행운에서 더 큰 역할을 수행한다. 그리고 그런 우연한 행운은 누군가의 타고난 재능에 한정되지 않는다. 또한 그것은 시기의 요건으로 확대된다. 예를 들면, 비디오게임을 창안하고 비평하는 것에 대한 나 자신의 관심은, 그것들 자체가 한낱 인간의 발견과 활용의 우연한 산물에 불과한 체계들을 조작할 수 있는 어떤 고질적인 타고난 능력에서 비롯되었다기보다는 오히려 내가 우연히 살아가고 있는 환경의 산물임이 확실하다. 재레드 다이아몬드는 물질적 역사에 대하여 제대로 된 설명을 제시하는데, 인간 진보의 주요 사건들과 혁신들은 예리한 개인의 천재적 재능의 산물이 아니라 물질적 조건의 결과일 개연성이 높다.[5]

그래도 글쓰기는 사실상 많은 사람 사이에서 인정받는 창작 활동이다. 그 더운 여름날 오후에 NPR이 그 문제에 대한 통찰을 전혀 제공하지 않았더라도 우리는 직관적으로 어떤 사람들은 작가가 되는 반면에 어떤 사람들은 채혈사가 되는 사실을 이해할 수 있다. 그런데 글쓰기가 창조적이라고 가정되는 방법일 뿐만 아니라 실제로 유일한 방법이기도 한 직업 하나가 있다. 그것은 바로 학자다.

---

5. Jared Diamond, *Guns, Germs, and Steel*[재레드 다이아몬드, 『총 균 쇠』]을 참조하라.

철학자들과 온갖 종류의 비평가를 비롯한 인문학자들에게 글쓰기는 그야말로 학술적 생산성을 가늠하는 유일한 방법이다. 학자의 경력은 책과 논문으로 측정되는데, 이력서에 나열된 출판물의 수, 다른 저작에서 이들 출판물을 인용한 횟수 등이 경력의 척도다. 학자들이 종종 아무리 똑똑하고 헌신적이고 겸손하더라도 그들은 자신의 직업적 활동의 근저에 놓여 있는 보이지 않는 가정을 간과하는 경향이 있다.

사실상 철학자들과 비평가들이 학술회의를 위해 공식적으로 모이든 혹은 초청 강연으로 모이든 간에 함께 모이면 그들은 여전히 글과 관련된 작업에 전념하며, 흔히 심오하고 불가해한 산문을 손으로 머리를 감싸고서 그 내용을 애써 쫓아가는 청중 앞에서 읽는다. 특히 인문학에서는 (과학과는 달리) 학술회의가 종종 청중 앞에서 착상들을 시험해 보는 기회로 여겨진다. 불가피하게도 이들 착상은 글로 작성될 때에만 직업적으로 유효해진다. 그리고 출판되는 경우에, 그 착상들이 인쇄되어 책으로 제본되는 것은 읽히기 위함이 아니라 단지 **글로 쓰였음**을 알리기 위함이다. 대학 출판사들의 부실한 영업과 정기간행물의 엄청난 구독료로 인해 학자들조차도 학술 출판물에 점점 더 접근할 수 없게 되는 상황에 이르렀고, 따라서 출판은 저작이 공개되는 과정이라기보다는 오히려 직업적으로 보증하는 역할을 수행한다. 긍정적인 평가를 위해서는 소수의 평가자에게서 가치가 있다고 인정받으면 충분하다. 잊어버린 다음에 종신 재직권을 위해 그 과정을 반복하고 승진을 위해 또 반복하면 된다.

블로그와 오픈 액세스 출판을 비롯한 디지털 출판과 온라인 배포의 추세를 참작하더라도 출판된 저작의 물질적 형태에 관한 물음은 제기되지도 않고 답변이 이루어지지도 않는다. 그 답변은 명백한데, 글쓰기, 언제나 글쓰기다. 비평가들과 철학자들은 글쓰기보다 말하기의 우월성, 말하기보다 글쓰기의 우월성에 대한 자크 데리다의 '결정적'인 비판에 과장된 분통을 터뜨리면서 진짜 학문은 글로 쓰인 학문이라고 주장할 따름일 것이다. 어떤 다른 종류가 있는가?

그런데 글쓰기의 특권은 인문학에 한정되지 않는다. 과학과 공학에서도 글쓰기는 실험과 건설 위에 창백한 그림자를 드리운다. 새로운 고분자를 합성하는 화학자 혹은 그것을 실용적이고 경제적인 재료로 진전시키는 공학자를 생각하자. 그들이 행한 노력의 결과는 연례 학술회의 논문집이나 '상위' 저널 — 여기에 논문을 싣게 되는 연구자는 등급 표식을 받는다 — 에 출판하기 위해 '글로 작성될' 때까지는 여전히 유효하지 않고 누구에게도 귀속되지 않는다.

학술적으로는 글로 쓰인 것의 격식을 선호할 좋은 이유가 있다. 학술연구의 질과 타당성, 적실성의 기준은 높은 평가를 받을 만하고, 동료평가의 과업은 질과 정직성, 중요성에 대한 빗장을 설정하고 유지하는 것이다. 한 가지 미덕은 투명성인데, 말하자면 발견 결과, 방법, 데이터 그리고 다양한 원료는 동료평가를 받는 동안 공평한 심사자가 방법과 결과를 독립적으로 평가할 수 있도록 입수할 수 있게 해야 한다. 제대로 진행된다면 이 과정은 학문이 족벌주의와 상업주의의 희생물이 되기보다는 오히려 공평무사와 진보라는 자신의 계몽주의적 이상을 유지한다는 점을 보증하는 데 도움이 된다. 현대의 동료평가가 스스로 열망하는 평등주의적 엄정성을 언제나 구현하지는 않더라도 이것들은 가치 있는 목표다.

그렇다면 한 가지 명백한 물음이 제기된다. 학술적 생산은 글쓰기 형태를 취해야 하는가? 글이 학술연구를 판단할 가장 효과적이고 적절한 자료인가? 그 대답이 예라면, 그것은 단지 관행에 의해서 그럴 뿐이다. 학술적 생산성의 토대로서 글쓰기의 가치는 유뱅크스와 팔론이 작가가 되도록 이끈 인자들만큼이나 임의적이다. 진실은 그들이 (그리고 우리가) 우연히 그랬다는 것이다.

글쓰기에 대한 학자들의 강박은 많은 문제를 초래하지만, 특히 두 가지 문제가 세심히 교정되어야 마땅하다. 첫째, 학자들은 훌륭한 저술가가 전혀 아니다. 애매한 표현과 단절된 문장, 전문용어, 전반적인 불가해성을 향한 학자들의 경향은 널리 알려져 있다.『옥스퍼드 영문학사』에 대한 서평에서 소설가 제임스 우드가 서술하는 대로,

작가들에게 가장 중요한 바로 그것은, 그들이 작품과 관련하여 제기하는 첫 번째 물음 – 조금은 훌륭한 작품입니까? – 은 흔히 대학교 선생들과는 대체로 무관하다. 작가들은 심미적 성공으로 일컬어질 수 있을 것에 관심을 집중한다. 그들이 그러해야 하는 이유는 성공적인 작품을 창작하려면 다른 사람들의 성공한 창작물에 관해 알아야 하기 때문이다. 학자들에게는 이런 가치 이야기의 대부분이 한낱 인상주의에 불과한 것처럼 보이며, 그리고 사실상 그럴 수 있다.[6]

철학자와 비평 이론가, 문학비평가에게서 매우 흔히 볼 수 있는 난삽한 산문이 쉬운 목표로서 제시되지만, 그들만이 아니다. 많은 학자는 글솜씨가 형편없으며, 단지 자신의 영웅들, 20세기의 떠들썩한 언어적 전회 시기에 사상을 진화시킨 사상가들을 흉내 낼 뿐이다.

서투른 글쓰기에 대한 더 산문적이고 더 차분한 본보기는 파편 형태로 나타난다. 예컨대 '여러 면에서' 그리고 '우리는 제시하지 않을 수 없다' 그리고 '실상은 그렇지 않다' 같은 표현의 무수한 사례가 학술적 산문에 산재한다. 데이비드 모리스는 그것을 "학술적 중얼거림"이라고 적절히 명명하면서 이처럼 나쁜 습관적 표현들이 매우 능숙하게 "정확성의 정서"를 흉내 내지만

---

6. James Wood, "The Slightest Sardine."

"기껏해야 저자가 실제로 정확해야 할 순간을 연기할 따름이다"라고 지적한다.[7] 학자들은 결과물의 유일한 형태로서의 글에 대한 자신들의 강박을 변호하기 위해 손질이 매우 잘된 어떤 글을 능숙하게 인용할 수 없다는 사실을 언급하는 것으로 충분하다.

둘째, 철학의 경우에 글쓰기는 위험하며, 게다가 일반적으로 진지한 학술적 실천의 경우에도 그러하다. 그 이유는 플라톤이 가끔 주장하는 대로 글이 자신의 기원에서 분리되기 때문이 아니라 글이 유일한 존재 형식이기 때문이다. 우리는 오직 언어를 통해서만 세계와 관계를 맺는다는 오랫동안 존속되어 온 가정 ― 여전히 당황스럽게도 인기 있는 의견이더라도 ― 이 특히 악취가 나는 의견이다. 그런데 우리가 오직 언어에만 주의를 기울인다면 우리는 여타의 것에 대한 자신의 무지를 보증하는 상황에 처하게 된다. 레비 브라이언트가 다음과 같이 서술하는 대로,

당신이 설정한 구분의 유표 공간에 속하는 것이 기표라면, 당신은 언제나 단지 이야기에 관해서 이야기하고 기호와 기표를 지시할 수 있을 뿐일 것이다. 전구와 광섬유 케이블, 기후변화, 줄기 두꺼비가 만들어내는 차이는 당신에게 보이지 않을 것이

---

7. David Morris, "Academic Cliche Watch."

기에 당신은 텍스트에 사로잡혀서 이들 텍스트가 실제로 실재하는 것들을 망라한다고 믿을 것이다.[8]

브라이언트는, 우리의 작업은 기호와 서사, 담론을 배제할 필요가 없지만 우리는 또한 비기호적 세계에 "우리가 할 수 있는 한 최선을 다해서 그것의 고유한 견지에서" 접근해야 한다고 주장한다.[9] 어쩌면 과학자와 공학자는 인문학자보다 언어 외적인 탐구를 추구할 더 큰 기회를 누릴 것이지만, 모든 작업은 불가피하게도 글에 대한 충성을 맹세해야 하기에 아무도 안전하지 않다. 글을 읽고 쓰는 데, 혹은 그렇게 하려고 계획하는 데 자신의 모든 시간을 소요한다면 우리는 거대한 야외를 방문할 기회를 놓치게 된다.

기호학적 강박의 결과 중에는 논변에의 과도한 집착이 있으며, 그리하여 현학 취미가 호기심을 대신하여 들어선다. 1996년에 전미철학협회 모임에서 리처드 로티가 마조리 그린의 『철학적 증언』이라는 책에 대하여 논평하면서 이런 현상을 능숙하게 설명한다.

〔많은 철학자〕에게 '철학하기'는 주로, 여러분이 읽는 다음 책이

---

8. Levi R. Bryant, "You Know You're Correlationist If …."
9. 같은 곳.

사물들이 결합하는 방식에 대한 상상력이 풍부하고 계시적인 재서술을 포함하고 있으리라 희망하는 것과는 대조적으로, 논증에서 약점을 찾아내는 문제다. 많은 철학자는 어떤 철학 서적이나 논문에서 제시된 논증의 결함을 찾아내는 철학자가 철학을 하는 것으로 여겨진다고 생각하며, 그리고 그런 결함들을 재빨리 찾아내어서 능숙하게 폭로하는 철학자가 훌륭한 철학자라고 생각한다.[10]

〈심슨 가족〉에는 '코믹 북 가이'Comic Book Guy로 알려진 가공의 캐릭터가 등장한다. 자신이 애호하는 만화와 텔레비전 프로그램에 관하여 빈정거리는 말을 발설하는 그는 대중문화 상연물에서 시시콜콜 따지는 괴짜-현학자의 전형이다. 코믹 북 가이는 만화나 〈던전 앤 드래곤〉에 미친 전형적인 괴짜를 풍자하는 역할을 수행하는 것 외에 모든 사람이 언제나 모든 것의 모든 세부를 비판하는 인터넷의 트집 잡기 풍토도 풍자한다. 그런데 그런 명백한 지시 대상들 이외에, 코믹 북 가이는 대다수 학자의 대리 비난자로서의 역할도 수행한다. 학자들은 먼저 흠을 찾아낸 다음에 나중에서야 통찰 ─ 설사 있다면 ─ 을 얻기 위해 듣거나 읽는 참을 수 없는 궤변가들이다. '담론'은 대화를 지칭하기

---

10. Richard Rorty, "Comments on Marjorie Grene's A Philosophical Testament."

위한 용어가 아니라 오히려 하찮은 비난 — 어떤 낱말의 어원학, 혹은 어떤 명제의 진릿값, 혹은 어떤 애호하는 이론가의 예상치 못한 배제에 대한 비난 — 을 제조하는 데 사용되는 장치를 가리키는 상표명이다. 일반 대중 중 누군가가 모든 관념과 교류, 행위가 언어라는 체로 걸러지는 인터넷에서 학술적 경직성과 가장 유사한 태도를 찾아내는 것은 어쩌면 우연이 아닐 것이다.

다른 한 방식이 있다.

의사가 의술을 실천하는 사람이라면, 어쩌면 형이상학자는 존재론을 실천하는 사람일 것이다. 누군가의 신체에서 나타나는 특정한 이상 증상을 설명하기 위해 의학에 관한 저널 논문을 읽고 쓰기만 했을 뿐인 의사를 신뢰할 개연성이 없을 것과 마찬가지로 우주의 본성에 관한 책을 읽고 쓰기만 했을 뿐인 형이상학도 신뢰하지 말아야 한다. 돈 아이디가 서술하는 대로, "행동으로 옮겨지지 않는다면 현상학의 기본적인 추진력과 취지는 적게는 오해될 개연성이 있거나 심하게는 상실될 개연성이 있다."[11] 그런데 얄궂게도, 지금 나와 마찬가지로 아이디는 그런 정서를 글로 설명할 수밖에 없다. 어떤 다른 일을 할 수 있겠는가?

『손으로, 생각하기』라는 책에서 매슈 B. 크로퍼드는 시카고대학교에서 정치철학 박사학위를 취득한 후에 자신이 워싱턴

---

11. Don Ihde, *Experimental Phenomenology*, 14.

싱크탱크에서의 화이트칼라 경력을 그만두고 모터사이클 기계공이 된 까닭을 설명한다.

아리스토텔레스는 『형이상학』을 "모든 인간은 본래 알기를 바란다"라는 소견으로 시작한다. 나는 실제 지식이 실제 사물들을 직접 대면함으로써 생겨난다고 주장했다. 그렇다면 노동이 철학에 대한 광범위하게 입수 가능한 징후를 제공한다. 그렇지만 그것의 가치는 오로지 어떤 더 세련된 경험을 가리키는 데에만 자리하고 있지 않다. 오히려 최선의 경우에는 어쩌면 노동 자체가 철학에서 추구되며 삶의 방식으로 이해되는 좋음에 접근할 것이다.[12]

크로퍼드의 경우에 지식과 노동은 대립적이지 않고 오히려 동전의 양면, 즉 상보적인 것들이다. 크로퍼드는 우리에게 철학이 이론만큼이나 실천이라는 사실을 이해하도록 요청한다. 기계공과 마찬가지로 철학자도 자신의 손을 더럽혀야 한다. 『수학 원리』에서 버트런드 러셀과 알프레드 노스 화이트헤드가 수학을 행함으로써 논리학적 수학관을 탐구하는 그런 식으로 논리학이나 수학으로 손을 더럽힐 뿐만 아니라, 또한 기름과 판코 빵

---

12. Matthew B. Crawford, *Shop Class as Soulcraft*, 199. [매슈 B. 크로퍼드, 『손으로, 생각하기』.]

가루와 폼알데하이드로 손을 더럽혀야 한다. 나는 하나의 철학적 실천으로서 인공물을 구성하는 이런 실천을 공작^{工作, carpentry}이라고 명명한다.

사물 만들기

사물 만들기는 힘든 일이다. 그것이 가구든 소프트웨어 프로그램이든 혹은 모터사이클이든 간에 그냥 무언가가 가장 기본적인 층위에서 작동하게 만드는 것은 거의 불가능하다. (사실상 크로퍼드 책의 많은 부분이 모터사이클을 수리하는 힘든 행위를 설명하는 데 바쳐진다.) 어쩌면 공작은 더 엄밀한 종류의 철학적 창의성을 제공할 것이다. 바로 그 이유는 공작이 본질적으로 상관주의적 의제를 물리침으로써 오로지 낱말들을 눈으로 따라가면서 그것들에 함축된 관념들을 파악할 수 있는 인간 독자의 능력만을 다루는 일을 거부하기 때문이다. 글쓰기가 페이지, 인쇄기, 출판사 그리고 여타 관련된 것의 물질적 제약을 받음은 확실하지만, 이들 인자가 글로 쓰인 철학의 내용에 미치는 영향은 미미하다. 소수의 예외 사례가 존재하지만(어쩌면 자크 데리다의 『조종』, 혹은 니체의 아포리즘, 혹은 바루흐 스피노자의 『에티카』나 루트비히 비트겐슈타인의 『논고』의 명제적 구조), 철학적 작업은 일반적으로 그 철학적 입장을 책으로서의 형식에 침투시키지 않는다. 이와는 대조적으로 공작은 선택한 재료의 물질적 저항과 씨름해야 하고, 따라서 그 객체 자체가 철학이 되게 한다.

어떤 사람들은 작가가 되고, 어떤 사람들은 보석 세공사가 되고, 어떤 사람들은 모터사이클 기계공이 된다. 마찬가지로 철학적 창의성도 다양한 형태를 취할 수 있기에 공작에 대한 각각의 철학자의 접근법은 다를 것이다. 공작은 담론의 다양성과 장난스러움, 진지함을 증진할 뿐만 아니라 사색가가 하이데거주의적 거주dwelling와 유사한 방식으로 자신의 타고난 재능을 발휘하고 발달시키게 하는 부가적인 이점도 지니고 있다. 그리하여 이에인 톰슨이 말하는 대로 "우리는 존재자들을 우리가 개념적으로 제대로 인식할 수 있는 것보다 더 풍성한 의미를 갖춘 것으로 이해하고 경험하게 된다."[13]

에일리언 현상학의 맥락에서 '공작'은 두 가지 원천으로부터 그 의미를 차용한다. 첫째, 그것은 목공예의 통상적인 의미를 모든 재료로 확대한다. 공작하기는 무엇이든 만드는 것이지만 그것을 가구 제작자처럼 자신의 손으로 열심히 만드는 것이다. 둘째, 그것은 '사물들의 공예' ─ 하먼이 알폰소 링기스에게서 차용한 관념 ─ 에 관한 그레이엄 하먼의 철학적 의미를 이런 구성 행위에 포개 넣는다. 링기스와 하먼은 둘 다 그 어구를 사물들이 서로 형성하고 세계 전체를 형성하는 방식을 지칭하는 데

---

13. Iain Thomson, *Heidegger on Ontotheology*, 164.

사용한다.[14] 공작은 이들 두 관념을 혼합함으로서 사물들이 자신들의 세계를 만드는 방식을 밝혀주는 사물 만들기를 수반한다. 과학 실험 및 공학 시제품과 마찬가지로 공작에 의해 생산된 물건은 한낱 우유적인 것에 불과한 것이 아니라 오히려 무언가 다른 것에 이르게 되는 중간지점이다. 그리하여 그런 물건은 자체적으로 철학적 담론에 진입하는 진지한 것이다.

컴퓨터 소프트웨어는 내가 만드는 사물 중 하나이고, 따라서 당연하게도 내가 거론하는 사례들은 그 분야에서 비롯될 것이다. 나는 현행의 논의에 특히 적실한 철학적 소프트웨어 공작에 대한 두 가지 사례를 제시한다. 그 이유는 그것들이 존재의 다양성을 특징짓게 되어 있는 존재도학적 도구이기에 이 책에서 논의된 원리를 실행하기 때문이다.

브뤼노 라투르가 자신의 열거를 구성할 때 그는 당연히 직접 자기 손으로 구성한다. 전형적인 일례를 살펴보자.

다음과 같이 열거된 것들을 이해하려고 해보자. 태양 흑점, 골짜기길, 항체, 탄소 스펙트럼. 물고기, 장식을 단 울타리, 사막 풍경. "작은 노란색 벽," 인도산 잉크로 그려진 산악 풍경, 익랑翼廊들의 숲. 밤에 인간으로 변신하는 사자, 상아로 빚은 어머니

14. Alphonso Lingis, *The Community of Those Who Have Nothing in Common*, 41 [알폰소 링기스, 『아무것도 공유하지 않은 자들의 공동체』]; Harman, *Guerrilla Metaphysics*, 2, 72, 166.

여신, 흑단의 토템.

알겠는가? 우리는 동맹자들의 수 혹은 이질성을 이런 식으로 환원할 수 없다. 자연들은 서로 그리고 우리와 매우 철저히 뒤섞이기에 우리는 그것들을 분리하여 그것들이 발휘하는 역능들의 명료하고 고유한 기원을 찾아내기를 바랄 수 없다.[15]

이 특정한 열거는 서로 확증하는 것에 깊이 저항하는, 놀랍고 직관에 어긋나는 단위체들로 가득 찬 멋진 것이다. 그런데 라투르가 그것들로부터 끌어내는 교훈의 기반은 그 선택의 인공적 본성에 의해 얼마간 약화된다. 어쨌든 이 열거의 무의미한 양태는 한 인간이 그것을 회집했다는 사실에 의해 손상된다. 그리하여 어떤 단순한 환원도 객체를 빈틈없이 설명할 수 없다는 주장이 약화되는 것은 사실이기에 비환원을 예증하는 대안적 방법이 철학적으로 바람직할 것이다.

내가 라투르 열거의 형태로 존재도를 만들어내기 위해 구축한 기계인 〈라투르 리터나이저〉를 살펴보자. 그것은 단순하지만 효과적인 기계다. 사용자가 편집하는 온라인 백과사전인 위키피디아는 미디어위키라는 위키 소프트웨어 플랫폼 위에 구축된다. 그 소프트웨어는 원래 위키피디아를 염두에 두고서 창안되었지만, 이후에 그것은 범용 저작 및 편집 플랫폼 ─ 누구나

---

15. Latour, *The Pasteurization of France*, 205~6.

설치하여 사용할 수 있는 위키 — 으로 변경되었다.[16] 미디어위키의 기능 중에는 위키의 데이터베이스에 저장된 아티클의 더미에서 무작위로 선택된 페이지를 끌어오는 '무작위 아티클' 기능이 있다. 위키피디아의 항목 수가 매우 많음 — 영어 아티클 수만 하더라도 수백만 개가 훌쩍 넘는다 — 을 참작하면, 무작위 아티클 기능을 믿음직하게 이용하게 되면 아무도 이전에 본 적이 없거나 생각조차 해 본 적이 없을 법한 페이지를 보여준다.[17]

미디어위키 플랫폼은 애플리케이션 프로그래밍 인터페이스(이하 API)[18]도 제공한다. API 덕분에 프로그래머는 어떤 소프트웨어 체계의 일부 행동을 그 체계 외부의 프로그램에서 입수할 수 있게 된다. 일부 API는 국소적이다(예를 들면, 애플리케이션 프로그래머가 사용자 인터페이스나 접속 파일 관리 루틴을 렌더링할 수 있게 하는, 윈도즈 혹은 맥 OS 같은 운영 체제의 API들). 미디어위키 API 같은 일부 API는 멀리서 원격 프로시저 호출(이하 RPC)을 가능하게 한다. 이런 API에 의해 제공되는 기능 중에는 조회를 요청받았을 때 (다른 메타데이터 사이에서) 어떤 타이틀과 URL을 돌려주는 '무작위 아티클' 기능을

---

16. http://www.mediawiki.org를 보라.
17. 2010년 9월 무렵에 위키피디아는 대략 삼사백만 개의 영어 아티클을 포함하고 있다. 무작위 아티클 기능은 http://en.wikipedia.org/wiki/Special:Random을 로딩함으로써 이용할 수 있다.
18. * API는 'application programming interface'의 약어로서 애플리케이션 소프트웨어를 구축하고 통합하기 위한 규정 및 규약 집합을 가리킨다.

이용할 수 있는 능력을 갖춘 것이 있다.

〈라투르 리터나이저〉는 이런 API에 대한 조회를 실행하여 그 결과를 객체 이름들이 이어지는 목록, 즉 라투르의 저작에서 찾아볼 수 있는 그런 종류와 유사한 목록으로 회집한다. 〈라투르 리터나이저〉는 실행될 때마다 참신하고 새로운 열거를 돌려준다. 몇 가지 실례는 다음과 같다.

1949년 동독 축구 선수권 대회, 프랜시스 레비, 〈헤어스프레이〉(2007년 영화), 그래미 최우수 신인상, 루카스 노타라스, 시틀랄라토낙, 〈프레이저〉 시즌 3, 탈륨-203, 『종교와 대처의 심리학』(책)

RK 유고비치, 구레뇨, 로잘린, 루블린 보이보데힙, 크리스티아나, 델라웨어

불아사佛牙寺, 레올트 밸리 규조토 철도, 철도 보호군 학교, 에레글리, 코니아

생-방생-드-살레, 푸드 라이언, 드라고비치, 시엔푸에고스의 전투, 석출, 싯카 파이오니어 홈, 알마-마르소(파리 메트로), 티모테오스 토마스 주교

브라질령 남극, S. 유진 포티트, 코미스키 파크, 세네카 워터웨이즈 카운실, 위니프레드 게린, 크리숍스 오시리스, 스콧 C. 블랙, 뒷날개밤나방속

에이단 미첼, 키스 미, 베이비, 1951년 영국의 행정명령 목록, 에드슨 코르데이로, 톰 웹스터(만화가), 헬 윙클러, 성공회 살단하 베이 교구, 2006년 윔블던 선수권 대회 여자복식

오브, 에어-시 워 ─ 배틀(비디오팩 게임), 뮌헨 아우구스티누스 교회, 〈홀로코스트 2〉, 에밀리오 코스테르릴츠키, 제트에어플라이 행선지, 스튜어트 펠프스, 아델라이드 오브 홀랜드

긴호랑거미, 무임승차 문제, 퍼싱 유한책임회사, 크리스티안 라이프19

이들 목록에서 우리는 사람, 장소, 조직, 관념, 허구물, 집단, 매체, 존속기간을 찾아내고 심지어 다른 목록도 찾아낸다. 선택 과정에서 저자와 독자를 배제함으로써 리터나이저는 현존하는 단위체들의 유형의 다양성과 그것들 사이에 이루어지는 동맹의

---

19. 작동하는 〈라투르 리터나이저〉는 http://www.bogost.com/blog/latour_litanizer.shtml에서 찾아볼 수 있다.

다양성을 확대한다. 이들 열거에서는 개별적으로 고려되는 경우뿐만 아니라 (특히) 함께 고려되는 경우에도 압축적 존재론의 다양성과 밀도가 새어 나온다.

그런데 또한 〈라투르 리터나이저〉의 주요한 미덕, 즉 그 결과의 신속성과 다양성을 인쇄물로 재현하는 것은 불가능하다. 그 소프트웨어 자체는 놀라울 정도로 간단히 작동하는데, 한 열거가 로딩된 다음에 버튼을 눌러 다른 한 열거를 호출하면 그것이 순식간에 나타난다. 각각의 새로운 열거와 더불어 존재의 다양성과 초연함이 심화할 뿐만 아니라, 바로 이들 성질로 인해 독자를 위키피디아에서 이루어지는 해당 객체에 대한 상세한 논의로 데려가는 링크를 통해서 후속 탐구 역시 초래된다. 그 웹사이트를 이용한 적이 있는 사람이라면 누구나 증언할 수 있는 대로 열거의 가치는 디드로주의적 보편 지식을 획득할 수 있는 능력에서 비롯되기보다는 오히려 기꺼이 내부에 모든 것 — 그것의 외관상 타당성, 적실성, 혹은 심지어 진릿값이 무엇이든 간에 — 을 허용하는 특성에서 비롯된다.

간단한 소프트웨어 공작과 관련된 두 번째 사례를 살펴보자. 2010년 4월에 나는 조지아 공과대학에서 첫 번째 OOO 심포지엄을 주최했다. 나는 준비물의 일부로서 그 행사를 홍보할 웹사이트를 만들었다. 개최장소, 연사, 초록, 일정 등과 같은 학술회의 웹사이트에서 예견되는 면모들에 덧붙여 나는 어떤 시각적 판본의 〈라투르 리터나이저〉도 구축했다.[20] 애초에 나는 그것을 어떤 도발적인 장식물을 조금 넘어서는 것으로 구상했었지만, 그것은 재빨리 하나의 철학적 장치로서 투혼을 발휘했다.

리터나이저와는 달리 그 '이미지 토이'(나는 결코 그것에 적절한 명칭을 부여할 수 없었다)는 더 특정한 목적을 지니고 있었다. 그것은 개별 사례들을 한 번에 하나씩 보여줌으로써 객체들의 다양성을 예시하는 것이다. 그 웹사이트의 대부분은 어떤 객체의 한 가지 이미지를 보여주었는데, 페이지가 로딩될 때마다 새로운 이미지가 나타날 것이었다(그림 5에 한 삽화가 제시되어 있다). 어느 웹 방문객이 그 학술회의의 세부에 관해 적혀있는 사이트를 둘러볼 때 다양한 존재의 한 작은 단면이 펼쳐질 것이다.

위키피디아는 이미지들로 구축되어 있지 않고 낱말들로 구축되어 있기에 다른 플랫폼이 필요했다. 나는 사용자가 기여하는 또 하나의 웹 기반 서비스로서 수백만 개의 개별 항목을 갖춘 플리커를 선택했다. 게다가 이미지 토이가 자신의 작업을 실행하는 데에는 이미지만으로는 충분치 않을 것이었다. 플리커 서비스에 올려져 있는 많은 이미지, 어쩌면 대다수 이미지는 사람과 풍경을 묘사하는데, 요컨대 아마추어 사진가들이 촬영한 일반적인 인물 및 풍경 사진들이다. 나는 사물들을 원했으며,

20. http://ooo.gatech.edu를 보라.

그것도 다양한 종류의 사물들을 원했다.

사용자가 플리커 데이터베이스에 어떤 이미지를 올릴 때 그는 그 이미지의 내용을 서술할 키워드를 첨부할 선택권이 있다. 그 결과는 언제나 완벽하지는 않지만 어떤 이미지의 주제에 대하여 그런 대규모에서 가능할 최선의 설명을 제공한다. 미디어 위키와 마찬가지로 플리커 역시 외부 프로그램을 통해서 그 데

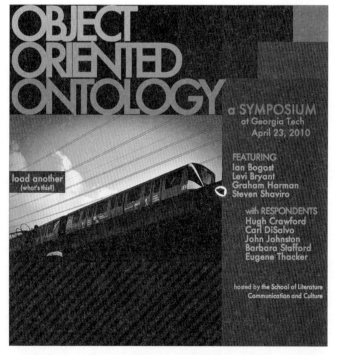

그림 5. 2010년 4월 23일에 조지아 공과대학에서 개최된 제1회 객체지향 존재론 심포지엄을 위한 웹사이트에 소개된 자세한 내용. 중량 레일 통근열차는 그 페이지가 로딩될 때 나타날 수백만 개의 이미지 중 하나다. http://ooo.gatech.edu에 직접 접속해 보라.

이터베이스에 접속할 수 있게 하는 한 가지 API를 공개하고, 따라서 나의 시스템은 특정한 태그들에 대해 조회하기만 하면 되었다. 얼마간 자의적으로 나는 '객체'와 '사물', '물건'이라는 낱말들을 선택했다. 그 결과, 이들 용어가 매우 다양한 객체─관람차, 건초더미, 철도의 격자형 철망, 회로 기판, 고양이, 서류 상자, 배수관, 초가 우산, 랜턴─를 가져올 만큼 충분히 일반적인 것으로 판명되었다.

이들 결과는 내가 염두에 두고 있던 목적에 대해서 심미적으로 만족스러웠다. 하지만 이미지 토이의 예기치 않은 결과물은 그 도구가 그렇지 않았다면 지나쳐 버렸을 철학적 수단을 제공함을 입증하였다.

말썽은 그 심포지엄의 연사 중 한 사람인 브라이언트가 나에게 한 (여성) 동료가 그 사이트를 자신의 (여성) 학장─다름 아닌 한 여자대학의 학장─에게 보여주었다고 말했을 때 시작되었다. 명백히 등장한 이미지는 토끼 옷을 입은 한 여성이었다. 나는 그 이미지를 결코 보지 못했고 브라이언트도 그랬지만(플리커에 올려진 수백만 장의 사진을 참작하면 같은 사진이 또다시 등장할 개연성은 없었다), 그 학장은 객체지향 존재론이 전적으로 대상화와 관련된 것이라는 결론을 도출했다(나는 그 학장이 철학 학술회의에서 플레이보이 토끼가 출연하는 까닭을 물었다는 소식을 듣게 된다). 바로 그 웹페이지에 등장한 명백히 대상화된 여성을 참작하면 비록 의도했던 바는 아니었지만

(그리고 OOO 사상 자체가 뒷받침하지 않음도 확실하지만) 그런 인상은 이해할 만한 것이었다. 리터나이저와 마찬가지로 이미지 토이 역시 또 다른 이미지를 불러올 버튼이 있었지만 일부 웹사이트 방문객은 그 버튼을 보지 못했거나 누르지 않았다. 관행상 웹사이트 방문객들은 학술회의 홈페이지가 정적이고 관련 내용을 한꺼번에 보여주리라 기대한다. 그 웹사이트를 성차별주의적 대상화를 정당화하는 것으로 여기는 것은 불행하지만 이해할 만한 해석이다.

그 주제―89%에 이르는 백인이 조직하고 출연하는 어떤 존재론 학술회의에 관한 웹사이트의 성차별주의적인 '토이'―의 격론을 불러일으키는 특질을 참작하면, 그 기능을 폐쇄하거나 혹은 그것의 불확실성을 제거하여 알맹이를 빼버리고 그것을 신중하게 선택된 수십 장의 스톡 이미지, 즉 신경을 거스르지 않도록 보증된 견본 이미지로 대체하고 싶은 유혹이 간절했었을 것이다. 하지만 그렇게 하는 것은 그 기기의 존재도학적 역능을 파괴함으로써 그것을 단지 시각적 장식품으로 축소할 따름일 것이다.

그런데 인터넷을 사용한 적이 있는 사람이라면 누구나 너무나 잘 아는 대로 웹은 토끼 옷을 입은 여성으로 예시되는 바로 그런 종류의 대상화 이미지들로 가득 차 있다. 압축적 존재론의 취지가 오해받을 위험이 없도록 나는 무언가를 해야만 했을 것이다. 나는 마음을 누그러뜨리고서 플리커 데이터베이스에 대하여 실행했던 검색 쿼리를 다음과 같이 변경했다.

options.Tags = "(object OR thing OR stuff) AND NOT (sexy OR woman OR girl)"

이 대안은 문제를 해결했지만, 위에 제시된 불[Boole] 기준이 시사하는 대로 그 변화는 단위체들의 한 가지 범주 전체를 존재의 영역에서 배제할 위험도 있다! 여성 혹은 소녀 혹은 섹시함은 다람쥐와 등대, 고무 덧신에 못지않게 존재론적 지위를 가질 수 없는가?

이미지 토이의 홍보적 성취와 심미적 성취는 매우 명확하다. 하지만 그것의 철학적 성취는 평평한 존재론과 페미니즘이 서로 제기하는 난제에 관하여 그것이 제기하는 물음에서 비롯된다. 한편으로 존재는 젠더, 퍼포먼스, 그리고 그와 관련된 인간의 정치에 관한 쟁점들에 개의치 않는다. 사실상 압축적 존재론은 모든 존재자가 동등한 존재론적 지위를 공유하도록 요청하며, 이것은 많은 이론가가 정체성 정치의 문제에 대하여 취할 입장과 정확히 동일한 입장이다. 그런데 다른 한편으로 현세적 사물의 짐은 여전히 압축적 존재론의 단순한 주문으로 만족스럽게 물리칠 수 없는 정치적 압력을 인간의 경험에 행사한다. 그 OOO 심포지엄 웹사이트의 이미지 토이는 이들 물음에 대답하려고 거의 시도하지 않지만 공작에 힘입어 어떤 독특한 방식으로 그런 물음들을 제기한다.

사물 만들기가 하나의 새로운 관념인 것처럼 이야기하는 것은 어리석은 짓처럼 보일 것이다. 설계자, 공학자, 예술가 그리고 다른 사람들도 언제나 사물을 만든다. 하지만 철학자는 그러하지 않은데, 그들은 오직 이와 같은 책을 만들 뿐이다. 진술과 주장과 논증이 없는 철학을 탐색한 비트겐슈타인조차도 자신이 빈의 유명한 타운 하우스를 설계하는 데 도움을 준 행위를 철학적 건축의 실천으로 간주하는 것처럼 보이지 않았다.

철학적 실험 장비

여기서 한 가지 점을 분명히 하자. 도구 및 예술품과는 달리 철학적 공작물은 철학을 염두에 두고서 구축된다. 어쩌면 그것은 다양한 생산적 목적과 심미적 목적에 이바지함으로써 그 기원과 단절하여 여타의 것과 마찬가지로 보급될지도 모르지만, 어쨌든 그것은 우선 하나의 이론이나 실험, 혹은 물음 – 조작될 수 있는 것 – 으로서 구성된다. 공작물은 철학적 실험 장비다.[21]

공작은 어떤 일반적인 철학적 목적에 이바지할 수 있을뿐더러 에일리언 현상학을 추구할 특별히 유익한 기회도 제시한다. 어떤 사물의 경험은 오직 그 사물이 주변 세계에 미치는 영향을 철저히 추적하여 흑색 잡음과 객체의 내재적 경험 사이의 결합에 관해 사변함으로써 특징지어질 수 있을 따름이다. 언어

---

21. 나는 이와 같은 특정한 표현에 대하여 레비 브라이언트에게 신세를 졌다.

는 우리가 이런 관계를 서술하는 데 사용할 수 있는 도구지만, 그것은 단지 하나의 도구이기에 우리는 자신이 그것에 한정되어 있다고 느끼지 말아야 한다.

공작을 수행하는 현상학자는 다른 한 기계가 겪는 경험의 단위조작을 복제하고자 하는 어떤 기계를 만들어낸다. 정보를 기록하고 처리하며 보고하도록 우주로 보내진 탐사선과 마찬가지로 에일리언 현상학자의 공작물은 자신이 결코 완전히 이해할 수는 없는 경험을 포착하여 특징짓고자 하며, 그리하여 그 인공물의 조작자가 이질적인 사물의 경험에 대한 어떤 통찰을 얻을 수 있게 할 만큼 충분히 만족스러운 묘사를 제공한다. 본보기로서 또다시 나는 전산을 다루겠다.

닉 몬트포트와 나는 '플랫폼 연구'라는 명칭 아래 물질적 제약과 창의성, 문화 사이의 결합을 지지했다. 플랫폼 연구는 컴퓨터 플랫폼에 대한 이해가 그것을 기반으로 구축된 특정한 작품, 장르 혹은 창조적 생산 범주를 비평하는 데 얼마나 중요한지 탐구하는 분석양식이다.[22] 예를 들면, 아타리 비디오 컴퓨터 시스템(이하 VCS)의 그래픽 레지스터들의 특질은 윌리 크로우더와 돈 우즈의 텍스트 기반 〈거대한 동굴〉 게임을 워렌 로비넷이 〈어드벤처〉라는 그래픽 어드벤처 게임으로 각색하는 작업을 제약함으로써 그 장르의 관행을 확립하게 되었다. 플랫폼 연구

---

22. Nick Montfort and Ian Bogost, *Racing the Beam*, 14~17, 145~50.

에서 우리는 초점을 행위자로서의 하드웨어와 소프트웨어로 더 집중적으로 이동시킨다.

회화가 사진에 대한 우리의 물질적 이해에 영향을 주는 것과 마찬가지로 사진과 영화가 텔레비전에 미친 영향은 컴퓨터가 시각적 이미지를 구성하는 방법에 대한 우리의 이해를 흐리게 할 수 있다. 이런 혼란 상태는 이해할 만하다. 왜냐하면 텔레비전은 그 위에 대부분의 컴퓨터 이미지가 표시되는 기기와 같은 종류의 기기인 것처럼 보이기 때문이다. 〈컴뱃〉이라는 아타리 VCS 게임에서 미로와 추상적 탱크들의 외관상 단순한 조합 같은 이미지가 회화나 사진처럼 그려진다고 상상하고 싶은 유혹을 느낄 것이다. 사실상 주변 세계에 대한 컴퓨터의 지각은 인간의 안구 혹은 시각 신경은 말할 것도 없고 캔버스 혹은 셀룰로이드와도 전혀 유사하지 않다.

컴퓨터 그래픽의 초기 사례들은 텔레비전이 아니라 오실로스코프로 산출되었다. 텔레비전과 마찬가지로 오실로스코프는 형광체가 입혀진 디스플레이 표면에 전자빔을 발사함으로써 이미지를 구성한다. 오실로스코프는 디스플레이 표면을 가로질러 임의로 이동할 수 있는 전자총 하나를 장착하고 있다. 1958년에 윌리 히긴보덤은 오실로스코프를 디스플레이로 사용하는 이른바 〈테니스 포 투〉라는 간단한 테니스 게임을 창안했다. 1962년에 MIT에서 창안된 〈스페이스워!〉라는 게임도 〈아스테로이드〉라는 동전 투입 고전 게임에 사용된 것과 비슷한 종류의 모니터를 채택했다. 모니터 크기가 더 큰 경우에 그것은 때때로 XY 디스플레이, 벡터 디스플레이 또는 무작위 주사형 디스플레이로 일컬어진다. XY 디스플레이 위에 이미지를 구성하기 위해 전자빔은 튜브 내의 특정한 위치로 이동하여 빔을 작동한 다음에 또 다른 위치로 이동하는데, 그 과정에서 빔이 방출한 전자들로 그 둘 사이에 선이 형성된다. 각각의 동작은 형광체가 꺼지기 전에 빠르게 이루어져야 한다. 다른 형광체 성질은 튜브의 표면에 다른 외양을 만들어내며, 그리고 빔의 강도는 때때로 크거나 작은 조도를 산출하도록 조정될 수 있다. 인간 기입의 시각에서 바라보면 〈아스테로이드〉의 프레임을 구성하는 것은 사진이나 영화보다 드로잉과 더 유사한데, 어쩌면 쐐기문자 기입과 더 유사할 것이다. 그런데 진공으로 봉해진 유리, 즉 모니터의 시각에서 바라보면 그것은 레이저 라이트 쇼 혹은 레이브 파티와 더 유사한 경험이다.

1970년대와 1980년대의 통상적인 텔레비전 화상은 음극선관(이하 CRT)에 의해 표시된다. 오실로스코프와 마찬가지로 CRT는 형광 화면에 패턴을 갖춘 전자들을 발사하고, 그 결과로 그 화면이 발광함으로써 가시적 화상이 만들어진다. 그런데 오실로스코프와는 달리 텔레비전의 화면 이미지는 깃펜이 양피지 위에 그리는 것처럼 한꺼번에 그려지는 것이 아니라 별개의 주사 라인들로 그려진다. 요컨대 각각의 주사 라인은 전자총이 화면의 이쪽 끝에서 저쪽 끝으로 가로질러 지나갈 때 만들어진다. 한 개의 라인이 그려진 후에 전자빔은 더는 발사되지 않고, 전자총은 그다음 라인의 출발점에 다시 자리를 잡는다. 그 과정은 텔레비전 이미지가 필요로 하는 만큼 많은 주사 라인을 그릴 때까지 계속된다. 그다음에 전자총은 다시 작동을 멈추고서 화면의 출발점으로 돌아가서 자리를 잡는다(비교를 위해 그림 6을 보라).

대부분의 현대 컴퓨터 시스템은 프레임 버퍼, 즉 프로그래머가 전체 화면에 대한 그래픽 정보를 작성할 수 있는 메모리 공간을 제공한다. 프레임 버퍼가 구비된 그래픽 시스템에서 컴퓨터의 비디오 하드웨어는 스크린에 표시하기 위해 메모리에 저장된 정보를 번역하는 과정을 자동화한다. 그런데 비싼 메모리 가격을 비롯하여 수많은 설계 인자에 의해 견인된 이례적인 움직임 속에서 1977년 아타리 VCS에 장착된 빈약한 텔레비전 인터페이스 어댑터(이하 TIA) 그래픽 칩은 그 게임의 화면 그리기 같은 명백히 기본적인 작업을 복잡하게 만든다.

그 아타리 기계는 그래픽 렌더링을 위한 프레임 버퍼 같은 기능을 제공하지 않는다. 그 기계는 전체 화면에 해당하는 데이터를 저장하기에 충분한 메모리도 구비하고 있지 않은데, 전체 용량이 128바이트에 불과하다. 게다가 프로세서와 텔레비전 사이의 인터페이스는 프레임 버퍼가 장착된 그래픽 시스템처럼 자동화되지 않는다. 돌아가는 아타리 VCS 프로그램 중 하나에 텔레비전 디스플레이의 라인을 그리는 모든 순간 동안의 ROM

데이터, 프로세서 상태, 그리고 그래픽-사운드 인터페이스 사이의 인터페이스가 포함되어 있다.

인간의 시각에서 우리는 TIA 동작의 '주석'에 관한 비유적 표현을 나타낼 수 있다. 아타리 VCS 참가자들은 그들이 텔레비전 방송에서 예상하게 되었을 것과 같은 종류의 이미지를 본다. 요컨대 그들은 영화 같은 동영상의 감각을 느낀다. 하지만 아타리 VCS 자체는 전체 화면에 해당하는 그래픽 데이터를 일거에 절대 지각하지 않는다. 그것은 레지스터들에서 일어나는 변화의 엇박자 난 리듬만을 깨달을 뿐이다. 그것의 부품들 역시 상황을 다르게 본다.

6502 프로세서는 프로그램 플로우에서 순차적으로 읽히는 명령을 맞닥뜨림으로써 수학적 연산을 실행할 검색을 수행한다.

TIA는 그것의 내부 시계가 그것이 자신의 입력 레지스터 중 하나에서 일어나는 변화를 목격하도록 재촉할 때 전기 신호를 변조한다.

콘솔과 텔레비전에 접속된 RF 변환 상자는 데이터의 끝없는 흐름을 고주파로 바꾼다.

그런데 이들 서술은 실제로 무엇을 시사하는가? 철학하기의 통

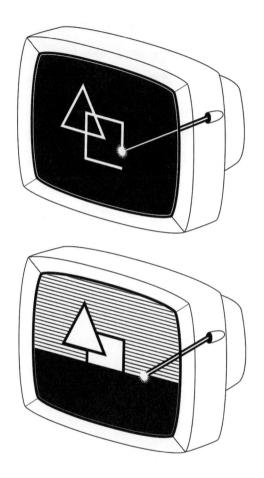

그림 6. 무작위 주사형 디스플레이(위쪽, 벡터 디스플레이 또는 XY 디스플레이로도 알려져 있다)에서는 전자총이 화상 튜브의 형광성 표면을 가로질러 제멋대로 움직인다. 래스터 주사형 디스플레이(아래쪽)에서는 전자빔이 한쪽에서 다른 한쪽으로 움직이면서 조리개 그릴을 통해서 집중시킨 일련의 주사선에 의해 이미지를 만들어낸다. 무작위 주사형 디스플레이는 종이 위에 그림을 그리는 연필과 유사한 방식으로 화상을 나타내는 반면에 래스터 주사형 디스플레이는 줄이 쳐진 공책에 글을 쓰는 것과 더 유사하게 화상을 나타낸다.

상적인 수단이 아무리 매력적이고 친숙하더라도, 또 하나의 가능한 방법은 분석될 객체의 비밀을 찾아내리라는 희망을 품고서 미친 과학자처럼 그 객체를 조작하거나 분해하는 더 체험적인 접근법을 포함한다.

나는 이 위업을 시도하기 위해 한 가지 단순한 인공물을 창안했다. 이것은 공작물의 다른 일례로서 비유주의를 위한 도구다. 내가 〈아이 엠 TIA〉라고 일컫는 그 프로그램은 TIA가 표준적인 이차원 컴퓨터 디스플레이의 렌즈를 통해서 바라본 세계상과 비슷한 것을 만들어낸다. TIA는 전체 화면을 일거에 보는 대신에 텔레비전 화상의 전자총에 동조되기에 객체 중 어느 것이 디스플레이의 현행 위치 위에 자리하는지 결정하고 그에 따른 색상 출력을 변조한다. 일단 프로그래머가 텔레비전의 수직 블랭크로 게임의 명령에 동조하면 TIA는 자신의 내부 레지스터들에서 현재 설정된 배경, 경기장 그리고 스프라이트 패턴과 색상을 주의 깊게 읽어서 하나의 신호로 변환한다.

〈아이 엠 TIA〉는 텔레비전 인터페이스 어댑터의 경험을 특징지어서 인간이 파악하도록 비유화하게 되어 있다. 그 프로그램이 돌아갈 때 그것은 〈컴뱃〉이라는 비디오게임의 화면을 해석함으로써 어떤 주어진 시간에 TIA가 계산하여 RF 어댑터로 전송하는 변조된 색상만을 제공한다. 〈아이 엠 TIA〉의 인간 조작자는 전체 화면에 해당하는 이미지를 보는 대신에 TIA가 화면상 자신의 위치에 근거하여 현재 처리하고 있는 단일한 색조만을 볼 뿐이다(도판 7). 전자총은 한 화상 전체를 텔레비전의 형광체에 초당 육십 번 새기기에 그 프로그램은 상당히 느려진다. 이런 렌더링 방식 덕분에 화면을 보는 사람이 눈의 경련을 일으키지 않게 될 뿐만 아니라 인간의 눈보다 전자빔에 동조하여 자신의 신호를 변경하는 마이크로칩에 고유한 색채 경험의 속도가 부각된다. 전자빔은 규칙적으로 멈추고서 자신의 위치가 그 다음 주사 라인 위치에 재설정되기를 기다린다. 그리하여 〈아이 엠 TIA〉 역시 인간이 아타리에 접속함으로써 결코 파악될 수 없을 그 칩의 경험 중 일부를 부각한다. TIA와 전자빔은 텔레비전의 수평 및 수직 블랭크 — 전자 빔이 새로운 라인 혹은 새로운 화면을 개시하도록 재설정되는 기간 — 동안 작동을 멈추어야 한다.

실시간으로는 순전히 순간적인 이들 국면이 〈아이 엠 TIA〉의 감속된 비유적 렌즈를 통해서 경험되는 경우에는 기묘한 정적의 순간이 아타리 이미지를 특징짓는 밝은 색상을 차단한다. 시간은 조이스틱에서 마더보드를 거쳐 텔레비전으로 이어지는 엇박자 난 유입 비트의 버스트와 신호의 버스트 그리고 색상의 버스트로 나아간다. 그 기계는 자체적으로 텔레비전 디스플레이와 60헤르츠로 동조해야 한다는 사실에도 불구하고 화면 전체에 해당하는 이미지에 관한 개념이 전혀 없다. 그것은 명령, 데이터, 색상, 암흑의 기운만을 지각할 따름이다.

에일리언 현상학적 공작물의 다른 사례들도 존재하는데, 그것들은 앞서 언급된 그런 식으로 명시적으로 고안되지 않는다.

벤 프라이의 〈디컨스트럭튜레이터〉를 살펴보자.[23] 그 프로그램은 닌텐도 엔터테인먼트 시스템(이하 NES) 에뮬레이터 — 모든 NES ROM을 그것이 원래의 하드웨어에서 작동하고 있는 것처럼 돌리는 프로그램 — 를 수정한 것이다. 주변장치에서 그 시스템은 그 기계의 ROM에 있는 스프라이트 메모리, 비디오 메모리에 있는 스프라이트 데이터, 그리고 현행 팔레트 레지스터들 — 키를 통해서 스프라이트 자체의 색인 값에 대응된다 — 의 현재 상태를 보여준다(그림 7). 사용자가 참가하는 동안 이것들은 기계의 상태가 바뀜에 따라 지속적으로 갱신된다. 〈아이 엠 TIA〉는 아타리 VCS 콘솔의 단 하나의 부품을 비유화하는 반면에 〈디컨스트럭튜레이터〉는 전체 NES 메모리 구조, 특히 그것의 스프라이트 체계와 팔레트 체계에 대한 조작적 분해도를 제공한다. 공작자의 시각에서 바라보면 그 결과는 NES 카트리지의 감춰진 파일 서랍을 열고서 그 내용을 보여주고 그 기계가 자신의 메모리 제약의 한계 내에서 게임의 내용을 조작하는 방식을 드러낸다.

〈디컨스트럭튜레이터〉의 멋진 포장이 없더라도 소스 코드 자체가 종종 에일리언 현상학에의 진입로를 제공하는데, 특히 물러서 있는 단위체들의 내적 경험을 드러내도록 제작될 때 그런 진입로를 제공한다. 〈파이어버그〉는, 프로그래머 혹은 평범한 사용자가 한 페이지가 표시될 때 웹 브라우저의 렌더링 및

---

23. Ben Fry, *Deconstructulator*.

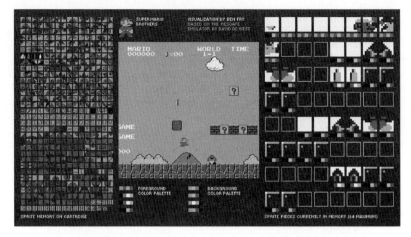

그림 7. 벤 프라이의 〈디컨스트럭튜레이터〉는 NES의 작동 분해도를 제시한다. 이 이미지에서는 스프라이트 메모리가 왼쪽에 나타나 있다. 크기가 1/2 바이트인 색상 세트들이 스프라이트들을 컬러화한다. 〈슈퍼 마리오 브라더스〉 스크린 아래에 활동 세트들이 나타나 있다. 오른쪽에는 기계의 현행 메모리 배치가 나타나 있는데, 모든 스프라이트와 해당 색상 세트가 포함되어 있다.

행동 체계의 내부 상태를 관찰하고 표시할 수 있게 하는 파이어폭스 웹 브라우저 플러그인이다.[24] 일단 설치되면 그 툴 덕분에 사용자는 화면 위의 어떤 선택된 시각적 요소에 해당하는 HTML을 보고, 그 페이지에 나타나는 객체들에 대해 어떤 색상과 폰트, 레이아웃 스타일, 위치를 사용할지 브라우저에 알려주는 스타일 정보(즉, CSS)[25]를 찾아내어 수정하고, 직선형 격

24. Joe Hewitt, *Firebug*.

25. * CSS는 'Cascading Style Sheets'의 약어로, "HTML 같은 마크업 언어로 구성된 웹페이지가 어떻게 화면 안에 표시되어야 하는지를 지정해주는 언어 혹

자를 덮어씌워서 어떤 웹 페이지의 내부 메트릭을 밝혀내고, 그 페이지에 필요한 모든 객체를 꺼내어 가져오는 데 요구되는 네트워크 활동과 지속을 검토하고, 스크립트의 오류를 수정하고 활성 변수의 실행 시간 값을 보여주며, 스타일시트 렌더링과 대본이 있는 행동 둘 다에 대하여 사용되는 문서 객체 모델(이하 DOM)[26] 내에서 그 페이지의 내부 객체 구조를 밝혀내는 등의 작업을 할 수 있게 된다.

에일리언 탐사기

그런데 에일리언 현상학을 수행하는 전산적 공작물에 대한 훨씬 더 지속적이고 주도면밀한 일례는 마리오 로메로, 재커리 파우스먼 그리고 마이클 마티스가 창안한 어떤 비인간 사회적 행위자인 〈타블로 머신〉에서 찾아볼 수 있다. 1998년에 조지아 공과대학의 연구자들은 캠퍼스 바로 북쪽에 '어웨어 홈'을 건설하기 시작했다. 그것은 다수의 기기와 스크린, 인터페이스, 카메라, 센서를 구비한 실제 주택이었다. 그것의 최초 연구자들은 다음과 같은 물음을 제기했다. "거주자들의 행방과 활동을

은 문서"(이경혁)를 가리킨다. "우리가 보는 웹사이트는 대개 HTML + CSS의 형태로 구성된다"(이경혁).

26. * DOM은 'Document Object Model'의 약어로, "앞서 언급된 HTML과 CSS 등 웹페이지를 구성하는 여러 문서 요소를 객체화, 구조화한 모델로 이해될 수 있다"(이경혁).

지각하는 주택 환경을 만들어낼 수 있을까?" 그것은, 어떤 집이 할 수 있는 유일한 일은 인간 거주자들에게 봉사하는 것이라는 가정이 상정된 연구였다.[27] 로메로와 공동연구자들이 서술하는 대로 유비쿼터스 컴퓨팅과 생활환경지능 분야의 연구는 "여전히 일상 활동과 향유, 쾌락에 관한 장기적인 적극적 성찰을 목표로 삼는 정보 접근과 업무 지원에 근거를 두고 있다."[28] 이런 한계에 대응하여 로메로와 파우스먼, 마티스는 어떤 '에일리언 존재자'를 제안한다. 그 존재자는 주변 환경(이 경우에는 집)의 상태를 감지하고 해석하여 자신의 경험을 추상미술의 형태로 보고하는 전산적 행위자다. 에일리언 존재자는 "인간 지각과 해석을 모방하려고 하지 않고 오히려 이질적인 비인간 시각을 일상 활동에 개방하고자 한다"라고 그들은 주장한다.[29]

〈타블로 머신〉은 어웨어 홈에 구역별로 나뉘어 설치된 일단의 카메라를 활용하여 얻은 변화무쌍한 이미지들을 이들 구역에서 일어나는 움직임을 가늠하는 컴퓨터 비전 알고리즘으로 해석함으로써 전체 주택의 지각 장치를 나타내려고 시도한다. 〈타블로 머신〉의 체계는 지금까지 다른 유비쿼터스 컴퓨팅 기술이 시도한 대로 그 집에 거주하는 각기 다른 인간 행위

---

27. http://awarehome.imtc.gatech.edu/about-us를 보라.

28. Mario Romero, Zachary Pousman, and Michael Mateas, "Tableau Machine."

29. 같은 글, 1266.

자들의 특정한 행동을 예측하거나 고무하는 대신에 그 창안자들이 사회적 에너지, 사회적 밀도 그리고 사회적 흐름으로 특징짓는 운동의 축적과 표출을 보간법으로 추정한다.[30] 게다가 〈타블로 머신〉은 정보 시각화 기술이 할 수 있는 대로 이 정보를 인간이 읽을 수 있도록 일대일 대응 형식으로 보여주기보다는 오히려 그 집의 지각을 그 집에 설치된 플라스마 디스플레이에 (회화 혹은 텔레비전 영상처럼) 나타나는, 간헐적으로 바뀌는 추상미술 작품으로 표현한다. 그 화면에 나타나는 이미지들은 야수주의 혹은 인상주의의 일반적인 화풍을 따르지만 어떤 특정한 미술가 혹은 미술 운동의 화풍도 모방하려고 시도하지 않는다(예를 들어 도판 8a와 도판 8b를 보라).

〈타블로 머신〉은 그 집 자체가 하나의 단위체 — 주어진 부엌과 거실, 식당, 복도를 포함하지만 그것들과는 별개의 단위체 — 라는 점을 당연시한다. 그것의 창안자들은 그 집이 지각할 수 있다고 짐작하지만 한 가지 전제, 즉 어떤 집의 지각은 그 집에 거주하는 인간이 가늠할 수 없다는 전제를 추가한다. 어떤 집을 이해하는 대신에 우리가 할 수 있는 최선의 것은 그 집의 암흑 잡음의 가장자리를 추적함으로써 우리가 인식할 수 있는 어떤 형태로 그것이 겪는 경험에 대한 캐리커처를 만들어내는 것이다. 〈타블로 머신〉의 경우에 그 연출은 그야말로 캐리커처인데,

---

30. 같은 글, 1267.

말하자면 추상미술의 캐리커처다.

〈타블로 머신〉은 집의 기능이나 거주자들의 운명을 개선하려고 시도하지 않는다. 오히려 그것은 "일상생활에 대한 이례적인 관점을 개방함으로써 매력적인 대화와 성찰을 고무하기"를 바랄 따름이다.[31] 그건 그렇다 치고, 로메로와 파우스먼, 마티스는 〈타블로 머신〉을 그들이 할 수 있을 만큼 멀리 거대한 야외로 데려가지 않은 채로 그것이 "인간 활동을 특징짓는다"라고 인정한다.[32] 어쩌면 그 프로젝트의 맥락이 그 과실을 설명하는 데 도움이 될 것이다. 결국 그 세 사람은 계산기 학회 ACM [33] 컴퓨터-인간 상호작용 분과 학술회의의 저명한 회보에 출판하기 위해 그 프로젝트를 문서화한다(이것은 연구 대상이 장치일 경우에도 학문에서 글쓰기가 지배하는 상황에 대한 또 하나의 사례다). 인간-컴퓨터 상호작용 분야는 컴퓨터-컴퓨터 관계 — 이 경우에는 주택-컴퓨터 관계 — 가 아니라 인간-컴퓨터 관계에 관여한다. 그것의 기술적 취지에도 불구하고 전산은 여타의 것만큼이나 인간의 목적과 경험에 사로잡힌 상관주의적인 분야다.

이런 맥락에서 자유로워질 수 있는 경우에 〈타블로 머신〉은 상당히 다른 것임이 확실하다. 우주의 로봇 탐지기가 전파

---

31. 같은 글, 1266.

32. 같은 글, 1267.

33. * ACM은 'Association of Computing Machinery'의 약어다.

신호를 수집하여 복사 특성을 정리한 다음에 우주 속 생명에 대한 진지하지만 불가피하게 오류가 있는 설명을 제시하는 것과 마찬가지로 그것은 우리를 에일리언으로 전환하는 에일리언 탐지기로서 기묘한 시야로부터 데이터를 수집하여 기이하고 가늠할 수 없는 내부 논리에 따라 분석한 다음에 우리 외계에 대한 나름의 왜곡된 인상을 보고한다.

〈타블로 머신〉의 창안자들에 의해 수행된 한 현장 연구가 그 점을 입증한다. 그들은 애틀랜타 지역의 세 가정에 그 객체를 설치함으로써 통상적인 가족의 거주지를 사이보그 홈으로 사실상 전환했다. 각각의 집에서 〈타블로 머신〉은 6주에서 8주 동안 장착되었으며, 그동안 해당 거주자들은 그 신기한 인공물과 밀접히 맺은 관계를 보고했다. 이들 보고 중 일부는 지각에 관한 것이라기보다 공학에 관한 것으로, 이를테면 동일한 가내 상태가 동일한 추상적 이미지를 결코 정확히 생성하지 않곤 한다는 사실을 실험을 통해서 알아내었다는 보고가 있었다.[34] 그런데 〈타블로 머신〉이 만들어낸 추상적인 이미지를 그들 각자의 집이 지각하는 방식에 대한 해석으로 간주하는 사람들도 있었다.

---

34. Zachary Pousman, Mario Romero, Adam Smith, and Michael Mateas, "Living with Tableau Machine."

그 기계가 작동하기 시작할 무렵에 B2(어머니)는 이미지를, 위에서 바라보든 혹은 다른 시각에서 바라보든 간에 자신의 집이 바라보는 광경으로 서술하기 시작했다. 다른 가족 구성원들도 이런 추리 노선을 따라서 '식탁' 혹은 '복도'에 해당하는 덩어리들을 가리켰다. 작동이 진전됨에 따라 B 가족은 이미지에서 개체들을 분별하기 시작했으며, 그리고 (떠들썩한 축하연 같은) 활동과 (포크와 닮은 것을 형성한 일단의 선을 비롯하여 꼭대기에 어지러운 모양들로 가득 찬 어떤 거대한 원 형태의) 이미지를 비교하기 시작했다. 그 가족은 이 이미지를 비롯하여 그 집 주변의 국면들을 나타낸 이미지들에 상당히 매혹되었다. 마지막 주에 베티는 웃는 얼굴처럼 보이는 이미지를 찾아내었다. 베티는 그것을 자신의 남편이 가스레인지에서 요리하고 있는 이미지로 간주했다(혹은 간주하는 척했다). 인터뷰에서 베티는 그 출력물을 매우 자랑스럽게 여겼고 자신이 그것을 간직할 수 있는지 물었다. 베티는 이 그림을 냉장고에 붙였다.[35]

〈타블로 머신〉에 대한 이런저런 인상이 그 가족의 입장에서 이루어진 의인화의 시도를 명백히 드러냄은 확실하다. 하지만 제인 베넷이 예측하는 대로 그런 태도는 그 집의 거주자들을 인간중심주의에서 해방하는 데 도움이 된다.[36] 그 어머니는 여전

---

35. 같은 곳.

히 자기 가족의 구성원들과 그들의 활동, 그들의 복지에 관해 걱정하지만, 가정에 대한 그녀의 경험은 집 자체의 지각이 자신이 느끼는 공감의 일부가 될 정도로 확대된다.

〈라투르 리터나이저〉와 〈아이 엠 TIA〉, 〈디컨스트럭튜레이터〉, 〈파이어버그〉, 〈타블로 머신〉은 모두 에일리언 현상학과 관련된 인공물이다. 어쩌면 원시적이지만 구체적이고 이론적 허세의 부담을 지고 있지 않은 인공물이다. 이들 사례는 사변이 어떤 응용 형태로 사용될 수 있는 방식을 보여준다. 또한 그것들은 에일리언 현상학자의 과업이 글쓰기 및 말하기와 관련된 것만큼이나 혹은 그 이상으로 실험 및 구성과 관련되어 있음을 보여준다. 어떤 한 형태의 공작은 객체의 시각을 예시하는 인공물을 구성하는 작업을 포함한다.

메모리 주소와 ROM 데이터 사이, 혹은 웹페이지와 마크업 사이, 혹은 가족 구성원과 전자 회화 사이의 관계는 공작이 밝혀낼 수 있는 객체 지각에 대한 몇 가지 사례일 뿐이다. 그 이유는 바로 이 순간에 다른 사물들도 생겨날 수 있기 때문이다. 그것들은 각기 자신과 자신의 일족을 이미 생겨난 화산과 물 담뱃대, 머스킷 총, 변속 레버, 석고, 수프에 합류시킨다. 나의 흥미를 끄는 상황들은 다음과 같은데, 당신의 경우에는 확실히 다를 것이다.

---

36. Bennett, *Vibrant Matter*, 120. [베넷, 『생동하는 물질』.]

전자 한 개가 형광체에 부딪히고 형광 튜브에 반점 하나가 빛을 낸 다음에 사라진다.

금속 캐치 하나가 실리콘 위에 형성된 회로를 닫는데, 프로세서는 그것의 상태를 또 다른 웨이퍼 위의 전하와 비트 단위로 비교한다.

I/O 버스 하나가 어떤 OpenGL 명령을 비디오 카드의 온보드 메모리로 전송하는데, 그 카드의 그래픽 처리 장치는 그 보드에 납땜 된 비디오 메모리로 행렬 연산을 실행한다.

기이한 실재론 일반에 대한 공작의 함의는 훨씬 더 놀랄 만한 것일 수도 있다. 요컨대 철학자-프로그래머에 철학자-지질학자, 철학자-요리사, 철학자-천문학자, 철학자-기계공이 합류한다. 객체지향 철학에 대한 하먼의 동의어 중 하나인 '사물들의 공예'는 어쩌면 비유에 불과한 것이 아니라 직무 내용을 서술하는 것일지도 모른다.

새로운 급진주의

스티븐 마이어는 창의성에 대한 화이트헤드의 견해를 논의하면서 화이트헤드의 글이 시와 공유하는 한 가지 성질이 있음을 주지시킨다. "창의적인 것을 발명할 때 화이트헤드는 시인들이 행한다고 가장 잘 알려진 것을 행하고 있었는데, 즉 아직 이름이 없는 사물들을 명명하는 일을 행하거나, 혹은―동일한 사물의 경우에―무언가에 새로운 이름을 부여함으로써 그것을 변형하는 일을 행하고 있었다."[37] 마이어는 또한 화이트헤드의 유명한 아포리즘 중 하나―그를 철학자 중 가장 많이 직접 인용되는 인물이자 가장 적게 간접 인용되는 인물로 만든 것―도 주지시킨다. "실제 세계에서는 명제가 참이라는 것보다 명제가 흥미를 끈다는 것이 더 중요하다."[38]

라투르는 자신의 고유한 판본의 이런 권고를 제시한다. "한 장의 종이 위에 쓰여 있는 것만을 고수하는 것은 위험한 일이다. 그런데 이런 일은 화가, 선원, 줄타기 곡예사 혹은 은행가의 일과 마찬가지로 기적적인 일이 아니다."[39] 라투르는 다음과 같이 결론짓는다. 지식은 "존재하지 않는다. … 그 반대의 모든 주장에도 불구하고 공예가 지식에 대한 열쇠를 쥐고 있다."[40]

그런데 화이트헤드와 라투르의 주장을 열렬히 지지한 다음에 우리는 무엇을 하는가? 우리는 자신의 장서와 워드프로세서

---

37. Steven Meyer, "Introduction," *Configurations*, vol. 13. no. 1 (2005) : 8.
38. Alfred North Whitehead, *Process and Reality*, 259 [알프레드 노스 화이트헤드, 『과정과 실재』]. Meyer, "Introduction," 9에서 인용됨.
39. Latour, *The Pasteurization of France*, 219.
40. 같은 책, 218.

로 돌아간다. 우리는 자신의 용어 선택을 윤색하고 더 많은 미주를 삽입한다. 우리는 팅커벨의 요정 먼지의 학술적 판본인 '엄밀성'을 적용하는데, 적절한 양은 죽음을 용케 모면하면서 관심을 억제한다. 너무나 오랫동안 철학에서 '급진적'임은 끊임없이 글을 쓰고 말하는 것을 의미했다. 결과적으로 매우 거대한 관념들을 이론화함으로써 이들 관념은 결코 구체화될 수 없고 단지 위협적인 정관사로 나타내어질 수 있을 따름이다('정치적인 것'the political, '타자'the other, '이웃'the neighbor, '동물'the animal). 너무나 오랫동안 철학자들은 물레처럼 실을 잣기보다는 오히려 금붕어의 괄약근처럼 쓰레기를 만들어내었다. 진짜 급진적인 철학자들이 불가해한 대작을 저술하는 것에 덧붙여 행진하는지 혹은 항의하는지 혹은 공직에 출마하는지 여부는 어쩌면 우리가 고려하지 않을 수 있는 물음일 것이다. 그리하여 우리는, 진짜 급진주의자들은 사물을 만든다는 결론을 내릴 수 있을 것이다. 본보기들은 찾아내기 어렵지 않으며, 그리고 심지어 일부 사례는 자신을 기꺼이 철학자라고 일컬을 학자들에게서 비롯된다.

또다시 한편, 우루스타라는 제노바 소재 브랜드 자문사에서는 설계자들이 수백 쪽의 내 책들을 개작하여 게임하기에 적절한 픽셀 아트로 요약한다.[41]

한편, 뉴욕대학교에서는 알렉산더 갤러웨이가 기 드보르

---

41. Urustar, *Urustar*.

의 〈전쟁 게임〉이라는 보드게임에 대한 컴퓨터 버전을 완성하는데, 그 과정에서 드보르와 그의 동료 앨리스 베커 호가 그 게임에 관한 그들의 책에서 그들 자신의 규칙을 잘못 적용했다는 사실을 밝혀낸다.[42]

한편, 퍼거스 헨더슨의 런던 레스토랑 세인트 존에서는 그 요리사가 '머리부터 발끝까지 먹기'라는 철학을 실천함으로써 고기와 내장의 무시당한 부위를 혁신적인 요리용으로 구제한다.[43]

한편, 조지아 공과대학 캠퍼스 소재 스킬리스 강의동의 안뜰에서는 나의 동료 휴 크로퍼드가 '문학 및 문화 특론'이라는 자신의 강좌에서 헨리 데이비드 소로의 『월든』에 관한 연구의 일부로서 실물 크기의 목재 오두막을 건축하는 작업을 감독한다.[44]

이들 사례는 이론을 실천하는 일 이상의 것을 행한다. 또한 그것들은 이론으로서의 실천을 나타낸다. 그렇다고 글쓰기는 흥

---

42. Alexander R. Galloway, "Guy Debord's 'Kriegspiel.'"
43. 『육류 전체: 머리부터 발끝까지 먹기』라는 헨더슨의 요리책에는 따라하기가 거의 불가능한 요리법들이 들어있다. 그 이유는 이들 요리법이 복잡하기 때문이 아니라 그것들이 요구하는 동물의 종류와 부위들을 구하기가 거의 불가능하기 때문이다. 소 혀, 돼지 피, 새끼 양의 뇌, 돼지 비장. 가장 엄격한 채식주의자들도 『육류 전체』를 음미할 수 있다. 왜냐하면 그 책은 현대 육식 생활의 잃어버린 절약과 부당한 낭비에 관한 에세이 이상의 훨씬 더 큰 의미를 지니고 있기 때문이다. 또한 그 책은, 오리 목, 양 심장, 골수 등 눈에 보이지 않는 사물들의 짜임새와 기능, 순전한 현존에 대한 실험이기도 하다.
44. http://smartech.gatech.edu/handle/1853/20514를 보라. 매드 하우저스라는 비영리 기관에 관해서는 http://www.madhousers.org를 보라.

미로울 수가 없다는 것은 아니다. 오히려 우리는 글쓰기가 흥미를 유발하는 유일한 방법은 아니라고 여길 수 있을 것이다.

우리가 대리적 인과관계를 진지하게 여긴다면, 사물들은 사실상 서로 직접 상호작용하는 일이 결코 없고 어떤 국소적으로 개념적인 방식으로 융합하거나 연결될 뿐이라는 점을 믿는다면 무엇이든 어떤 객체가 여타 객체에 접근할 수 있는 유일한 방법은 개념적일 수밖에 없다. 사람 혹은 칫솔 혹은 열풍이 마주치게 되는 객체들을 파악하는 경우에는 비유를 통해서 그렇게 한다. 화이트헤드와 라투르가 시사하는 대로 이 과정은 창조적 노력이 필요하기에 OOO가 공작 기술이 되도록 재촉하고 우리가 기술을 익히도록 재촉한다. 우리는 창의성을 구성으로, 즉 알려진 부분들로부터 새로운 무언가를 조립하는 것으로 여기는 경향이 있다. 소설은 낱말들과 잉크와 종이로 이루어지고, 회화는 물감과 캔버스와 매체로 이루어지고, 철학은 격언과 논증과 증거로 이루어지고, 주택은 기둥과 건축재와 파이프로 이루어진다. 어쩌면 미래에는 크로퍼드의 예를 좇아서 급진적 철학자들이 자신의 주먹이 아니라 망치를 들어 올릴 것이다.

5장 놀라움

경쟁하는 리얼리즘들 /
경이감 / 분해하기 / 에
일리언 일상

블로그 글을 엮어서 펴내어 베스트셀러 유머책이 된 『아메리칸 스타일의 두 얼굴』에서 크리스천 랜더는, 가능할 때마다 백인들은 텔레비전을 집에 두지 않으려 한다고 설명한다. 랜더에 따르면, 백인들이 그렇게 하는 것은 탕비실 잡담 시간에 어젯밤에 방영된 〈로스트〉 혹은 〈아메리칸 아이돌〉이 화두가 될 때 집에 텔레비전을 두지 않기로 했다는 자기 선택을 자랑스럽게 알릴 수 있다는 바로 그 이유 때문이다.[1]

백인들은 천성적으로 텔레비전에 대한 혐오감을 품고 있더라도 — 그리고 여기서 랜더가 '백인들'이라고 말할 때 그는 사실상 자유주의적이고 라테를 걸신들린 듯이 마시고 볼보를 모는 중상계층의 부류를 가리킨다는 점을 분명히 하는 것이 필시 중요하다 — 그들이 좋아하는 한 가지 종류의 프로그램이 있다. 그것은 "비평가들의 찬사를 받고, 시청률이 낮고, 프리미엄 케이블 채널로 방송되며, DVD 박스 세트로 입수할 수 있는" 그런 종류의 프로그램이다.[2] 그런 프로그램 중 신성시되는 것은 〈더 와이어〉라고 랜더는 넌지시 주장한다. 그 텔레비전 프로그램은 데이비드 사이먼이 볼티모어 마약 거래 현장을 그 가담자들 — 판매상들, 정치인들, 두목들, 중독자들, 국선 변호사들 그리고 경찰관들 — 의 눈을 통해서 보이는 대로 5부작 60회분의 에피소드로 연출한 것이다.

---

1. Christian Lander, *Stuff White People Like*, 34~5. [크리스천 랜더, 『아메리칸 스타일의 두 얼굴』.]
2. 같은 책, 108. [같은 책.]

랜더는 2008년에 그 프로그램의 최종회가 방송된 밤에 글을 쓰면서 〈더 와이어〉가 현대 문화에서 수행하는 역할을 다음과 같이 요약한다.

지난 삼 년 동안 〈더 와이어〉를 이야기할 때마다 백인들은 "그것은 최고의 텔레비전 프로그램이다"라는 반응을 보일 수밖에 없었다. 다음에 백인을 만나면 〈더 와이어〉에 대해 말해 보라! 이제 그들은 "그것은 최고의 텔레비전 프로그램이었다"라고 말할 것이다.

그렇다면 그들은 왜 그렇게까지 〈더 와이어〉를 좋아하는가? 그것은 결국 진정성과 관련되어 있다. 오래전, 〈더 와이어〉가 방송되는 시간에는 모든 마약 판매상들이 그 프로그램을 시청하기에 사실상 경찰 도청 장치가 조용해진다는 소문이 나기 시작했다. 그 소문은 사실이 아니지만, 백인들에게는 당연히 그럴듯해 보이는 것이어서 봐줄 만한 가치가 있는 것이라는 평가를 받는 데 필요한 진정성을 그 프로그램에 불어넣었다.[3]

〈더 와이어〉만 그런 것은 아니다. 〈소프라노스〉, 〈매드맨〉, 혹은 뉴멕시코의 고유한 마약 드라마 〈브레이킹 배드〉 같은 프로그램들은 우리가 무심코 격양된 목소리로 '인간적 경험'이라고 일

3. 같은 책, 109. [같은 책.]

컫는 것에 대한 바로 그 척도를 제공한다. 여러분은 거의 언제나 그것을 들을 수 있다. 이를테면 비평가와 학자, 라테를 걸신들린 듯이 들이키는 사람은 〈더 와이어〉나 〈매드맨〉이 "인간적 경험의 어두운 심층에 대한 예리한 탐사"를 어떻게 제공하는지에 관한 글을 쓰거나 이야기를 하거나 혹은 (훨씬 더 좋게도) 블로그 작업을 한다. 어쩌면 미셸 푸코와 자크 라캉, 질 들뢰즈가 거론될지도 모른다. 그들은 고급문화 비평의 미르푸아[4] 양념 역할을 수행한다. 랜더의 블로그나 책에서는 그런 비평이 언급되지 않지만, 우리는 비평 이론을 그의 비공식적 사회학 저서의 다른 한 페이지로 덧붙일 수 있을 것이다.

랜더와 라캉을 거론하지 않더라도 〈더 와이어〉 같은 텔레비전 프로그램들의 호소력은, 아무튼 자체의 본래적 진부함을 초월한 또 하나의 비평적 단구를 사용하면 "우리에게 우리 자신에 관한 무언가를 말해줄" 수 있는 능력에서 비롯된다. 중급 마약 판매상 디안젤로 박스데일, 형사 제임스 맥널티, 두목 에이본 박스데일, 경위 세드릭 대니얼스, 부두 인부 프랭크 소봇카, 시장 후보 토미 카케티, 신문 편집장 거스 헤인즈, 이들은 모두 마약 판매 현장과 관련된 객체들이다. 이들은 그 작업의 네트워크를 형성하는 행위소들이다. 그런데 포괄성과 복잡성에 관한 그

---

4. * 미르푸아(mirepoix)는 서양 요리에서 풍미를 내기 위해 쓰이는 양념으로, 주로 잘게 쓴 채소를 소금, 후추 등과 함께 은근한 불에 볶은 것을 일컫는다.

프로그램의 수사법에도 불구하고 다른 객체들이 즉석에서 무시당하는데, 이를테면 브로드웨이 이스트 주변을 지나가는 메릴랜드 교통국 버스, 헤로인 분말 프리베이스 마약류를 형성하는 합성 모르핀 유도체 다이아세틸모르핀 하이드로클로라이드, 콜트 45 자동권총, 그리고 콜트 45 몰트위스키가 있다.

경쟁하는 리얼리즘들

(백인이든 그렇지 않은 간에) 사람들이 〈더 와이어〉에 관해 이야기할 때 그들은 그것을 리얼리즘의 일례로 논의한다. 여기서 리얼리즘은 두 가지 것을 의미하며, 둘 다 새로운 사변주의가 수용하는 철학적 실재론과 상당히 다르다.

첫째, 리얼리즘은, 그 프로그램을 지루하다고 여겨지는 동종의 것들보다 뛰어나게 만드는 요소로서 등장인물들이 진실되거나, 입체적이거나, 아니면 복합적이라는 점을 시사한다. 그 프로그램에 등장하는 판매상들, 경찰관들, 부두 노동자들, 시의원들, 중학생들 그리고 기자들의 '진정성'은 그들의 배우로서의 익명성, 인종적 다양성, 평범한 외양, 그리고 어쩌면 더 중요하게도 더할 나위 없이 불가해한 그들의 행위 및 관계의 복잡성을 비롯하여 일단의 영화적 수사법을 통해서 확립된다. 이것은 스티브 존슨의 『바보상자의 역습』에서 논의된 그런 종류의 방식으로 텔레비전을 '세련된' 것으로 만드는 한 가지 면모다.

둘째, 리얼리즘은 그 시리즈물에서 작동하는 그런 종류의 리얼리즘을 은연중에 분명히 한다. 이것은 과정철학 혹은 과학 혹은 심지어 초월주의의 존재론적 실재론이 아니라 영화와 사진의 재현적 리얼리즘이다. 찰스 디킨스와 토머스 하디 같은 작가들, 레지널드 마시와 워커 에번스와 같은 예술가들, 그리고 토니 리처드슨과 마이크 리 같은 영화감독들의 영향을 좇아서 우리는 일반적으로 그것을 사회적 리얼리즘이라고 일컫는다. 당연하게도 사회적 리얼리즘은 『우리는 결코 근대인이었던 적이 없다』라는 책에서 브뤼노 라투르가 비판하는 자연-문화 분열을 채택하며, 그리하여 실재의 문화적 측면들이 자연이라는 배경 영역에 대하여 뚜렷이 부각된다.

그러므로 하나의 창작품으로서 〈더 와이어〉는, 그 주제(볼티모어)를 구성하는 부분들이 인간 행위주체들의 행위에 의해서 매개되지 않는 한에서 이들 부분에 대한 어떤 감각도 시청자들에게 전달할 수 없다. 그 문제의 일부는 철학적이다. 사이먼의 경력이 기자에서 시나리오 작가로 창작적 진전을 이룸으로써 상관주의는 불가피한 것이 된다. 사이먼은 사람들의 이야기를 들려주는 작업에 종사하고 있다. 그런데 그 문제의 다른 일부는 물질적이다. 〈더 와이어〉가 마약 중독자들과 마약 판매상들의 사회적 및 심리적 동기에 대하여 탐구하는 대로 우리는 디젤 기관 연소실의 압축열, 혹은 옥수수나 당 첨가물이 몰트위스키의 알코올 농도를 높이는 방식, 혹은 숟가락의 오목

한 표면에 담긴 물에 의한 헤로인의 용해를 깊이 탐구하는 드라마 시리즈물을 상상조차 할 수 있을까? 그렇다 하더라도 기껏해야 그 결과는 〈새터데이 나이트 라이브〉의 엉성한 촌극 한 편 — 〈3-2-1 콘트랙트〉 혹은 〈뮤추얼 오브 오마하즈 와일드 킹 핀〉[5] — 과 비슷할 것이다.

『아메리칸 스타일의 두 얼굴』에서 랜더는 공허한 스펙터클이 파타고니아 패거리[6]를 격분시키는 프로그램인 〈아메리칸 아이돌〉을 〈더 와이어〉의 본연적 반전으로 제시한다. 그런데 그 반전이 우리가 추구하는 영역 안에 있는 모든 객체에 대한 더 깊은 존중이라면 나는 한 가지 대안적인 안티테제를 제안하고 싶다. 그것은 또 하나의 케이블 네트워크 프로그램이고, 그 무대 역시 볼티모어이며, 그리고 배경으로 물러서 있기에 잊히는 구조물들의 복잡한 구성 부분들 사이에서 마구잡이로 이루어지는 취약한 관계도 다룬다.

당연히 나는 〈에이스 오브 케이크스〉를 언급하고 있다.

그 프로그램은 제과사 더프 골드만의 뒤를 쫓는다. '참 시티 케이크스'Charm City Cakes라는 그의 상점은 〈더 와이어〉가 전개되는 무대인 올리버 지역과 그린마운트 웨스트 지역 주변의 노

---

5. * 올바른 프로그램명은 각각 〈3-2-1 콘택트〉(3-2-1 Contact)와 〈뮤추얼 오브 오마하즈 와일드 킹덤〉(Mutual of Omaha's Wild Kingdom)이다.

6. * '파타고니아 패거리'(the Patagonia set)는 환경친화적인 아웃도어 기업으로 알려진 '파타고니아'(Patagonia) 의류를 입는 사람들을 가리키는 표현으로서 백인들을 암시한다.

후 지역 한가운데에 자리하고 있다. 더프의 제과점에서 노스 게이 스트리트를 따라 위로 300미터 떨어진 곳에는 아메리칸 브루어리라는 폐업한 양조장이 자리하고 있는데, 〈더 와이어〉에서는 그 양조장 뒤에 위치한 지나치게 큰 주차장이 마약 거래가 자주 이루어지는 장소로 이용된다.7 반대 방향으로 같은 거리만큼 걸어가면 페더럴 지역과 올리버 지역 사이에 뻗어 있는 베델 스트리트에 이르게 되는데, 그 거리의 콘크리트 블록 벽에는 '보디모어, 머더랜드'[더 많은 주검, 살인의 땅]Bodymore, Murderland라는 낙서 ─ 〈더 와이어〉의 시작 화면을 장식하는 이미지 ─ 가 새겨져 있다.

그 지역은 최근에 어떤 행운의 반전을 이룬 곳으로, 1968년에 일어난 볼티모어 폭동 사태에 뒤이은 도시 쇠퇴의 국면이 부분적으로 서서히 재개발된 연립주택과 자유분방한 예술가 문화로 대체되었다. 게다가 '보디모어'와는 달리 '참 시티'[매력의 도시]는 볼티모어의 공식 별칭 중 하나다. 마약으로 부패한 머더랜드라는 사이먼의 가상 도시의 핵심에 매우 가까이 있는 전문 제과점용 상호로 더프가 그 별칭을 채택한 것은 역설적 병치의 효과를 충분히 제공한다.

그 제과점 내부에서 더프는 맞춤 케이크 ─ 에어보트처럼 생겼거나 캔디로 조각된 가시올빼미 가족을 곁들인 그런 종류의 케이

---

7. http://www.city.paper.com/special/story.asp?id=11846.

크―를 만들기 위해 다른 한 종류의 백색 분말을 사용한다. 모든 현실 프로그램의 경우와 마찬가지로 많은 개성과 갈등이 그 프로그램의 서사적 흐름을 견인한다. 〈에이스 오브 케이크스〉의 경우에는 일정과 불상사가 일반적으로 극적인 사건을 초래하는데, 이를테면 케이크 주문을 주말에 완성하기에 합당한 것처럼 보이는 수량보다 더 많이 받고, 퐁당 과자와 케이크, 제과용 다웰의 다양한 재료를 실험함으로써 불가피하게도 구조적으로 통합하는 문제가 생겨난다. 당연하게도 결국에는 주문받은 케이크들이 언제나 완성되고 손님들은 언제나 더프와 직원들이 행한 노력의 결실에 경이감을 느끼게 된다. 케이크 당 가격이 최소 1,000달러에 이르기에 그것은 길거리에서 마약을 판매하는 것보다 수익성이 더 높은 사업이다.

〈더 와이어〉는 관료주의적 경험의 제도적 복잡성을 분석하고자 한다. 〈더 와이어〉는 온갖 종류의 인간 동기와 행동의 모든 양상을 그려내고, 그리하여 그 프로그램은 비극적인 것과 비속한 것 사이의 미세한 경계선에 대한 미묘하고 충격적인 비판을 전달한다. 상황은 흐느낌과 함께 서서히 잘못되어 간다. 〈에이스 오브 케이크스〉는 정반대로 전개된다. 사실상 그 프로그램은 인간적 이유를 가능한 한 많이 제거함으로써 생일과 결혼식과 은퇴식이 단지 더 흥미롭고 중요한 케이크 제조 과정을 위한 무대로 이용될 수밖에 없게 한다.

한 에피소드에서 더프의 직원들은 1880년대에 발굴된 노르

웨이 농장의 이름을 따서 명명된 9세기 바이킹 선박인 곡스타드Gokstad의 형태로 케이크를 제조한다.[8] 그것은 바이킹 역할을 연기하는 두 사람의 결혼식 케이크로 의뢰받은 것이었으며, 그들은 일주일간 계속되는 바이킹 축제의 일부로서 자신들의 결혼식을 거행하려고 계획했다. 그 에피소드에서는 그 부부의 이야기가 어떤 필연적인 설정을 제공하더라도 그 선박과 케이크 자체가 무대 중앙을 차지하고, 한편으로 그 프로그램은 그 두 사물의 구성 과정을 체계적으로 음미한다.

곡스타드는 클링커 이음 방식 – 각각의 판재를 서로 겹치게 해서 이음매 부분을 따라 못을 박아 고정하여 조립하는 방식 – 을 통해 오크나무로 건조된 전함이었다. 늑재가 조립되면, 받침목들은 선박의 내부 모양에 맞도록 오크나무를 증기에 쬐어 구부려서 제작되었을 것이다. 랜드라고 불리는 이음매는 **맞물림 이음 방식** – 늑재에 삼각형의 요철을 내서 판재들이 확고히 맞물리도록 하는 방식 – 을 통해서 형성된다. 선체 길이가 23미터에 이르는 곡스타드는 사실상 오슬로에 위치한 바이킹 배 박물관에 전시된 가장 큰 선박이다. 그 선박은 32명의 노잡이가 조종하는 점이 돋보이는데, 한편으로 전투 중에 선원들을 보호하고 물이 못 들어오게 하려고 구멍을 막는 목재 디스크들이 확보되었을

---

8. 2008년 10월 2일에 처음 방영된 "Tanks, Trucks, and Vikings"(시즌 5, 에피소드 11).

것이다.

참 시티의 케이크로 만들어진 곡스타드는 바이킹 시대의 선박건조 기법을 반영하진 않지만, 그 최종 산물은 선체와 노, 노 커버, 돛대, 돛을 완전히 갖춘 그럴싸한 복제품이다. 선체 자체는 층층이 당의를 입힌 케이크로부터 조각되었지만, 클링커 판재 기술은 퐁당 과자나 버터크림의 박판들을 통해서 적용된 다음에 오크나무의 외양에 부합하도록 당의가 입혀졌다.

휴먼 드라마에 대한 시청자의 기대를 충족시키기 위해 참 시티 직원은 그 케이크를 오하이오로 운반하며, 그곳에서 그 케이크 곡스타드는 축제의 기이한 환희 속에서 장래의 전사 우두머리들에게 공개된다. 그런데 최종 산물의 대가로 수천 달러를 지불했음이 틀림없는 그 부부는 그 제조 과정을 목격하지 못할 것이다. 사람들이 그 케이크를 먹음으로써 그것은 그것의 올바른 지위라고 추정되는 의식용 식품으로 강등되지만, 그 프로그램의 나머지 부분은 이른바 존재론적 바다를 평평하게 만든다. 클링커 이음 방식으로 연결된 오크나무 판재와 퐁당 과자, 용골, 선체, 그리고 스펀지케이크, 흰 물결과 엷게 발린 당의, 노 지지대와 쿠키는 모두 동등하게 존재하는 객체들로서 서로 나란히 자신의 자리를 차지한다. 더욱이 텔레비전 상연 자체가 각각의 구성요소는 독자적인 견지에서 동등한 잠재적인 이해관계가 있음을 드러낸다. 클링커 이음 방식으로 연결된 판재들은 완성된 전함만큼이나 매력을 발휘한다. 예전에 사각형 블록들로부터 조각된 선체의 골조를 형성하는, 당의를 입힌 케이크의 층들은 캔디로 성형된 노 혹은 원래의 곡스타드에 방수 처리했었을 타르 방수제에 못지않게 소중한 것으로 판명된다.

더프는 목공예와 조각, 조형예술의 기법을 도입함으로써 유효한 제과용품을 추가한다. 〈에이스 오브 케이크스〉의 에피소드에서는, 예를 들면 밀레니엄 팰컨[9] 케이크의 지지대와 받침대를 대강 제작하기 위한 전동 공구가 정기적으로 등장했다. 여기서도 모든 객체는 여타 객체에 못지않게 흥미를 느끼게 하는 채로 있다. 모든 파이프와 창문, 배기구는 조종석, 우키, 혹은 사실상 이들 객체가 가상적으로 공명하게 되는 바로 그 〈스타워즈〉 우주와 나란히 자신의 자리를 찾아낸다.

그런데 사이먼이 오로지 자신이 다루는 주제의 인간적 측면만을 밝히는 잘못을 저지른다면 더프는 자신이 창작하는 사물의 풍요로운 존재론적 급소 중 단지 매우 작은 부분만을 제시하는 잘못을 저지른다. 우리가 갈구하는 것이 음식 자체라면 우리는 이전에 푸드 네트워크를 통해 방영된 주요 프로그램인 앨턴 브라운의 〈굿 잇츠〉와 같은 또 하나의 프로그램을 요구해야 할 것이다.

일부 사람은 브라운의 접근법을 과학교육자인 미스터 위저

---

9. * '밀레니엄 팰컨'(Millenium Falcon)은 영화 〈스타워즈〉에서 주인공 중 한 명인 한 솔로(Han Solo)가 타던 우주선이다.

드 또는 빌 나이의 접근법과 비교한다. 그 이유는 브라운의 프로그램은 요리할 때 작동하는 화학적 과정들과 다양한 조리기구의 기술적 장점 및 단점에 특히 주목하면서 음식의 과학과 기술을 탐구하기 때문이다. 브라운은 더프처럼 케이크와 과자류에 한정되지는 않지만 프로그램에서 케이크 제작 과정을 특집으로 다루었다. 브라운의 기법은 누구나 텔레비전 방송에서 시청할 수 있는 리얼리즘들에 또 다른 층위를 추가한다.

앨턴의 굿 잇츠 파운드케이크는 (추정컨대) 맛있게 먹을 수 있는 즐거움을 줄 뿐만 아니라 그 케이크를 구성하는 존재자들과 과정들에 대한 일단의 통찰도 제공한다. 예를 들면, 반죽을 만들 때는 '크림법'을 사용하는 것이 일반적이다. 크림법은 최종 케이크의 가벼움과 부드러움을 향상하는 것으로 알려진 재료 혼합에 대한 한 가지 접근법이다. 간단히 서술하면 크림법은 다음과 같다.

1. 유지를 휘젓는다.
2. 설탕을 유지와 뒤섞는다.
3. 달걀을 넣는다.
4. 건조한 재료와 젖은 재료를 번갈아 가며 넣는다.

처음 두 단계를 거치면 반죽에 작은 기포들이 생겨난다. 이들 기포의 크기가 더 균일하고 그 수가 더 많을수록 최종 케이크는 더욱더 가볍고 폭신폭신하게 구워질 것이다. 건조한 재료(일반적으로 밀가루와 베이킹소다, 소금)의 경우에, 이들 재료가 미리 균일하게 혼합된다면 소금과 팽창제는 반죽 전체에 걸쳐서 고르게 분산되기에 결국 구워질 때 반죽이 더 고르게 부풀어 오를 수 있게 될 것이다. 주방용품에 정통한 앨턴은 최고의 배합을 위해서 무거운 스탠드 믹서를 사용할 것을 권한다. 그가 사용하는 믹서는 측면들에 불꽃 판박이 그림도 붙어 있다.

대부분의 크림법 설명은 "가볍고 폭신폭신해질 때까지 버터를 휘젓는다"라는 표현처럼 막연하게 권고한다. 그런데 정확히 어떤 상태가 가볍고 폭신폭신한 상태로 여겨지는가? 여기서 브라운의 방법이 갖는 독특한 면모가 드러난다. 브라운은 이런 종류의 모든 상황에 대하여 한 가지 접근법을 갖추고 있다. 이 경우에는 '가벼움과 폭신폭신함'이라는 추상관념이 그것의 고유한 단위조작을 얻게 된다.

좋습니다. 거기서 저는 '가벼운' 그리고 '폭신폭신한' 같은 막연한 용어들을 사용하고 있습니다. 휘젓기를 멈추어야 할 때는 다음과 같습니다. 설탕 과립을 더는 볼 수 없지만 크림화된 유지를 약간 떼어서 손가락으로 문지르면 여전히 과립을 느낄 수 있을 때 휘젓기를 멈추어야 합니다. 크림화가 과하게 이루어질 수 있지만(그리고 혼합물이 균질의 매끈한 혼합물에서 응고된 우유와 유사한 것으로 이행할 때 크림화가 과하게 이루어졌음을 알아차릴 것입니다), 부적절한 기포화(즉, 크림화가 부족하게 이루어짐)가 훨씬 더 일반적입니다. 경험에 의거하여 저는 유지의 부피가 3분의 1가량 증가할 때까지 휘젓습니다.[10]

브라운의 다른 요령 역시 요리법의 보이지 않는 요소를 식별한다. 예를 들면, 브라운은 (대다수 요리법이 권고하는 대로) 달걀들을 혼합물에 한꺼번에 넣기보다는 오히려 그것들을 별도로 혼합할 것을 제안한다. 그렇게 함으로써 수분이 많은 달걀흰자가 달걀노른자에 의해 유화되면서 유지에 유입되는 액체의 양이 감소하게 된다. 유지의 종류 역시 차이를 만들어낸다. 앨턴은 천천히 교반된 유럽식 버터를 권고한다. 그 이유는 이들 버터의 더 작은 유지 결정이 더 작은 기포를 산출함으로써 케이크의 결이 더 고와지기 때문이다. 그리고 케이크를 만들 때는 중력분보다 박력분을 선택할 것을 권고한다. 더 미세한 밀가루 입자 크기, 더 낮은 단백질 함량, 그리고 표백은 모두 케이크의 최종 질감을 부드럽게 하고 고르게 하는 데 도움이 된다.

브라운의 케이크 제조법은 압축적 실재론을 포함한다. 케이크는 존재함이 확실하다. 키친-에이드 5-쿼터 스탠드 믹서, 예열된 오븐, 혼합 그릇 그리고 기다리고 있는 식도 역시 존재한

---

10. Alton Brown, *I'm Just Here for More Food*, 177. 또한 http://www.npr.org/templates/story/story.php?storyId=4229760을 보라.

다. 그런데 설탕, 밀가루 과립, 유지 결정, 팽창제, 기포 역시 존재한다. 그리고 그것들은 그저 존재하지 않는데, 그것들은 존재한다는 점에서 **동등**하며, 그리고 〈굿 잇츠〉는 평평한 현존이 동등한 수준의 잠재적 가치를 수반함을 입증한다. 결정과 설탕 사이, 팽창제와 반죽 사이의 관계는 케이크와 입 사이의 관계만큼이나 근본적이다. 발생하는 기체의 분포는 최종 산물(가볍고 폭신폭신한 케이크)과 관련이 있기에 흥미롭고 유용함이 확실하지만, 〈굿 잇츠〉는 기포와 밀가루 과립 역시 고려하고 조사하며 심지어 경이감을 느낄 가치가 있는 독자적인 최종 산물로서 제시한다.

경이감

철학에서 경이감awe은 기이한 관념이다. 플라톤에게서 경이감이라는 관념이 처음 나타나지는 않았을 것이지만 그것에 관한 가장 유명한 두 가지 언급 중 하나가 제기된다. 『테아이테토스』라는 대화편에서 소크라테스는 그 대화편에 제목을 부여하는 고아 청년과 나눈 대화를 이야기한다. 테오도로스는 자신의 제자인 테아이테토스를 소크라테스에게 유망한 제자이면서 더욱이 소크라테스를 상당히 닮은 제자라고 추천했다(그 대화편을 읽으며 우리는 이것이 칭찬이 아님을 알게 된다).

소크라테스는 테아이테토스에게 자신이 앎이란 무엇인지

파악하는 일을 도와 달라고 요청한다. 자신의 몸에 올리브기름을 바르는 일을 막 끝낸 그 청년은 새롭게 기름을 바른 친구들과 함께 그 두 노인을 지나가면서 얼마간 놀라움에 사로잡힌다. 테아이테토스는 그런 질문에 어떻게 대답해야 할지 모르겠다고 응답하지만, (당연히) 소크라테스는 끈덕지게 되묻는다. 테아이테토스는 용기를 내어서 앎이란 다름 아니라 지각이라는 의견을 제시한다.

소크라테스의 대화 상대들이 공통으로 그러하듯이 테아이테토스도 이제 걸려들었다. 그의 스승인 테오도로스는 그에게 단순한 인사 이상의 일을 맡긴 것으로 밝혀진다. 소크라테스는 테아이테토스에게 자신이 자궁에서 빠져나오려고 하는 신생아처럼 뇌에서 빠져나오고자 하는 앎에 대한 정의를 사실상 지니고 있음을 믿게 하는 방식으로서의 산파술 주문과 관련된 광범위한 여담을 늘어놓는다. 그 밖에도 소크라테스는 논리적 오류에 관한 장광설, 호메로스에 대한 평가, 『프로타고라스』를 통한 우회를 지겹도록 자세히 이야기한다.

테아이테토스는 자신의 앎의 가장자리를 추적하게 되어 있는 많은 수수께끼를 거친 후에 다음과 같이 인정한다. "그렇습니다. 사실상 저는 이런 것들이 도대체 무엇인지 엄청나게 놀라고 있습니다. 때때로 저는 그것들에 관해 생각하다가 정말이지 현기증을 느끼게 됩니다."[11] 소크라테스는 종종 인용되는 경구가 될 구절로 응대한다.

실로 여기 계신 테오도로스 님이 자네 자질에 관해 잘못 가늠하신 것은 아닌 것 같군. 놀라워하는 것, 이것이야말로 철학자의 표식이기에 하는 말이네. 사실상 이것 말고 철학의 다른 시작은 없으니까. 그리고 이리스를 타우마스의 딸이라고 말한 이는 계보를 제대로 작성한 것 같네.[12]

그리스 신화에서 이리스는 지상과 천상을 연결하는 전령으로, 인류를 신들에게 연결한다. 계보와 관련된 언급의 경우에 소크라테스는 헤시오도스를 지칭하고 있다. 헤시오도스는 이리스가 바다의 신 타우마스와 대기 님프 엘렉트라의 딸이라고 설명했다. 이리스는 또한 무지개의 여신이기도 한데, 대기를 통해서 지상과 천상을 연결한다.

그런데 이리스와 타우마스에 관한 이런 여담은 그리스어를 통해서만 이해될 따름이다. 테아이테토스가 현기증을 느낀다는 점을 인정할 때 사용하는 낱말은 '타우마조'thaumazo인데, 이는 '나는 놀란다'를 뜻한다. '타우마스'thaumas라는 신의 이름 역시 '놀라움'(타우마thauma)을 가리키는 낱말이다.

놀라움은 두 가지 의미가 있다. 한편으로, 놀라움은 어쩌면 숭배 혹은 경악에서 겪을 그런 종류의 경외 혹은 경탄을 시

11. Plato, *Theaetetus*, 155c. [플라톤, 『테아이테토스』.]
12. 같은 책, 155d. [같은 책]

사할 수 있다. 그런데 다른 한편으로, 놀라움은 곤혹스러움 혹은 논리적 혼란을 뜻할 수 있다. 철학적 시각에서 바라보면 두 번째 의미가 소크라테스와 플라톤이 염두에 두고 있는 것 — 이리스의 작업처럼 불가사의한 것을 현실로 가져오는 추리 과정으로서의 철학 — 이라는 결론을 내리고 싶을 것이다. 이것이 지금까지 대다수 철학자가 소크라테스의 놀라움을 이해한 방식임은 확실한데, 놀라움은 이해를 촉진한다고 더 명시적으로 주장하는 아리스토텔레스를 통해서 해석될 때 특히 그러했다.[13]

그런데 이들 두 가지 의미를 『테아이테토스』의 맥락에서 이해하는 또 다른 방식이 있다. 그 이유는 특히 그 대화가 아무것도 해결하지 않은 채로 끝나기에 그 대화자들은 각자 자신이 소유하지 않은 지식에 대하여 겸손해야 함을 깨닫게 되었다는 결론을 기꺼이 내렸기 때문이다. 이런 식으로 바라볼 때 놀라움의 무지개 딸은 지상과 천상 사이를 횡단할 수 있게 하는 길을 제공할 뿐만 아니라 그 자체로 멈춤을 요구하는 길도 제공한다. 이것은 양립할 수 없는 데리다주의적 유예 상태 중 하나가 아니다. 그것은 연기되지 않은 정말로 동시적인 조건이다.

당분간 무지개 길 비유를 염두에 두자. 예전에 나는 하와이 마우이섬의 풀이 우거진, 바람이 불어오는 쪽을 따라 카훌루이

---

13. Todd Wayne Butler, *Imagination and Politics in Seventeenth-Century England*, 58.

와 하나 사이를 가로지르는 하나Hana 고속도로를 횡단한 적이 있다. 그 도로는 그 섬의 할레아칼라 분화구 근처의 건조하고 화산 작용으로 형성된 남단으로 이어진다. 하나 고속도로 그 자체가 하나의 여행 목적지다(그리고 그것의 외관상 목적지인 하나라는 조용한 소도시보다 훨씬 더 그러하다). 이 도로에서 평균 속력은 시속 24킬로미터이다. 그 이유는 규제 때문이 아니라 굽이도는 곡선 주로들, 협소한 주로들, 그리고 수많은 돌출부와 다리, 폭포로 인해 속력을 늦출 수밖에 없기 때문이다. 그런데 또한 이 협소하고 구불구불한 도로가 육로를 이용하여 마우이 섬의 상업 및 교통 중심에서 하나라는 소도시로 가는 유일한 통행 수단이다.

하나 고속도로는, 심미적으로 호소력이 있지만 더 우회하는 경로를 제공하는 '경관도로'와는 미묘하게 다른 사례다. 예를 들면, 로스앤젤레스에서 샌프란시스코 사이의 해변을 따라 놓인 퍼시픽 코스트 하이웨이(이하 PCH)는 주간고속도로 제5호선(이하 I-5)을 대신할 풍경 좋은 대체 도로다. I-5의 가장 기억할 만한 면모는 콜링가Coalinga와 로스바뇨스Los Baños 사이에 펼쳐진 산업형 소 도살장들에서 나는 악취다. 그런데 또한 PCH를 주행하면 적어도 이동 시간이 1시간 30분 더 걸리게 된다.

철학의 대상이 해독되어야 할 수수께끼이자 경탄의 대상인 것처럼 하나 고속도로는 길이자 목적지다. 마찬가지로 팽창제의 기체는 케이크가 부풀러 오르게 할 수 있는 만큼이나 정념을 불러일으킬 수 있다. 퐁당 과자 판재들은 모조 곡스타드가 구두점을 찍는 결혼식만큼이나 의식을 치를 가치가 있고, 헤로인 숟가락은 그것을 교차하는 제도적 기능 장애만큼이나 음모를 요구한다.

놀라움이 등장하는 두 번째 유명한 사례는 프랜시스 베이컨에게서 비롯된다. 베이컨은 두 가지 비유를 통해서 아리스토텔레스의 촉매적인 놀라움을 확장한다. 베이컨은 놀라움이란 "지식의 씨앗"이자 "파편적 지식"이라고 말한다.[14] 이들 설명 중 전자는 아리스토텔레스의 판본과 다소 동일하다. 하지만 후자는 더 복잡하다. 베이컨은, 신에 관한 지식으로부터 필연적으로 거리를 두고서 떨어져 있는 경우처럼 "거리를 유지하는 것"을 경탄(아드미라티오 admiratio, 놀라움을 가리키는 라틴어 낱말)이라고 일컫는다. 18세기의 철학자이자 외교관이자 군주제주의자였던 조제프-마리 드 메스트르는, "의심의 여지가 없이" 베이컨의 개념은 "아무것과도 연루되지 않은 학문" 혹은 "지식 없는 지식"으로 가장 잘 이해된다고 넌지시 주장한다.[15] 우리의 놀라움은 부분적으로 지식으로 전환될 수 있지만, 베이컨에게 창조 자체에 관한 지식을 향한 길은 여전히 갈 수 없는 길이다. 이리스의

---

14. Francis Bacon, *On the Advancement of Learning*, 9~10. [프랜시스 베이컨, 『학문의 진보』.]

15. Joseph de Maistre, *An Examination of the Philosophy of Bacon*, 170.

고속도로를 막는 바위처럼 단절 행위를 실행하는 아포리즘에 대한 베이컨의 관심은 이런 파편성을 포착함으로써 부분적으로 설명된다. 메스트르는 자신 있게 설명한다.

누군가가 신에 관한 관념에서 끌어내고 싶은 증명에 대하여 우리는 그것을 진짜 농담으로 여길 수 있다. 그 이유는 우리가 신을 전혀 알지 못하기 때문이다. 제리네테가 새를 음악가로 만들듯이 사람을 유신론자로 만드는 성경은 여전히 남는다.[16]

지식은 관념과 객체를 교차하거나 둘러쌀 수 있을지도 모르지만, 카나리아를 훈련시키는 데 쓰이는 기계적 장치가 실제로 그것을 소프라노로 전환하지 않는 것과 마찬가지로 지식은 관념과 객체에 결코 침투하지 않는다. 이런 식으로 이해되면 놀라움은 초기의 아리스토텔레스적 촉매의 정반대에 해당하는 것처럼 보인다. 베이컨은 그것을 정지, 무능력에 비유한다.

놀라움은 경악, 즉 신체의 부동자세를 초래하거나, 혹은 눈을 하늘로 밀어 올리고 손을 들어 올린다. 경악의 경우에 그것은 마음을 어떤 숙고의 대상에 고정함으로써 초래되기에 예전처

---

16. 같은 책, 171. 제리네테(serinette)는 카나리아에게 음악을 가리치는 데 쓰이는 작은 손풍금이다.

럼 거닐거나 배회하지 않게 된다. 그 이유는 놀라움에 휩싸일 때는 두려움에 휩싸일 때처럼 정신이 비행하지 않고 정착할 따름이기에 몸을 움직이기가 더 어렵게 되기 때문이다. 눈을 밀어 올리고 손을 들어 올리는 것의 경우에 그것은 역능과 섭리로 기묘한 놀라운 것들을 만들어내는 신에 대한 호소의 일종이다.[17]

객체들 사이의 근본적인 분리가 OOO의 토대를 이루며, 그리고 이런 견지에서 어쩌면 우리는 놀라움에 대한 베이컨의 설명과 플라톤의 설명을 각각의 유대-기독교적 맥락 및 이교도적 맥락에서 세속화하는 동시에 함께 융합하기를 바랄 것이다. 각각의 경우에 사물들은 탐구를 향한 추진력을 촉발하는 어떤 종류의 곤혹스러움으로 지식을 암시하게 된다. 그런데 동시에 놀라움에 관한 플라톤의 개념, 아리스토텔레스의 개념 그리고 베이컨의 개념은 모든 객체 사이의 타협할 수 없는 분리도 강조하고, 철학에 의해서든 유신론을 통해서든 과학에 힘입어서든 간에 우리가 연결하기를 바라지 않거나 기대하지 않는 간극도 강조한다. 소크라테스와 베이컨이 이야기한 대로 지식이 손이 닿지 않는 곳에 머무르고 있는 것이 아니라 오히려 그런 지식에 대한 바로 그 추구가 형이상학적으로 바람직하지 않다.

---

17. Francis Bacon, *Works*, Vol. 1, 493.

그러므로 "아무것과도 연루되지 않은 학문"에 관한 메스트르의 경구는 한낱 도발에 불과한 것이 아니다. 놀라움의 행위는 통상적인 논리 ─ 인간의 논리는 한 가지 예일 뿐이다 ─ 로부터의 분리를 초래한다. 이것은 에일리언 현상학이라는 방법에서 필수적인 행위다. 하워드 파슨스가 서술하는 대로 놀라움은 "의식의 막에 난 틈, 인간이 구성한 기성의 예견된 의미들의 체계에 갑작스럽게 난 구멍"을 시사한다.[18] 놀란다는 것은 자신의 논리 ─ 종교든 과학이든 철학이든 관습이든 혹은 의견이든 간에 ─ 에 대한 모든 신뢰를 일시 중지하는 것이며, 그리고 어떤 객체 ─ 밀가루 과립, 소형 화기, 민사 사법제도, 바이킹 선, 퐁당 과자 ─ 의 고유한 논리의 특이성에 전적으로 포섭되는 것이다.

그레이엄 하먼의 표현에 따르면 놀라움은 실재적 객체들이 유혹과 몰입을 통해서 서로 호출하는 데 사용하는 일종의 매혹allure이다. 하먼이 서술하는 대로 "매혹은 객체를 그것의 내부적 삶이 직접 현시되게 하지 않는 채로 암시할 따름이다."[19] 놀라움은 어떤 객체와 그 객체에 관한 바로 그 개념 사이에 존재할 수 있는 특정한 매혹의 태도를 서술한다. 매혹이 "객체들 사이의 분리"라면, 놀라움은 객체들과 매혹 자체 사이의 분리다.[20] 놀라움은 객체들이 방향을 잡는 방식이다.

---

18. Howard L. Parsons, "A Philosophy of Wonder," 85.

19. Harman, "On Vicarious Causation," 215.

20. 같은 곳.

그런데 현대 사상에서 놀라움은 알맹이가 사실상 빠져버리고 순진한 망상만 남게 되었다. 우리가 사회적 상대주의자로서 객체들에 접근할 때 그것들은 단지 인간 행동과 사회의 산물 혹은 조정자로서 관심을 받을 뿐이다. 이것이 〈더 와이어〉가 콘크리트 블록과 치킨 맥너겟, 화물선, 낙서를 다루는 방식이다. 그런 것들은 인간 행동에 관한 어떤 시각을 제시할 때에만 관심을 받을 뿐이다. 그런데 우리가 과학적 자연주의자로서 객체들에 접근할 때에도 마찬가지의 편견이 적용된다. 유지 결정과 밀가루 단백질 농도가 대화에서 언급됨은 확실하지만, 그것들이 인간이 향유하도록 만들어지는 버터케이크의 제조를 촉진하는 한에 있어서만 그러하다. 일부 과학자가 과학은 우주에 관한 보편적 진리를 밝히고자 한다고 주장하면서 과학 자체의 인간중심성을 부인하려고 노력할지라도 과학의 수사법은 전적으로 그리고 철저히 인간의 지식과 행위, 용도에 사로잡혀 있다.

분해하기

과학·기술·공학·수학(이하 STEM)[21] 교육에 관한 최근의 논쟁들보다 이 현상을 추적하기 좋은 사례는 없다. 지구화된 경제가 지금까지 미합중국을 압박함으로써 그 나라의 과학적

---

21. * STEM은 'science, technology, engineering, and math'의 약어다.

주도권이 약해지게 되었다는 이야기가 있다. 이런 도전으로 인해 경제적 및 지적 세계 지도국으로서 미합중국의 지위가 위험에 처해 있다고 하는데, 이를테면 인도와 중국 같은 국가들은 더 나은 역량을 갖춘 과학자와 공학자를 훨씬 더 많이 양성한다. 이런 견해는 자료로 뒷받침된다. 예를 들면, 미합중국의 2005년 전국학업성취도평가 보고서는 고등학교 3학년 학생 중 61%가 수학에서 기본 역량을 성취한 한편으로 단지 23%만이 능숙한 수준의 성과를 거두었음을 알려주었다.[22] 과학과 공학 훈련이 필요한 일자리의 수가 계속해서 증가하고 있다고 하는데도 학부 혹은 대학원 학습을 통해서 이들 일자리를 준비하는 학생의 수는 감소하고 있다. 공학 일자리는 20세기 마지막 이십 년 동안에 159%만큼 증가했지만, 2003년 무렵에는 130만 개의 그런 일자리가 채워지지 않았거나, 혹은 자격을 갖춘 외국 노동자들, 특히 인도와 중국, 독일 출신의 노동자들로 채워졌다.[23]

그리하여 미합중국에서는 일단의 교육 프로그램이 출현하게 되었으며, 대부분은 자국의 확실한 자기파괴를 저지하는 데 관심이 있는 전국적인 재단들에 의해 견인되었다. 예를 들면, 현재 모든 세대 집단을 대상으로 로봇 경진 대회를 운영하는 퍼

---

22. 많은 사례에 대해서는 http://www.edigroupke.com/TheStemCrisis.htm을 보라.
23. 같은 곳.

스트[24] 프로그램이 있다.[25] 건축과 건설 경력에 대한 학생들의 의식을 제고하게 되어 있는 중학교 교육과정인 '크레용에서 CAD까지'라는 프로그램도 있다.[26] 미래 공학자와 기술 전문가의 수와 다양성을 증진하기 위해 고안된 중·고등학교 교육과정인 '프로젝트 리드 더 웨이'라는 프로그램도 있다.[27] 나는 많이, 더 많이 열거할 수 있을 것이다. 그런데 이들 프로그램 중에서 나는 나 자신이 가르치고 있는 조지아 공과대학의 학위 프로그램 중 하나를 인용할 것이다. 다음의 구절은 그 대학의 웹사이트에서 발췌한 것이다.

전산매체과학 학사(이하 BSCM)[28] 과정은 소통과 표현에 있어서 전산의 중요한 역할을 인식함으로써 개설되었다. BSCM 교육과정은 학생들이 컴퓨터를 하나의 매체 ─ 기술적 매체, 역사적·비판적 매체 그리고 응용 매체 ─ 로서 파악하게 한다. 학생들은 시각 디자인과 매체의 역사에 대한 이해뿐만 아니라 전산에 관한 중요한 실제적 지식과 이론적 지식도 얻게 된다. 이 과정을 마친 졸업생들은 엔터테인먼트와 교육, 기업을 위한 새

---

24. * FIRST(퍼스트)는 'For Inspiration and Recognition of Science and Technology'의 약어다.

25. http://www.usfirst.org를 보라.

26. http://www.crayonstocad.org를 보라.

27. http://www.pltw.org를 보라.

28. * BSCM은 'The Bachelor of Science in Computational Media'의 약어다.

로운 디지털 매체 형식들을 구상하고 창안하며 비평하게 되는 독특한 위상을 갖게 된다.[29]

"성인이 되었을 때 무슨 일을 하고 싶니?"라는 고통을 줄 정도로 부당한 질문을 받게 되는 경우에 어린이들은 때때로 "버스 운전사" 혹은 "수위" 같은 대답으로 응답한다. 사회적 지위가 낮은 저임금의 이들 직업을 바란다는 이유로 성인들은 그런 응답에 진저리를 치는 경향이 있다. 나는 초등학교 1학년 시절에 이런 종류의 숙제에 대하여 쓰레기차의 모습을 정교하게 그린 사실을 기억한다. 나는 육중하게 움직이는 행태와 따분한 굉음과 그득한 강철 엉덩이를 갖춘 그 기이하고 마법적인 장치에 매혹되었다. 하지만 그때는 냉전 시기였고, 산디아 연구소에 소속된 핵물리학자들과 로켓 썰매 공학자들의 많은 아이가 입학한 한 사립학교에 다니고 있었다. 쓰레기 수집은 적절한 목표가 아니었다. 다행히도 나는 비디오게임 이론가라는 훨씬 더 합리적인 경력을 선택했다.

그런데 우주인 혹은 요리사 같은 더 '인정받을 만한' 직업적 목표조차도 천문학이나 화학에 대한 어린이의 잠재적 관심을 확증하기보다는 오히려 객체들의 이질적인 불가사의에 대한 자연스러운 놀라움의 상태를 확증한다. 하지만 유감스럽게도

---

29. http://lcc.gatech.edu/compumedia/?page_id=9.

STEM 목표들에 깃들은 공통의 지혜는 어린 시절 이들 기회의 순간이 포착되어 활용되어야 한다고 시사한다. 예를 들면, 혼다의 휴머노이드 로봇 아시모에 호기심을 갖게 되는 어린이는 보람이 있고 돈이 벌리는 로봇공학의 경력을 추구하는 도중에 여러 가지 가능한 '다음 단계'에 휩쓸리리라 예상할 것이다. 객체들의 기계적 내부 구조를 설명하는 『도구와 기계의 원리』 같은 책을 통해서든, 혹은 레고 마인드스톰 키트를 비공식적으로 만지작거리는 행위를 통해서든, 혹은 퍼스트 로봇공학 같은 공식적인 프로그램을 통해서든 간에 고등학생들의 경탄은 놀라움의 탱크로부터 서서히 빠져나가게 됨이 확실하며, 그리하여 그 놀라움의 탱크는 진보라는 기계 — 사회와 문화의 기어들에 연결된 장치 — 의 차가운 탱크를 채우기 위해 학생 모자의 무의미한 프로펠러에 동력을 제공할 따름이다.[30] 보편주의에 대한 주장에도 불구하고 과학 역시 상관주의를 받아들였기에 지금까지 언제나 인간의 관심사에 집중했다.

이런 의미에서 과학과 철학은 유사한 방식으로 놀라움을 다룬다. 과학과 철학의 경우에 놀라움은 빈 곳, 어딘가 더 발전의 여지가 있는 곳에 이르게 하는 터널의 구멍이다. 그것은 하나의 수단이다.

한 가지 예를 살펴보자. 내가 이미 밝힌 대로 때때로 나는

---

30. David Macaulay, *The Way Things Work*.

아타리 컴퓨터에 관해 가르치는 호사를 누린다.[31] 이 기이한 마이크로컴퓨터는 출시된 지 삼십 년 이상이 지났고, 따라서 누구든 오늘날의 교육 및 직업 환경에서 그런 수업을 정당화하는 데 어려움을 직면할 것이다. 그런 지적에 대하여 나는 학생이나 행정가보다 언론에 내세울 많은 답변이 있다. 나의 학생들은 모스 테크놀로지[32] 6502 마이크로프로세서와 주문 설계된 텔레비전 인터페이스 어댑터를 비롯하여 그 기기의 부품들에 관해 매우 자세히 알게 된다. 그들은 이들 부품의 기능을 학습함으로써 다양한 비디오게임이 작동하는 방식을 이해할 뿐만 아니라 그것들이 창안된 방식에 대한 통찰도 얻게 된다. 게다가 또한 그들은 같은 이유로 인해 그 시스템을 프로그램하고, 그것의 외관상 노후화에도 불구하고 사진가가 뷰카메라를 탐구하거나 혹은 시인이 오행시를 탐구하는 것과 마찬가지 방식으로 이 시스템의 창조적인 가능성을 탐구할 수 있게 된다.

아타리 컴퓨터가 분해되면 초등학교 1학년의 쓰레기차처럼 새로운 객체들이 현시되는데, 이를테면 마이크로프로세서, RAM, 오디오/비디오 프로세서, 고주파 신호 인코더, 공명하여 기이하게 윙윙거릴 수 있는 객체들이 드러난다.

---

31. 두 가지 본보기 강의계획서에 대해서는 http://www.bogost.com/teaching/
the_atari_video_computer_syste.shtml과 http://www.bogost.com/teach-
ing/atari_hacks_remakes_and_dmake.shtml을 보라.
32. * 모스 테크놀로지(MOS Technology)는 미합중국의 반도체 설계 및 제조 기업이다.

그런데 이들 기기의 숙달 역시 검토 대상이 된다. 6502 기기는 오늘날의 전산 체계에서는 응용성이 한정된 구식의 원시적인 마이크로프로세서다. 그리고 내가 공작의 맥락에서 논의한 대로 TIA 기기는 아타리 컴퓨터용으로 주문 설계되었기에 텔레비전 화상을 한 라인씩 렌더링하는 기묘한 방식에 관하여 얻게 되는 지식은 엑스박스 혹은 플레이스테이션 같은 현대 기계들에 대한 특별한 효용을 지니고 있지 않다.

이런 지적에 대해서도 내세울 답변, 누군가가 이들 트랜지스터 집합체를 대면했을 때 겪는 고유한 놀라움을 더 실용적인 지대로 이동시키는 답변이 있다. 나는 6502 기기가 쉽게 학습될 수 있고 빨리 숙달될 수 있는 단순한 마이크로프로세서라고 주장할 수 있다. 그리하여 그것은 어셈블리 코딩에 대한 이상적인 입문 과정을 제공한다. 어셈블리 코딩은 기계어로 현대 마이크로프로세서를 프로그래밍할 때, 예를 들면 내부 루프들의 실행을 최적화하기 위해 프로그래밍할 때 사용할 수 있을 기술이다. TIA의 경우에 그것은 설계자에게 물질적 제약의 맥락에서 창작을 고려할 수밖에 없게 하는 이례적인 기입적 요구 — 잠재적인 공작 행위 — 를 제시한다. 어떤 신진 프로그래머가 주사라인 당 두 개의 8비트 가동 객체에 한정된 또 다른 하드웨어 아키텍처를 경험할 개연성은 없는 반면에, 그 프로그래머가 현대 컴퓨터에 대한 마찬가지로 터무니없고 명백히 자의적인 제약 — 임베디드 시스템 같은 제약 — 을 마주칠 개연성은 상당하다.

이렇게 해서 아타리는 자신의 지위를 쓰레기차에서 휴머노이드 로봇으로 이행한다.

그런데 이런 수사법적 과정에서 무엇을 잃게 되는가? 6502 마이크로프로세서와 TIA 그래픽 칩은 존재론적으로 약화되면서 어떤 더 큰 네트워크 속 사물로서의 관계적 역할만이 허용될 뿐인데, 이를테면 전산, 기계어 시스템 프로그래밍, 기본 원리의 실습에 관한 교수법, 전문기술 개발 프로그램, 기타 등등의 진화에 이바지한다. 그런데 6502 기기는 케이크 혹은 쿼크만큼이나 경이로운 것이다. 그것이 행하는 바로 인해 그런 것이 아니라, 바로 그것임으로 인해 그러하다. 우리는 STEM 교육을 위해 소집되는 훨씬 더 추상적인 객체들의 경우에도 사정은 마찬가지라고 말할 수 있을 것이다.

2010년 봄, 『포브스』지의 한 호에 기업과 지적 공동체의 선도적인 사상가들이 「2020년 당신의 삶」에 대하여 숙고한 글들이 특집으로 실렸다. 그들 중에는 존 마에다가 있었는데, 그 직전에 그는 로드아일랜드 스쿨 오브 디자인(이하 RISD)[33]의 총장직을 떠맡았다. 마에다는 MIT 미디어랩에서 종신교수로서 오랫동안 근무하는 동안 예술적 전산의 경력을 쌓았다. 그는 『숫자로 하는 디자인』이라는 영향력 있는 책을 집필했다. 그것

---

33. * RISD는 'Rhode Island School of Design'의 약어로서 미국의 예술대학을 가리킨다.

은 벤 프라이와 케이시 리아스의 프로세싱 프로젝트 — 코드로 상호작용적 시각 디자인을 행하기 위한 '소프트웨어 스케치북' — 를 고무한 디자인 위주의 프로그래밍에 대한 한 가지 접근법이다.[34] 그러므로 『포브스』지에 실린, 십 년 후의 삶에 대하여 숙고한 글에서 마에다는 STEM이 'STEAM'으로 확대되어야 한다고 넌지시 주장한다. 여기서 'A'는 예술[Art]을 가리킬 것이다.

그런데 기술과 연결 능력이 더욱더 배경으로 사라진다면 무엇이 우리의 전경을 차지할 것인가? 우리가 '현실 세계'에서 언제나 높이 평가하는 약간의 인간성. 혁신의 열쇠로서 STEM(과학·기술·공학·수학) 교육에 현재 집착하는 입법자들은 STEM이 약간의 STEAM을 필요로 한다는 것, 그 방정식에서 약간의 예술을 필요로 한다는 것을 깨달을 것이다. 우리는 공예의 통합성, 저작자라는 인간의 속성, 그리고 우리의 가상적 공간과 물리적 공간의 재균형으로의 귀환을 목격할 것이다. 우리는 사물 만들기에 대한 예술 중심적이고 디자인 중심적인 접근법들이 개화하는 21세기 르네상스를 보게 될 것인데, 여기서는 당신 — 개인 — 이 문화와 상업에서 무대의 중앙을 차지할 것이다.[35]

---

34. 프로세싱에 관해서 더 알고 싶으면 http://www.processing.org를 보라.
35. John Maeda, "Your Life in 2020." 나는 마에다의 글을 나에게 알려준 점에 대해 마크 거즈디얼에게 감사한다.

한편으로, 마에다의 주장에 이의를 제기하기는 어렵다. STEM 강박이 냉담한 비인간성의 유빙에서 스며 나온다는 그의 주장은 확실히 옳다. 하지만 다른 한편으로, 그 혼합물에 예술을 추가한다고 해서 사물 자체에 대한 미진한 주의 집중이 특별히 증진되지는 않는다. 마에다의 설명에 따르면 예술은 과학과 공학의 출력물에 대한 윤활유, 그 응용이 인간 실천과 공명하게 만들 수 있는 밸브가 된다.[36] 플라톤과 아리스토텔레스에 대한 대중적인 해석에서 그런 것처럼 놀라움은 지향적 호기심, 마르틴 하이데거의 마음씀(조르게Sorge)이라는 개념에 해당하는 것이 된다.

그런데 과학에 대한 유년 시절의 관심을 가로막는 진짜 장애물이 수학이나 자연 세계에 대한 거부감에서 생겨나는 것이 아니라 오히려 일상적 객체들을 둘러싸고 있는 놀라움의 껍질을 용해하는 방식에 대한 잠재적인 불만감에서 생겨난다면 어쩔 것인가? 지금까지 과학은 철학과 마찬가지로 놀라움이 언제나 일종의 곤혹스러움, 긁게 되어 있는 가려움이라고 가정했으며, 그리하여 우리는 상황을 헤쳐나갈 수 있다. 그런데 어린이의 경우에 컴퓨터 혹은 로봇 혹은 케이크 혹은 정적분은 한낱 가능한 미래의 경력을 위한 원천에 불과한 것도 아니고, 심지어

---

36. 이런 태도는 RISD 총장으로서의 종신 재직권과 관련하여 논란을 불러일으킨 원인이 되었다.

놀이, 일, 생계 혹은 측정을 위한 도구에 불과한 것도 아니다. 그것은 독자적으로 고려할 가치가 있는 객체, 이리스의 무지개처럼 호기심을 자극하는 것과 응용하기에 유용한 것 사이에 걸쳐있는 경이로운 사물이다. 쓰레기차를 하나의 객체로서 인식하는 것은, 그것이 언제나 어떤 관계들의 네트워크에서 무언가와 연결되어야만 한다고 생각하기를 거부하면서 고립된 실재적 객체를 인식하는 것이다.

어쩌면 어떤 해결책의 새싹은 베이컨의 '파편적 지식'에 대한 메스트르의 해석 – "아무것과도 연루되지 않은 학문" – 에서 찾아볼 수 있을 것이다. 이런 분리된 지식은 더 큰 사유 체계들이 복합적으로 적용될 수 없음을 뜻하는 것이 아니라, 파편적 지식의 주제 역시 외부 논리 – 물리학이든 형이상학이든 간에 – 에 저항하는 내적 체계성을 수반함을 뜻한다. 아무것과도 연루되지 않은 학문은 실재적 객체에 관한 논리학이다.

〈더 와이어〉라는 시리즈물의 마지막 회는 그 등장인물들의 운명을 묘사하는 하나의 몽타주로 끝이 난다. 보디Bodie와 렉스Lex의 이름들이 기억의 낙서 벽에 새롭게 기입된다. 허크Herc는 자신의 볼티모어 경찰국 동료와 함께 맥널티의 은퇴를 축하하면서 맥주를 들이킨다. 스캇 템플턴은 퓰리처상을 받는다. 카케티가 메릴랜드 주지사 선거에서 승리를 맞이할 때 색종이 조각이 쏟아져서 그를 뒤덮는다. 스탠 발첵은 경찰 국장이 된다. 에드워드 틸만 중학교 학생인 '두키'Dukie 윕즈는 그와 친구가 된

아랍인과 함께 헤로인을 주사한다. 위베이Wee-Bey와 크리스 파트로우는 메릴랜드 주립 교도소의 마당에서 때를 기다린다. 게다가 저층 주택 건설 프로젝트에서, 해변에서 그리고 볼티모어의 거리에서 삶은 계속된다.

그것을 만화책 『맨 인 블랙』을 각색한 영화의 마지막 장면과 비교하자. 토미 리 존스와 윌 스미스가 연기한 등장인물들은 영화 전체에 걸쳐서 '더 유니버스'the universe를 찾아내어서 보호하려고 시도한다. 그것은 고양이의 목걸이에 장식품처럼 매달린 하나의 작은 유리구슬인 것으로 밝혀진다. 그 영화의 마지막 연속 장면은 찰스 임스와 레이 임스의 『10의 거듭제곱』을 연상시키는 일련의 빠른 확대 영상으로 이루어져 있는데, 그 확대 속도가 수십 배 더 빠르다. 우리는 뉴욕의 거리에서 도시로, 대륙으로, 행성으로, 태양계로 이동한다. 결국에는 우리 은하가 어떤 이질적인 생명체의 억센 발 안에 있는 어떤 유리구슬 속에 존재하는 것으로 밝혀지며, 그 생명체는 구슬 게임에서 그 유리구슬을 교묘하게 사용한다(그림 8).

그 개념은 옳지만, 그 규모는 너무 큰 동시에 너무 작다. 압축적 존재론의 양면은 번쩍거리면서 동전처럼 뒤집어지며, 그리하여 모든 것은 〈맨 인 블랙〉의 구슬 우주와 같다. 팽창제 기포에서 파운드케이크까지, 수학적 피연산자에서 반려 로봇까지, 양귀비에서 형법 체계까지 각각의 사물은 매우 많은 은하처럼 분할되어 있기에 각각의 것은 독자적인 파편적 지식을 요구한다. 기이한 압축적 완전체들이 독자적인 규칙을 동시에 실행하면서 주변 타자들의 지배에 참여한다. 각각의 사물은 여전히 서로 이질적인데, 조작적 측면에서 그럴 뿐만 아니라 물리적으로도 그러하다. 놀란다는 것은 사물을 사물 자체로서 존중한다는 것이다.

이론과 학문 전체의 모든 분야에 덧붙여, 또한 우리는 메스트르의 표현을 사용하면 아무것과도 연루되지 않은 철학과 과학을 산출할 기회와 마주치게 된다. 그런데 부각하려고 노력하는 이들 낡은 방법과는 달리 놀라움은 어둡게 하고 분리하며 절연하기를 바란다. 어쩌면 이것은 미래에 대한 한 가지 신호일 것이다. 우리는 로봇공학자와 인류학자 대신에, 생명의공학자와 중세학자 대신에, 혼합하는 사람과 철학·해산물학자와 타

그림 8. 배리 소넌필드 감독의 영화 〈맨 인 블랙〉(1977)을 끝맺는 영상들에서 생명체들이 은하를 갖고서 구슬 놀이를 한다.

코학자를 만나게 될 것이다. 어쩌면 그런 미래 세계에서는 여러 판본의 더 젊은 내가 초등학교 교실 책상에서 스케치하는 멋진 쓰레기차 위로 훌륭한 교사가 그들의 머리를 헝클릴 때 미소를 지을 것이다.

에일리언 일상

OOO에 대하여 제기된 이의는 흔히 OOO가 인간을 동일한 발판 위에 자리하고 있는 많은 단위체 중 하나로 여기기보다는 오히려 다른 사물들보다 저급한 형식으로 여긴다고 비난한다. OOO 심포지엄 이미지 토이의 경우에 나타난 여성의 대상화 사례는 단지 특별히 돌출한 일례일 따름이다. 또 하나의 그런 논의에서 레비 브라이언트는 네이선 A. 게일이 OOO와 좀비를 비교한 점에 대해 다음과 같이 우려를 표명한다.

> 내가 OOO는 필연적으로 좀비라는 표상과 마주친다는 주장에 긴장되는 이유는…OOO와 SR〔사변적 실재론〕을 둘러싸고 불어닥친 논쟁들에서 이미 인간을 '대상화한다'는 혐의, 내 생각에 좀비 심상이 너무나 안성맞춤인 그 혐의가 지속적으로 제기되었기 때문이다.[37]

---

37. Nathan A. Gale, "Zombies Ate My Ontology" ; Levi R. Bryant, "Imbroglios

브라이언트의 설명이 신경을 자극하는 이유는 그것이 나에게 닉 몬트포트와 내가 플랫폼 연구, 즉 전산 체계와 창의성에 대한 우리의 접근법을 옹호하면서 맞닥뜨린 이의를 떠올리게 하기 때문이다.[38] 플랫폼 연구 프로젝트는 에일리언 현상학의 일례다. 그런데 하드웨어 및 소프트웨어 객체들에 주의를 기울이게 하려는 우리의 노력은 인간 삭제라는 비난에 무수히 부딪히게 되었다. 가장 빈번하게는 기술결정론이라는 주장이 제기되는 한편으로 사물들의 '문화적 측면들'을 '무시하기' 혹은 '융합하기' 혹은 '환원하기' 혹은 왜곡하기와 관련된 두려움과 분개가 자주 표출되었다.

이것은 하나의 신화다.[39] 컴퓨터 하드웨어를 다루면서 몬트포트와 나는 사업, 문화, 사회, 수용 등의 문제에 상당한 주의를 기울인다. 그런데 또한 우리는 문화 연구가 무시하는 경향이 있는 여타의 실재적인 것에도 주목한다. 이 경우에 우리는 특정한 컴퓨터 시스템의 구축 및 작동과 더불어 이들 시스템이 그런 식으로 작동하는 까닭에 주목한다. 비인간 객체들을 전면에 내세울 수 있다는 관념은, 단지 잠깐일지라도 조잡하고 사악한 비인간주의가 나타날 징조다. 그것은 게일의 좀비 이야기에 대한 브

---

of Objects."

38. Montfort and Bogost, *Racing the Beam*을 참조하라. 또한, http://platform-studies.com을 보라.

39. 우리의 완전한 응답에 대해서는 Ian Bogost and Nick Montfort, "Platform Studies"를 보라.

라이언트의 걱정을 견인하는 것과 같은 문제다.

역설적이게도 OOO는 정반대의 기회를 제공한다. 브라이언트가 서술하는 대로 OOO는 "새로운 종류의 휴머니즘의 가능성을 허용하"고, 게다가 하먼이 덧붙이는 대로 "인간은 압도적인 상관주의적 체계에서 해방될 것이다."[40] 한편으로 닉 서르닉은 비난 대신에 낙관주의를 제시한다.

우리는 정말 어떤 문화적 표상이 주변부 집단에 상징적 폭력을 가하는 방식에 대한 또 하나의 분석이 필요한가? 이것은 지금까지 이런 작업이 무익했다고 말하는 것이 아니라 그것이 중복되는 작업이라고 말할 따름이다. 그 모든 것을 고려할 때 사변적 실재론은 창작을 수행할 최선의 수단을 제공하며, 그리고 탐구할 새로운 논변적 영역이 있다고 생각하는 것은 진정으로 흥분되는 일이다.[41]

사물에 대한 관심을 표명하는 것이 타인에게 주어야 할 관심의 어떤 한정된 자원의 마지막 남은 부분을 유용流用한다고 생각할 정도로 우리는 겁을 먹고 있는가? 그것이 '휴머니즘'이 뜻

40. http://larvalsubjects.wordpress.com/2009/08/20/imbroglios-of-objects/#comment-19063과 http://larvalsubjects.wordpress.com/2009/08/20/imbroglios-of-objects/#comment-19088과을 각각 보라.

41. Paul Ennis, "Interview with Nick Srnicek."

하게 된 것이라면 휴머니즘에 관하여 새롭게 구상하는 것이 적절하다. 굴만 먹는 것이 식도락적으로 단조로운 것과 꼭 마찬가지로 인간 행동에 관해서만 이야기하는 것은 지적으로 단조롭게 된다. 객체의 일어섬이 혁명일 필요는 없는데, 적어도 언제나 그런 것은 아니다. 이것은 주먹의 일어섬일 뿐만 아니라, 자신의 냅킨을 예의 바르게 접은 다음에 식탁에서 일어나 자리를 떠나는 것처럼 신체의 일어섬이기도 하다. 우리는 바틀비처럼 "그렇게 하지 않는 것을 선호한다"라고 단적으로 선언할 수 있다.

행위소들의 다중을 옹호하는 많은 변론 중 하나에서 라투르는 다음과 같이 응대한다. "우리는 영혼의 결여로 인해 고통을 겪지 않는다. 오히려 우리는 제대로 된 묘지에 묻히지 못한 너무나 많은 괴로운 영혼으로 인해 고통을 겪는다."[42] 죽지 않는 자들에 관한 동물 우화집이 틀림없이 떠오르게 될 것이다. 이를테면 네이선 게일의 유령과 좀비뿐만 아니라 뱀파이어와 미라, 드라우그와 리치도 떠오르게 될 것이다. 로즈웰 에일리언, 즉 정부 요원들에 의해 괴롭힘을 당하고 보존 처리되어 보관된 그 휴머노이드 희생자 역시 고개를 들 것이다. 그런데 우리는 이 목록, 해방되기를 기다리고 있는 에일리언들의 이 목록에 무수히 많은 구성원을 추가할 수 있을 것인데, 이를테면 엘리자베스 베넷, 싱글몰트 스카치위스키, 포드 무스탕 패스트백, 여지

---

42. Latour, *Pasteurization of France*, 188.

열매, 연애 사건, 역참조된 포인터, 케어 베어스, 열풍, 트라-시티 몰, 불법행위법, 에어버스 A330, 500드라크마 지폐가 있다.

죽지 않는 자를 대면하면 우리는 공포를 표출한다. 괴로운 영혼들은 구원, 고요, 해방을 추구한다. 그들은 신통치 못한 논리에 의해 작동한다. 즉, 그들은 살아 있는지 아니면 죽어 있는지 전혀 분간이 가지 않지만 둘 중 하나가 되려고 분투한다. 우리가 그들을 두려워하는 이유는 그들이 다음에 무엇을 할지 알 수 없기 때문이다. 관념론은 죽지 않는 존재론, 아무것도 존재의 끔찍한 균열에서 벗어날 수 없는 형이상학에 해당하며, 정체성 정치의 굼뜬 흔적을 남긴다.

과학소설의 정반대되는 모든 주장에도 불구하고 에일리언은 이질적이다. 누구나 에일리언에게 "편히 왔습니까?"라고 묻기보다는 오히려 "당신에게 저는 무엇입니까?"라고 묻는다. 에일리언 앞에서 누구나 취하는 태도는 호기심의 태도, 놀라움의 태도다. 너무나 오랫동안 인문학자들은 놀라움을 자연과학에 양도한 다음에 급작스레 과시하듯이 그 경이감을 허위의식이라고 비난했다. 형이상학에 있어서 실재론으로의 귀환은 놀라움으로의 귀환, 위선이나 기만의 부담을 털어낸 놀라움으로의 귀환이기도 하다. 엄밀함은 죽지 않는 자들에게 맡겨버리자. 얼굴의 깊은 주름을 놀라서 헉하고 내는 숨소리와 교환하자. 우리의 관자놀이를 더는 서로 문지르지 말자. 밖으로 나가서 흙을 파자.

에일리언은 로즈웰 군대 시체 안치소에 있지 않고, 혹은 멀리 떨어진 은하에 있지 않고, 혹은 심해와 매우 멀리 떨어진 툰드라 지역의 미발견 생태계들에 있지 않다. 에일리언은 도처에 존재한다. 상관주의자의 관념론적 조건 대신에 우리는 닭 날개에 뿌리는 핫소스처럼 자유롭게 첨부할 새로운 실재론적 부록 – '한편' – 을 제안할 수 있다. 지금 이 순간, 그곳에, 여기에, 어딘가에 다른 무엇이 있는가? 우리에게 에일리언 일상의 경이로운 풍부함을 주지시키는 한에서 무엇이든 괜찮을 것이다.

바람이 여전히 분다
사바나 위로
그리고 봄에
칠면조수리가 여봐란듯이
뽐내며 지나간다
암컷 칠면조수리들 앞을
— 찰스 부코스키[43]

---

43. "16-bit Intel 8088 Chip" from *You Get So Alone at Times That It Just Makes Sense*, by Charles Bukowski. Copyright 1986 by Linda Lee Bukowski. Reprinted by permission of HarperCollins Publisher. [이 구절은 찰스 부코스키의 〈16비트 인텔 8088 칩〉(16-bit Intel 8088 chip)이라는 시의 마지막 행들에서 인용된 것이다.]

:: 감사의 글

　　나는 이 책이 진전되는 동안 의견과 격려, 기회를 제공한 많은 개인에게 사의를 표한다.

　　지원하고 안내하며 영감을 제공한 점에 대해서는 그레이엄 하먼, 레비 브라이언트 그리고 티머시 모턴에게 감사한다. 의견을 들려주고 유익한 대화를 나누며 새로운 방향을 제시한 점에 대해서는 마이클 오스틴, 캐서린 베하, 제프리 벨, 네이선 브라운, 휴 크로퍼드, 웬디 희경 전, 퍼트리샤 클러프, 칼 디살보, 멜라니 도허티, 폴 엔니스, 알렉산더 갤러웨이, 피터 그래턴, 캐서린 헤일스, 엘리노어 카우프만, 프렌치 룬닝, 토드 파파조지, 앤 폴록, 션 라이드, 바버라 스태포드, 스티븐 샤비로, 바트 사이먼, TL 테일러, 유진 새커, 이에인 톰슨 그리고 애덤 자레츠키에게 감사한다.

　　나는 학술회의와 심포지엄에서 여러 형태의 관련 연구를 발표할 기회로부터 막대한 혜택을 입었고, 따라서 나를 초청하고 교통편을 제공하고 자금을 지원하며 출판해준 점에 대해 다양한 그런 모임의 주최자들에게 사의를 표한다. (2008년 '컴퓨터 게임 철학' 학술회의에서 기조연설을 하도록 초청해준 점에 대해서는) 스테판 귄젤, 미카엘 라이베 그리고 디터 메르시에게 감사한다. (2009년 '디지털 게임 연구 협회' 학술회의에서 기조연설을 하도록 초청해준 점에 대해서는) 타냐 크르지원스카, 헬렌 케네디 그리고 배리 앳킨스에게 감사한다. (2009년 '문학, 과학과 예술 협회' 학술회의에서 기조연설을 하도록 초청해준 점에 대해서는) 캐롤 콜라트렐라에게 감사한다. (2010년 4월 제1회 객체지향 존재론 심포지엄의 참가비를 지원해준 점에 대해서는) 켄 크노에스펠과 제이 텔로트에게 감사한다. (2010년 5월 '시간은 말해줄 것이지만, 인식론은 그렇지 않을 것이다 : 리처드 로티를 기리며' 심포지엄에서 발표하도록 초청해준 점에 대해서는) 리즈 로시에게 감사한다. (2010년 12월 제2회 객체지향 존재론 심포지엄을 조직해준 점에 대해서는) 켄 라인하드와 줄리아 럽턴에게 감사한다. (2010년 12월 '형이상학과 사물'이라는 화이트헤드 연구 프로젝트 학술회의에서 강연하도록 초청해준 점에 대해서는) 롤랜드 파버, 앤드루 고피 그리고 제레미 패켄설에게 감사한다. (2010년 '문학, 과학과 예술 협회' 학술회의에서 두 개의 객체지향 페미니즘 패널을 조직해준 점에 대해서는) 캐서린 베하에게 감사한다. (2011년 9월 제3회 객체지향 존재론 심포지엄을 주최해준 점에 대해서는) 매켄지 와크에게 감사한다.

:: 참고문헌

Aristotle, *Physics*, trans. Robin Waterfield (Oxford : Oxford University Press, 2008).

Bacon, Francis, "On the Advancement of Learning," in *Works*, Vol. 1 (London : W. Baynes and Son, 1824). [프랜시스 베이컨, 『학문의 진보』, 이종흡 옮김, 아카넷, 2002.]

Badiou, Alain, *L'être et l'évenement* (Paris : Seuil, 1988). [알랭 바디우, 『존재와 사건』, 조형준 옮김, 새물결, 2013.]

_____, "Politics and Philosophy," *Angelaki*, vol. 3, no.3 (1988) : 113~33.

Barthes, Roland, *Roland Barthes* (New York : Farrar, Straus and Giroux, 1977). [롤랑 바르트, 『롤랑 바르트가 쓴 롤랑 바르트』, 이상빈 옮김, 동녘, 2013.]

Bennett, Jane, *Vibrant Matter : A Political Ecology of Things* (Durham : Duke University Press, 2010). [제인 베넷, 『생동하는 물질』, 문성재 옮김, 현실문화, 2020.]

Berlitz, Charles and William L. Moore, *The Roswell Incident* (New York : Grosset and Dunlap, 1980).

Blanciak, François, *Siteless : 1001 Building Forms* (Cambridge : MIT Press, 2008).

Bogost, Ian, *Persuasive Games : The Expressive Power of Videogames* (Cambridge : MIT Press, 2007).

_____, *Unit Operations : An Approach to Videogame Criticism* (Cambridge : MIT Press, 2006).

Bogost, Ian and Nick Montfort, "Platform Studies : Frequently Questioned Answers," *Proceedings of Digital Arts and Cultures Conference*, December 12~5, 2009, Irvine, California.

Braver, Lee, *A Thing of This World : A History of Continental Anti-Realism* (Chicago : Northwestern University Press, 2007).

Brown, Alton, *I'm Just Here for More Food* (New York : Stewart, Tabori, and Chang, 2004).

Brown, Bill, "Thing Theory," *Critical Inquiry*, vol. 28 (2001) : 1~22.

Bryant, Levi R., *Democracy of Objects* (Ann Arbor : Open Humanities Press, 2011). [레비 R. 브라이언트, 『객체들의 민주주의』, 김효진 옮김, 갈무리, 2021.]

_____, "Imbroglios of Objects," *Larval Subjects*, August 20, 2009. http://larvalsubjects. wordpress.com/2009/08/20/imbroglios-of-objects.

_____, "You Know You're Correlationist If…" *Larval Subjects*, July 30, 2010. http://larvalsubjects.wordpress.com/2010/07/30/you-know-youre-a-correlationist-if/.

Butler, Todd Wayne, *Imagination and Politics in Seventeenth-Century England* (Surrey : Ashgate, 2008).

Candlin, Fiona and Raiford Guins, eds., *The Object Reader* (New York : Routledge, 2009).

Cotter, Suzanne, "A World unto Itself," Aspen Art Museum. http://www.aspenartmuseum.org/shore_cotter.html.

Crawford, Matthew B., *Shop Class as Soulcraft : An Inquiry into the Value of Work* (New York : Penguin Books, 2009). [매슈 B. 크로퍼드, 『손으로, 생각하기 : 손과 몸을 쓰며 사는 삶이 주는 그 풍요로움에 대하여』, 윤영효 옮김, 사이, 2017.]

DeLanda, Manuel, *Intensive Science and Virtual Philosophy* (New York : Continuum, 2005). [마누엘 데란다, 『강도의 과학과 잠재성의 철학』, 김영범·이정우 옮김, 그린비, 2009.]

_____, *A New Philosophy of Society : Assemblage Theory and Social Complexity* (New York : Continuum, 2006). [마누엘 데란다, 『새로운 사회철학 : 배치 이론과 사회적 복합성』, 김영범 옮김, 그린비, 2019.]

Derrida, Jacques, *Glas*, trans. John P. Leavy Jr. and Richard Rand (Lincoln : University of Nebraska Press, 1990).

Diamond, Jared, *Guns, Germs, and Steel : The Fates of Human Societies* (New York : W. W. Norton, 2005). [재레드 다이아몬드, 『총 균 쇠 : 무기, 병균, 금속은 인류의 문명을 어떻게 바꿨는가』, 김진준 옮김, 문학사상사, 2013.]

Eastman, Timothy E. and Hank Keeton, *Physics and Whitehead : Quantum, Process, and Experience* (Albany : State University of New York Press, 2003).

Ennis, Paul, "Interview with Nick Srnicek," *Another Heidegger Blog*, August 13, 2009. http://anotherheideggerblog.blogspot.com/2009/08/interview-with-nick-srnicek.html.

Epstein, Mikhail, *After the Future : The Paradoxes of Postmodernism and Contemporary Russia*, trans. Anesa Miller-Pogacar (Amherst : Berghahn Books, 1999).

_____, Aleksandr Genis, and Slobodanka Vladiv-Glover, *Russian Postmodernism : New Perspectives on Post-Soviet Culture* (London : University of Massachusetts Press, 1995).

Foreman, Dave, *Confessions of an Eco-Warrior* (New York : Three Rivers Press, 1993).

Fry, Ben, *Deconstructulator*, November 2003. http://benfry.com/deconstructulator/.

Gale, Nathan A., "Zombies Ate My Ontology," *An Un-Canny Ontology*, August 17,

2009. http://un-cannyontologyblogspot.com/2009/08/zombies-ate-my-ontology.
html.

Galloway, Alexander R., "Guy Debord's 'Kriegspiel': Nostalgic Algorithms in Late
Modernity," Paper presented at the Modern Language Association Conference,
December 27, 2007, Chicago.

Good, Owen, "All 22,802 Words in Scribblenauts," *Kotaku*, September 12, 2009.
http://kotaku.com/5358054/all-22802-words-in-scribblenauts.

Griffin, David Ray, *Unsnarling the World Knot: Consciousness, Freedom, and the Mind-
Body Problem* (Berkeley: University of California Press, 1998).

Hallward, Peter, *Badiou: A Subject to Truth* (Minneapolis: University of Minnesota
Press, 2003). [피터 홀워드, 『알랭 바디우: 진리를 향한 주체』, 박성훈 옮김, 길,
2016.]

Harman, Graham, *Tool-Being: Heidegger and the Metaphysics of Objects* (Chica-
go: Open Court, 2002).

_____, *Guerrilla Metaphysics: Phenomenology and the Carpentry of Things* (Chica-
go: Open Court, 2005).

_____, "On Vicarious Causation," *Collapse: Journal of Philosophical Research and De-
velopment*, vol. 2 (2007): 187~221.

_____, "Ontography: The Rise of Objects," *Object-Oriented Philosophy*, July 14,
2009. http://doctorzamalek2.wordpress.com/2009/07/14/ontography-the-rise-of-
objects/.

_____, *Prince of Networks: Bruno Latour and Metaphysics* (Melbourne: re.press,
2009). [그레이엄 하먼, 『네트워크의 군주: 브뤼노 라투르와 객체지향 철학』, 김효진
옮김, 갈무리, 2019.]

_____, "Realism without Materialism," Paper presented at the Twenty-first Century
Materialism Workshop, June 20~1, 2009, Zagreb, Croatia. http://materialism.
mi2.hr에서 음성 파일을 입수할 수 있음.

_____, *The Quadruple Object* (Winchester: Zero Books, 2011). [그레이엄 하먼, 『쿼드
러플 오브젝트』, 주대중 옮김, 현실문화, 2019.]

Hawking, Stephen, *A Brief History of Time* (New York: Bantam, 1988).

Hayles, N. Katherine, *How We Became Posthuman: Virtual Bodies in Cybernetics, Lit-
erature, and Informatics* (Chicago: University of Chicago Press, 1999). [N. 캐서린
헤일스, 『우리는 어떻게 포스트휴먼이 되었는가』, 허진 옮김, 플래닛, 2013.]

Heidegger, Martin, *Being and Time*, rev. ed., trans. Joseph Stambaugh (Albany: State
University of New York Press, 2010). [마르틴 하이데거, 『존재와 시간』, 이기상 옮김,

까치, 1998.]

Heinlein, Robert, *Grumbles from the Grave*, ed. Virginia Heinlein (New York : Harmony Books, 1990).

Henderson, Fergus, *The Whole Beast : Nose to Tail Eating* (New York : Ecco, 2004).

Hewitt, Joe, *Firebug*, http://getfirebug.com.

Hodges, Andrew, *Alan Turing : The Enigma of Intelligence* (London : Unwin, 1985).

Homer, *Illiad*, trans. Robert Fagles (New York : Penguin, 1998). [호메로스, 『일리아스』, 천병희 옮김, 도서출판 숲, 2015.]

Husserl, Edmund, *Husserliana : Edmund Husserl Gesammelte Werke* (Berlin : Springer Verlag).

Ihde, Don, *Experimental Phenomenology : An Introduction* (Albany : State University of New York Press, 1986).

Johnson, Steven, *Everything Bad Is Good for You : How Today's Popular Culture Is Actually Making Us Smarter* (New York : Riverhead Books, 2005). [스티븐 존슨, 『바보상자의 역습 : 대중문화가 어떻게 우리를 더 똑똑하게 만들었나?』, 윤명지·김영상 옮김, 비즈앤비즈, 2006.]

Kamprath, Christine, Eric Adolphson, Teruko Mitamura, and Eric Nyberg, "Controlled Language for Multilingual Document Production : Experience with Caterpillar Technical English," in *Proceedings of the Second International Workshop on Controlled Language Application* (CLAW98), May 21~2, 1998.

Kitschener, Richard F., *The World View of Contemporary Physics : Does It Need a New Metaphysics?* (Buffalo : State University of New York Press, 1988).

Kuhn, Tobias, *Controlled English for Knowledge Representation*, PhD dissertation, Faculty of Economics, Business Administration, and Information Technology, University of Zurich, 2010. http://attempto.ifi.uzh.ch/site/pubs/papers/doctoral_thesis_kuhn.pdf.

_____, "How to Evaluate Controlled Natural Language," *Pre-Proceedings of the Workshop on Controlled Natural Language* (CNL 2009), *CEUR Workshop Proceedings*, vol. 448 (2009).

Lander, Christian, *Stuff White People Like : A Definite Guide to the Unique Taste of Millions* (New York : Random House, 2008). [크리스천 랜더, 『아메리칸 스타일의 두 얼굴 : 미국판 강남좌파의 백인 문화 파헤치기』, 한종현 옮김, 을유문화사, 2012.]

Lange, Christy, Michael Fried, and Joel Sternfeld, *Stephen Shore* (New York : Phaidon, 2007).

Latour, Bruno, *The Pasteurization of France*, trans. Alan Sheridan and John Law

(Cambridge : Harvard University Press, 1988).

_____, *We Have Never Been Modern*, trans. Catherine Porter (Cambridge : Harvard University Press, 1993). [브뤼노 라투르, 『우리는 결코 근대인이었던 적이 없다』, 홍철기 옮김, 갈무리, 2009.]

_____, *Politics of Nature : How to Bring the Sciences into Democracy* (Cambridge : Harvard Universirty Press, 2004).

_____, *Reassembling the Social : An Introduction to Actor-Network-Theory* (Oxford : Oxford Universirty Press, 2005).

_____, "From Realpolitik to Dingpolitik — or How to Make Things Public," in *Making Things Public — Atmospheres of Democracy*, ed. Bruno Latour and Peter Weibel (Cambridge : MIT Press, 2005). [브뤼노 라투르, 「현실정치(Realpolitik)에서 물정치(Dingpolitik)로 : 혹은 어떻게 사물을 공공적인 것으로 만드는가?」, 『인간·사물·동맹 : 행위자네트워크 이론과 테크노사이언스』, 홍성욱 엮음, 이음, 259~304쪽.]

Law, John, "Making a Mess with Method," Center for Science Studies, Lancaster University. http://www.comp.lancs.ac.uk/sociology/papers.Law-Making-a-Mess-with-Method.pdf.

Levinas, Immanuel, *Time and the Other*, trans. Richard A. Cohen (Pittsburgh : Duquesne University Press, 1990). [에마누엘 레비나스, 『시간과 타자』, 강영안 옮김, 문예출판사, 1996.]

Lingis, Alphonso, *The Community of Those Who Have Nothing in Common* (Bloomington : Indiana University Press, 1990). [알폰소 링기스, 『아무것도 공유하지 않은 자들의 공동체』, 김성균 옮김, 바다출판사, 2013.]

_____, *The Imperative* (Bloomington : Indiana University Press, 1998).

Lynch, Michael, "Ontography : Investigating the Production of Things, Deflating Ontology," Paper presented at the Oxford Ontologies Workshop, June 25, 2008.

Macaulay, David, *The Way Things Work* (New York : Houghton Mifflin, 1988).

Macris, Gina, "After Criticism, RSID's Maeda Retools His Approach," *Providence Journal*, May 15, 2011. http://www.projo.com/education/content/RISD_MAEDA_05-15-11_4JUUP6_v47.2cd3700.html.

Maeda, John, *Design by Numbers* (Cambridge : MIT Press, 2001).

_____, "Your Life in 2020," *Forbes*, April 8, 2010. http://www.forbes.com/2010/04/08/john-maeda-design-technology-data-companies-to-keynote.html.

Maistre, Joseph de, *An Examination of the Philosophy of Bacon*, trans. Richard L. Lebrun (Montreal : McGill-Queen's University Press, 1998).

Marcus, Ben, *The Age of Wire and String* (Champaign : Dalkey Archive Press, 1998).

Maurer, Charles, "Reality and Digital Pictures," *TidBITS*, December 12, 2005. http://db.tidbits.com/article/8365.

Meillassoux, Quentin, *After Finitude: An Essay on the Necessity of Contingency* (New York: Continuum, 2008). [퀭탱 메이야수, 『유한성 이후: 우연성의 필연성에 관한 시론』, 정지은 옮김, 도서출판b, 2010.]

Melville, Herman, *Moby-Dick, or, The Whale* (New York: Charles Scribner's Sons, 1902). [허먼 멜빌, 『모비 딕』, 김석희 옮김, 작가정신, 2011.]

Meyer, Steven, "Introduction," *Configurations*, vol. 13. no. 1 (2005): 1~33.

Montfort, Nick and Ian Bogost, *Racing the Beam: The Atari Video Computer System* (Cambridge: MIT Press, 2008).

Morris, David, "Academic Cliche Watch: '⋯ In Particular Ways'," *Minds Like Knives*, June 16, 2010. http://mindslikeknives.blogspot.com/2010/06/academic-cliche-watch-in-particular.html.

Morton, Timothy, *The Ecological Thought* (Cambridge: Harvard University Press, 2010).

_____, "Unsustaining," *World Picture*, vol. 5 (2011). http://english.okstate.edu/world-picture.

_____, *Realist Magic: Objects, Ontology, Causality* (Ann Arbor: Open Humanities Press, 2013). [티머시 모턴, 『실재론적 마술』, 안호성 옮김, 갈무리, 2023.]

Nagel, Thomas, "What Is It Like to Be a Bat?" *Philosophical Review*, vol. 83, no. 4 (1974): 435~50.

Nash, Richard and Ron Broglio. "Introduction to the Special Issue: Thinking with Animals," *Configurations*, vol. 14, no. 1 (2006): 1~7.

National Public Radio, "What's The Story? Writers Reveal Why They Write," *Talk of the Nation*, July 29, 2010.

Parsons, Howard L., "A Philosophy of Wonder," *Philosophy and Phenomenological Research*, vol. 30, no. 1 (1969): 84~101.

Plato, *The Collected Dialogues of Plato: Including the Letters*, ed. Edith Hamilton and Huntington Cairns (Princeton: Princeton University Press, 2005).

Pollan, Michael, *The Botany of Desire: A Plant's-Eye View of the World* (New York: Random House, 2002). [마이클 폴란, 『욕망하는 식물: 세상을 보는 식물의 시선』, 이경식 옮김, 황소자리, 2007.]

Popławski, Nikodem J., "Radial Motion into an Einstein-Rosen Bridge," *Physics Letters*, vol. 687, nos. 2~3 (2010): 110~3.

Pousman, Zachary, Mario Romero, Adam Smith, and Michael Mateas, "Living with

Tableau Machine : A Longitudinal Investigation of a Curious Domestic Intelligence," *Proceedings of UbiComp '08*, 370~9, September 21~4, 2008.

Rescher, Nicholas, "Extraterrestrial Science," in *Extraterrestrials : Science and Alien Intelligence*, ed. Edward Regis Jr. (Cambridge : Cambridge University Press, 1985), 83~116.

Romero, Mario, Zachary Pousman, and Michael Mateas, "Tableau Machine : An Alien Presence in the Home," *Proceedings of CHI 2006*, 1265~72, April 22~7, 2006.

Rorty, Richard, "Comments on Marjorie Grene's A Philosophical Testament," Paper presented at the Western Division APA meetings, April 5, 1996. http://ucispace. lib.uci.edu/bitstream/handle/10575/748/GRENE.pdf?sequence=1에서 입수할 수 있음.

Schulten, Susan, *The Geographical Imagination in America, 1880-1950* (Chicago : University of Chicago Press, 2001).

Searle, John, "Minds, Brains, and Programs," *Behavioral and Brain Sciences*, vol. 3, no. 3 (1980) : 417~56.

Snow, C. P., *The Two Cultures* (Cambridge : Cambridge University Press, 1960). [C. P. 스노우, 『두 문화』, 오영환 옮김, 사이언스북스, 2001.]

Spufford, Francis, *The Chatto Book of Cabbages and Kings : Lists in Literature* (London : Chatto and Windus, 1989).

Thomson, Iain, *Heidegger on Ontotheology : Technology and the Politics of Education* (Cambridge : Cambridge University Press, 2005).

Totilo, Stephen, "16 Attempts at Scribblenauts," *Kotaku*, August 4, 2009. http://kotaku.com/5329596/16-attempts-at-scribblenauts.

Turing, Alan, "Computing Machinery and Intelligence," *Mind*, vol. 59, no. 236 (1950) : 433~60. http://mind.oxfordjournals.org/cgi/reprint/LIX/236/433. [앨런 튜링, 「계산 기계와 지능」, 『앨런 튜링, 지능에 관하여』, 노승영 옮김, 에이치비프레스, 2019, 65~112쪽.]

Urustar, *Urustar : The Game* (self-published, 2009). http://urustar.net.

Waldenfels, Bernhard, *Phenomenology of the Aliens*, trans. Alexander Kozin and Tanja Stähler (Evanston : Northwestern University Press, 2011).

Walton, Thomas F., *Technical Data Requirements for Systems Engineering and Support* (New York : Prentice-Hall, 1965).

Weisman, Alan, *The World without Us* (New York : Dunne, 2007). [앨런 와이즈먼, 『인간 없는 세상』, 이한중 옮김, 알에이치코리아, 2020.]

Whitehead, Alfred North, *Process and Reality* (New York : Free Press, 1979). [알프레드 노스 화이트헤드, 『과정과 실재』, 오영환 옮김, 민음사, 2003.]

_____, *Adventures of Ideas* (New York : Macmillan, 1933). [알프레드 노스 화이트헤드, 『관념의 모험』, 오영환 옮김, 한길사, 1996.]

Whitehead, Alfred North and Bertrand Russell, *Principia Mathematica* (Cambridge : Cambridge University Press, 1994).

Wood, James, "The Slightest Sardine : Review of *The Oxford English Literature History, Vol. XII : 1960-2000 : The Last of England?*" *London Review of Books*, May 2004, 11~2. http://www.lrb.co.uk/v26/n10/james-wood/the-slightest-sardine.

Zahavi, Dan, *Husserl's Phenomenology* (Palo Alto : Stanford University Press, 2003). [단 자하비, 『후설의 현상학』, 박지영 옮김, 한길사, 2017.]

Zhdanov, Ivan, *Nerazmennoe nebo* (Moscow : Sovremennik, 1990).

: : 인명 찾아보기

기타